现代采购与仓储管理

主　编　嵇美华
副主编　周宁武　邢　伟

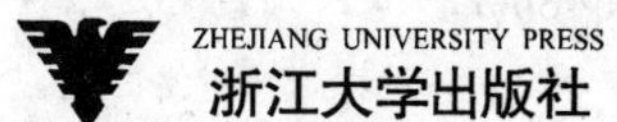

ZHEJIANG UNIVERSITY PRESS
浙江大学出版社

图书在版编目（CIP）数据

现代采购与仓储管理 / 嵇美华主编. —杭州：浙江大学出版社，2007.8(2013.7 重印)
高职高专规划教材
ISBN 978-7-308-05486-7

Ⅰ. 现… Ⅱ. 嵇… Ⅲ. ①采购－企业管理－高等学校：技术学校－教材②企业管理:仓库管理－高等学校:技术学校－教材 Ⅳ. F27

中国版本图书馆 CIP 数据核字（2007）第 131932 号

现代采购与仓储管理
嵇美华 主编

责任编辑 张颖琪
封面设计 刘依群
出版发行 浙江大学出版社
（杭州市天目山路 148 号 邮政编码 310007）
（网址：http://www.zjupress.com）
排　　版 杭州中大图文设计有限公司
印　　刷 德清县第二印刷厂
开　　本 787mm×960mm 1/16
印　　张 16.5
字　　数 303 千
版 印 次 2007 年 8 月第 1 版 2013 年 7 月第 3 次印刷
印　　数 5001－6000
书　　号 ISBN 978-7-308-05486-7
定　　价 24.00 元

浙江大学出版社发行部联系方式:0571－88925591;http://zjdxcbs.tmall.com

内 容 简 介

本书主要包括采购的基本理论知识、采购环境、采购模式、供应商管理、采购成本分析与绩效评估、现代仓储与库存管理基础、现代仓储作业、现代仓储库存、现代仓储设备与技术等方面的内容。本书内容新颖，阐述简练，案例突出，并能结合高等职业教育的特点和市场对物流采购与仓储人才需求的情况，传播新理论、新观点、新方法，并注重对学生基本分析能力、实际操作能力的培养。

前　言

随着经济日趋全球化,经济竞争趋势日益激烈,同样也带来了企业管理理念的变化。企业要想在日趋激烈的市场中处于优势地位,构筑企业的核心竞争力,必须重视物流这一有力的“第三利润源”。采购与仓储活动是现代物流的两个重要环节,涉及物流管理和技术等学科领域,对实现企业降低成本,为客户创造价值的战略目标也愈来愈显得重要。为了实现科学、合理、高效的现代采购与仓储管理,管理者必须具备有关经济、技术、管理等方面的专门知识与技能,这就需要不断提高自身素质。基于这种情况,编写一本反映时代特色,适合高职教学或现代采购与仓储管理人员学习的教材显得极为重要。

怎样力求突破原有教材的形式,在有限的时间内将现代采购与仓储管理的基本知识与基本技能传授给学生,是我们编委多次探讨的问题。编委们在研究了国外优秀职业教育教材及教学方法的同时,结合我国职业教育目前提倡的“工学结合”的教育教学模式和有关企业专家的建议,编写了本书。与其他采购与仓储管理教材相比,本书具有技能导向、强调应用、便于学习与实践等特点。书中主要包括以下模块:

【案例学习】 每章开始的案例学习,主要是为读者提出一个实际要解决的问题、一个思考。

【本章要点】 提示读者本章需要掌握的主要理论知识与技能。

【本章内容】 主要包括相关的理论知识讲解与基本能力训练内容。根据章节内容的需求及便于读者理解,部分章节穿插了小资料。

【案例分析】 每章最后都有一个案例。通过案例的分析,使读者能学会应用本章节的基本理论知识分析实际物流问题。

【本章小结】 本章内容的总结与归纳。提示读者有关知识在本章学习中的重要性。

【习题】 本章的思考,每章都包括理论与实践的训练题。

本书主要包括采购的基本理论知识、采购环境、采购模式、供应商管理、采购成本分析与绩效评估、现代仓储与库存管理基础、现代仓储作业、现代仓储库存、现代仓储设备与技术等方面的内容。本书内容新颖,阐述简练,案例突出,并能结合高等职业教育的特点和市场对物流采购与仓储人才需求的情况，传播新理论、新观点、新方法，并注重对学生基本分析能力、实际操作能力的培养。

本书的第一章由浙江工商职业技术学院邢伟副教授执笔完成；第二、三章由湖州职业技术学院周宁武讲师执笔完成；第四章由浙江工商职业技术学院岳贤平讲师执笔完成；第五章由无锡商业职业技术学院耿伟副教授执笔完成；第六、第八章由湖州职业技术学院嵇美华副教授执笔完成；第七章由湖州职业技术学院杨丽老师执笔完成，第九章由浙江经济职业技术学院孙玺慧老师执笔完成。全书由嵇美华副教授担任主编，负责统稿与框架结构设计，周宁武、邢伟担任副主编。

本书在编写过程中得到了浙江经济职业技术学院王自勤教授的许多帮助与支持，并提出了宝贵的意见，在此表示深深的感谢。

本书在编写过程中参考了大量专家学者的文献，著作等资料，在此谨向有关的专家与学者表示深深的谢意。由于物流行业发展变化较快，加之时间仓促和编者水平有限，书中难免存在疏漏和不足之处，敬请读者批评指正。

编　者

2007年6月

目　录

第一章　采购基础

【案例学习】

胜利石油的采购管理

在当前全球经济一体化的大环境下，采购管理作为企业提高经济效益和市场竞争能力的重要手段之一，在企业管理中的战略性地位日益受到国内企业的关注，但现代采购理念在中国的发展过程中，由于遭遇的“阻力来源”不同，企业解决问题的方法各异等原因，就被予以了不同的诠释。

在采购体系改革方面，许多国有企业和胜利石油境遇相似，虽然集团购买、市场招标的意识慢慢培养起来，但企业内部组织结构却给革新的实施带来了极大的阻碍。

胜利油田每年的物资采购总量约 85 亿人民币，涉及钢材、木材、水泥、机电设备、仪器仪表等 56 个大类，12 万项物资。行业特性的客观条件给企业采购的管理造成了一定的难度，然而最让中国石化胜利油田有限公司副总经理裘国泰头痛的却是其他问题。

胜利油田目前有 9000 多人在搞物资供应管理，庞大的体系给采购管理造成了许多困难。胜利油田每年采购资金的 85 亿元中，有 45 亿元的产品由与胜利油田有各种隶属和姻亲关系的工厂生产，很难将其产品的质量和市场同类产品比较，而且价格一般要比市场价高。例如供电电器这一产品，价格比市场价贵 20%，但由于这是一家由胜利油田长期养活的残疾人福利工厂，只能是本着人道主义精神接受他们的供货，强烈的社会责任感让企业背上了沉重的包袱。同样，胜利油田使用的大多数涂料也是由下属工厂生产的，一般只能使用 3 年左右，而市场上一般的同类型涂料可以用 10 年。还有上级单位指定的产品，只要符合油田使用标准、价格差不多，就必须购买指定产品。

在这样的压力下，胜利油田目前能做到的就是逐步过渡，拿出一部分采购商品来实行市场招标，一步到位是不可能的。

胜利油田的现象说明,封闭的体制是中国国有企业更新采购理念的严重阻碍。中国的大多数企业,尤其是国有企业采购管理薄弱,计划经济、短缺经济下粗放的采购管理模式依然具有强大的惯性,采购环节漏洞带来的阻力难以消除。

统计数据显示,在目前中国工业企业的产品销售成本中,采购成本占到60%左右。可见,采购环节管理水平的高低对企业的成本和效益影响非常大。一些企业采购行为在表面上认可和接纳了物流的形式,但在封闭的市场竞争中,在操作中没有质的改变。一些采购只是利用了物流的技术与形式,但经常是为库存而采购,而大量库存实质上是企业或部门之间没有实现无缝连接的结果,库存积压的又是企业最宝贵的流动资金。这一系列的连锁反应正是造成许多企业资金紧张、效益低下的局面没有本质改观的主要原因。

【本章要点】

★ 采购的内涵与重要性
★ 采购的渠道与程序
★ 采购原则
★ 现代采购流程再造

第一节　采购的内涵与重要性

采购是一种频繁的日常经济活动,从人们的日常生活到企业运作,从民间到集团与政府,都离不开它。一个组织只要存在,它就需要从外界获取所需的有形或无形物质,这种行为便可称为“采购”。当然,本书主要论述企业采购。企业采购是指企业根据生产经营活动的需要,通过信息搜集、整理和评价,寻找和选择合格的供应商,并就价格和服务等相关条款进行谈判,达成协议,以确保需求得到满足的活动过程。

一、采购的内涵

采购是企业经营的一个重要环节,同时也是企业获取利润的重要来源。在传统思维里,采购就是拿钱买东西,其目的就是以最少的钱买到最好的商品。随着市场经济的发展、技术的进步、竞争的日益激烈,采购已由单纯的商品买卖发展成为一种职能,一门专业,一种可为企业节省成本、增加利润、获取服务的资源。采购部门在企业中具有举足轻重的地位,采购员需要有较高的专业技能和谈判技巧。

现代的企业采购是一个复杂的职能集合体，正确理解采购和创新采购模式是现代企业在全球化、信息化的市场经济竞争中赖以生存的一个保障，也是现代化企业谋求发展壮大的一个必然途径。

到目前为止，世界上尚没有一个公认的采购定义，不同行业、不同企业因为他们所处的企业环境不同，对采购有不同的理解，采取的运作方式也不尽相同。一般而言，采购是从系统外部获得货物、土建工程和服务(以下统称产品)的完整的采办过程。货物采购是指购买项目建设所需的投入物(如机械、设备、材料等)及与之相关的服务。土建工程采购是通过招标或其他商定的方式选择工程承包单位及其相关的服务。服务采购主要指聘请咨询公司或咨询专家。采购在传统意义上仅是指买东西，其外延则是指提出采购需求、选定供应商、谈妥价格、确定交货及相关条件、签订合同并按要求收货付款的过程。

采购是从多个对象中选择、购买需要的物品。采购是选择和购买物品的过程，包括了解需求、选择供应厂商、协议价格、签订合同、选择运输方案、催促交货、保证供应等事项，因此，采购既是一个商流过程，又是一个物流过程。

1. 传统采购指的是指买方应该具有一定的支付能力从而使资源的所有权从卖方转移到买方并最终归买方的过程。随着贸易全球化的进程以及信息技术和计算机网络的飞速发展，采购的环境发生了巨大变化，扩展了传统采购的内涵，即为现代采购(或广义采购)。

2. 广义采购就是买方从外部目标市场(供应商)获得的使运营、维护和管理公司的所有活动处于最有利位置的所有货物、服务、能力和知识的过程。

广义采购的活动包括：(1)交易过程；(2)与供应商之间的业务关系；(3)对等贸易协定；(4)从外部机构雇用临时人员；(5)缔结广告合同。

3. 按照采购方法分类，采购可分为：

(1)订货点采购。它是根据需求的变化和订货提前期的长短，精确确定订货点、订货批量或订货周期、最高库存水准等，建立起连续的订货启动、操作机制和库存控制机制，达到既满足需求又使库存总成本最小的目的。但是由于市场的随机因素多，该方法仍然具有库存量大、市场响应不灵敏的缺陷。

(2)MRP 采购。MRP 采购主要应用于生产企业。它是生产企业根据主生产计划和主产品的结构以及库存情况逐步推导出生产主产品所需要的零部件、原材料等的生产计划和采购计划的过程。这个采购计划规定了采购的品种、数量、采购时间，计划比较精细、严格。它也是以需求分析为依据，以满足库存为目的。它的市场响应灵敏度及库存水平比前一种方法有所提高。

(3)JIT 采购。JIT 采购也叫准时化采购，是一种完全以满足需求为依据的采购方法。要求供应商恰好在用户需要的时候，将合适的品种、合适的数量送到用户需求的地点。它以需求为依据,改造采购过程和采购方式,使它们完全适合于需求的品种、时间和数量,做到既灵敏响应需求,又使库存趋近于零,这是一种比较科学、比较理想的采购模式。

(4)供应链采购。它是一种供应链机制下的采购模式。在供应链机制下,采购不再由采购者操作,而是由供应商操作。采购者把自己的需求信息及库存信息向供应商连续、及时地传递,供应商则根据自己产品的消耗情况不断及时地进行小批量补充库存,保证采购者既满足需要又使总库存量最小。供应链采购对信息系统、供应商操作要求比较高。

(5)电子商务采购。电子商务采购也就是网上采购,是在电子商务环境下的采购模式。其基本特点是在网上寻找供应商、寻找品种,网上洽谈贸易、网上订货甚至网上支付货款,但是在网下送货进货。该模式的好处是扩大了采购市场的范围,缩短了供需距离,简化了采购手续,减少了采购时间,节约了采购成本,提高了工作效率,是一种很有前途的采购模式。但是它依赖于电子商务的发展和物流配送水平的提高,而这两者几乎要取决于整个国民经济水平和科技进步的水平。

二、采购的重要性

从采购的定义来看,其作用体现在将资源从资源市场的供应者手中转移到用户手中的过程。在这个过程中,一是要实现将资源的所有权从供应者手中转移到用户手中,二是要实现将资源的物质实体从供应商手中转移到用户手中。因此,采购过程实际上是商流过程与物流过程的统一。

采购的重要性表现在:

(1)采购制约着企业销售工作的质量

商品采购是向企业销售提供对象的先导环节。只有使购进商品的品种、数量符合市场需要,商品销售业务经营才能实现高质量、高效率、高效益,从而达到采购与销售的和谐统一;相反,则会导致购销之间的矛盾,影响企业功能的发挥。因此,商品销售工作质量的高低很大程度上取决于商品采购的质量;销售活动的拓展和创新与商品采购的规模和构成有直接联系。

(2)采购制约着企业研发工作的质量

采购与其他环节密切相关。从某种程度上讲,没有采购支持的研发,其成功率会大打折扣。研发人员经常会感觉到因为采购不到某种物料,或者受到某种加工工艺的限制,使得设计方案难以实现;另一情况是,设计人员费尽心思所获得的研发样品在功能上与同行业相比相去甚远;或者即使性能一样,但外观、体积、成本、制造方便性、销售竞争等许多方面都显得逊色。这与研发人员信息落后,对先进元器件了解不多,采购方面支持不够有相当大的关系。

(3)采购决定着企业商品周转的速度

采购人员必须解决好经营活动中物品的适时和适量问题。如果采购工作运行的时点与把握的量度同企业其他环节的活动达到了高度的统一,则企业可能获得适度的利益。反之,就会造成商品积压,商品周转速度减缓,商品保管费用增加,以致不得不运用大量人力、物力去处理积压商品,必然造成极大的浪费。

(4)采购关系到企业经济效益的实现程度

尽管企业的经济效益是在商品销售之后实现的,但效益高低却与商品购进业务经营有着密切的关系。因为企业经济效益是直接通过利润额来表示的,而商品采购过程及进货后待售阶段所支付费用的多少同利润额成反比。因此,购进商品的适销率如何,对企业经营的数量值有很大影响。企业经济效益的实现是与市场经营机会联系在一起的,确定商品采购的时间、地点、方式、数量、品种等等,都要充分考虑企业对有关市场机会的利用问题。因此,采购工作能否做到快、准、好,对于企业是否能做活生意,增加营业收入是至关重要的。为了提高经济效益,企业在组织商品货源之前,必须注重分析市场局势,寻求可行的经营机会,了解消费者的有关情况,以防止采购工作的盲目性。

(5)做好采购可以合理利用物质资源

节约和合理利用物质资源,是开发利用资源的头等大事。采购工作须贯彻节约的方针,通过采购工作合理利用物质资源。第一,合理地采购,防止优料劣用,长材短用;第二,优化配置物质资源,防止优劣混用,在采购中,要力求优化配置和整体效应,防止局部优化损害整体优化、部分优化损害综合优化;第三,在采购工作中,要应用价值工程分析,力求功能与消耗相匹配;第四,通过采购同时引进合理利用资源的新技术、新工艺,提高物质资源利用效率;第五,采购要贯彻执行有关资源合理利用的经济、技术政策和法规,如产业政策、综合利用等法规,防止被淘汰的产品进入流通领域,防止违反政策、法规的行为发生。

(6)采购可以加强企业间的经济联系

企业间的经济联系,主要是通过商品流通的购销渠道,组成四通八达、纵横交错的经济网络。沟通企业之间的经济联系,采购工作起着重要作用:第一,通过采购工作,巩固现有的经济联系;第二,通过采购工作开拓新的渠道、新的领域;第三,通过采购工作,发展丰富经济联系的内容,如开展除采购以外的技术、资金、科研等方面的合作。现代经济的显著特点就是生产社会化、流通市场化、企业间的协作关系向纵深发展。

(7)采购可以洞察市场趋势

企业生产经营的导向作用,是通过采购渠道,观察市场供求变化及其发展趋势,借以引导企业投资方向,调整产品结构,确定经营目标、经营方向和经营策略。企业生产经营活动是以市场为导向,凭借市场这个舞台而展开的。

(8)采购有利于提高连锁零售企业与供应商谈判中的议价能力

我们一再强调,如今中国的零售业不是利润最大化的行业,它现在的单体规模相当明显。如广东省珠海市的万佳百货在2006年做到了全省第一,也只不过是16.2亿元的销售额,连沃尔玛全球销售额的千分之一都不到。所以,一定要在老店挖潜的同时不断开新店,不断扩大经营规模。只有不断扩大企业的市场占有率,做到经营规模最大化,中国民族零售业的前景才是有希望的。而采购正是实施规模化经营的基本保证。连锁零售企业实行了中央采购制度,大批量进货,就能充分享有采购商品数量折扣的价格优惠,保证企业在价格竞争中的优势地位,同时也能满足消费者求廉的心理需求。

总之,在供应链管理的观念逐渐形成的今天,企业采购人员正在思考最佳采购的真正含义。越来越多的企业放弃短期采购行为,把更多的精力放到了对供应商的管理与培育上,力求将供应商发展成为长期的合作伙伴,以获得来自它们的优质服务。同时有更多的企业在全球范围内寻找更优秀的供应源。企业高层管理者也开始意识到了提高采购绩效的必要性与紧迫性,并为此不遗余力,如在企业内建立合适的采购团队、推行现代化的采购作业方式等等。随着数字化时代的到来,越来越多的新技术正在或将被应用到采购作业中,其中电子商务采购就是一个鲜活的例证。采购日益受到企业的重视,这是社会经济发展、市场竞争的必然结果。

第二节 采购的渠道与程序

一、采购的渠道

采购途径又称采购渠道,即企业通过什么样的通道,包括从什么地区、什么单位、走什么路线把商品采购回来。商品采购渠道是指将商品从厂家转移到自家销售环节所经过的路线。商品所经过层次越多,渠道越长;反之,渠道越短。

正确选择和确定商品采购渠道,是商品营销计划工作的一项重要内容,做好这项工作,有利于加强购销衔接,销需联系,扩大商品销路,增加竞争力,提高经济效益。对一个超市来说,商品采购渠道应能充分发挥销需之间的纽带作用,有利于沟通经营的各个环节,促进整体能力的提高和管理水平的强化。

这是因为渠道选择受多种因素影响,主要有商品因素、市场因素、供货方因素和企业自身因素等，企业要根据具体情况采取不同的进货渠道策略。因此选择进货渠道是一个较为复杂的决策过程。

广义的采购除了“用钱去买东西”这种基本的购买方式外，还包括了租赁、交换、外包等获得所需物质的途径。本节将简明扼要地介绍租赁、交换、外包这三种方式，至于第一种方式将在后续章节中深入探讨。

（一）租赁

所谓租赁即使用人通过向物主支付租金的方式来取得物品的使用权，使用完毕或租期满后将物件归还物主的一种非永久性的行为。我们经常见到的租书、租房、租碟等日常活动都是最简单的租赁，当然这些是个人的租赁活动。企业的生产经营中所租赁的东西经常有厂房、车辆、生产设备、仪器、复印机等等。

租赁主要有经营性租赁和融资性租赁两种。

经营性租赁的特点是租赁期固定且短于设备寿命，租赁合同在租赁期内不可取消，租赁费用固定且小于购买所租物件的费用。出租人负责全部的维护、废弃、保险、税金、采购和再出售物件等责任，承租人必须对这些服务的收费和其他可选择的服务进行评估。

融资性租赁包括负担全部支出型和负担部分支出型两种。负担全部支出型中的承租人依据定期支付计划来支付购买所租物件的全部价格并加上利息，有时还要加上维护、服务、记录保存、保证金等。在负担部分支出型的支付计划中，在租赁期结束时所租物件还有一个残值，承租人要支付所租物件的原始值与残值之间的差额，并加上利息和费用。融资性租赁的费用由出租人收取的报酬、利息率、所租物件的折旧率组成。

租赁的优点：承租人不必支付大额的首期费用；减少了所租物件过时的风险；可作为正式采购前的有偿试用期；可得到出租人的免费指导或服务；可满足承租人短期或临时需要，如季节性很强的工作。

事物是两方面的，租赁也有它不利的一面：承租人必须接受出租人的监督，对所租物件不可随意更改、转让；另外，如果租期较长，承租人所支付的租金可能比自己购买所租物件的费用还要高。

（二）交换

我们都知道，在货币出现以前人们通过“以物易物”的方式来获取自己所需的物品，这种古老的方式在今天的现代化生产中仍有生命力，例如：生产物料的交换、机器设备的交换等。这种交易方式不仅可以取得自己想要的东西，还可盘活自己闲置或多余的东西，可谓一举两得。

现代易货贸易，基本上有两种形式：①双边易货；②多边易货。双边易货，是指买卖双方直接交换商品；多边易货，也叫间接易货、连锁易货，是指商品的交换是间接进行的,中间要经过与第三方或更多的买卖人交换货物,才能完成的贸易行为。

近年来,易货贸易在一些国家之间的兴起,是有其作用的。这表现在:

(1)可以不动用外汇而进行交易,因而有助于发展中国家在国际贸易中避开外汇短缺的问题。近些年来,拉丁美洲一些国家借欠外债,形成沉重包袱。它们的出口,大多用来抵还外债,手中外汇十分短缺,因而用外汇进口物资甚为困难,在这样的情况下,拉美国家都在不同程度上采用易货贸易的做法,利用本国的产品去换取别国的物资。例如,巴西用汽车换取尼日利亚的石油,用其他制成品换取伊朗的石油;巴拉圭用牛肉换取委内瑞拉的石油;智利、秘鲁、玻利维亚用矿产换取美国的物资,等等。这样,易货贸易就成为拉美国家扩大进出口贸易比较切实可行和有效的方式之一。

(2)可以不必使用货币而进行交易,因而有助于某些国家之间绕过复杂的货币问题,扩大贸易往来。

(3)有利于发挥贸易双方各自的商品优势。有些国家的某些资源和商品比较丰富,而某些资源和商品比较缺乏,通过相互的易货,可以取长补短,调剂余缺,扩大出口;有些厂商利用买方急需进口自己的某些商品,通过相互的易货,取长补短,调剂余缺,扩大出口;有些厂商利用买方急需进口自己的某些商品,通过易货方式,同时搭配一些滞销的、积压的商品给买方,从而达到了推销商品的目的;有些国家或地区之间的贸易有逆差,若用外汇扩大出口则有困难,而通过易货却可以扩大逆差方商品的出口,从而减少逆差,或达到贸易的平衡。

(4)由于易货贸易不必动用货币(包括外汇),而是通过实物的交换进行,因此它基本不受国际金融、货币波动的影响,有利于贸易的进行。

当然,易货贸易也有其明显的缺点:

(1)难找贸易对象。易货贸易不是单边进口或单边出口的方式,而是进出口结合起来的方式。买者不仅要买进商品,而且还要同时卖出商品;卖者不仅要卖出商品,而且还要同时买进商品。在这样的条件下,不容易找到合适的贸易对象。

(2)难找交换的商品。甲方提供的商品,可能是乙方所需要的;然而,乙方提供给甲方的商品,却可能是甲方不需要的。在通常情况下,厂商的商品经营范围是有限的。因此,往往由于难以找到合适的商品,而难以做成易货贸易。

(3)难以等值交换。既然易货贸易是不用外汇支付的,而是用实物进行的等值交换,那么两种实物或多种实物之间的价值能否做到完全相等或基本相等,是很重要的。但是,买卖各方不一定能提供基本等值的商品。所剩的差额,或者必须用外汇偿还,或者形成赊销拖欠。这样,都会带来困难。所以,易货贸易是一种有局限性的，在一定条件下才适用的贸易做法。

归纳起来，易货贸易有以下一些特点：它是一种实物的交换，基本上不必使用货币（包括外汇）作为支付手段；它是一种将买和卖，进口和出口结合起来的贸易做法；它既是一种古老的贸易方式，又是一种在当代得到发展和丰富的贸易方式。

（三）外包

外包亦属于采购范畴。

将一些与企业核心业务关联性不强的业务外包给别的专业公司来操作，这种方式的优势非常明显：能有效地减少资金的占用率，化解投入大量资金建造生产线所引起的高额投资风险；可以大大缩短产品获利周期；可以给企业的实际操作带来一定的灵活性、主动性；可以让企业把更多的精力集中在核心业务上，从而提高企业的核心竞争力。

外包操作模式近几年日趋频繁，究其原因是因为工业结构日趋合理，社会分工日益细化，特别是互联网的广泛使用，全球工业结构正在进行着一轮新的重组。一方面，全球范围内无生产线公司（如设计型公司和销售型公司等）发展迅猛；另一方面，业内两极分化现象日益明显，很多种原材料的生产更多地集中到了少数的制造商身上。凡此种种不仅为外包创造了良好的外部环境，也提供了广阔的发展空间。

目前外包在中国还不成熟，成交额仍占较小比例，主要原因是相关政策、法规不同步，计划经济的痕迹依然存在。

在企业实际运作中常把下列业务外包：

第一类：与生产经营关联性不是很强的辅助性业务进行外包，如物流、厂房的修缮、厂房的清洁、车辆运输、食堂等等。大部分企业的外包业务仅限于这一块。

第二类：将制造业务、采购业务外包。这类外包业务相对来说在国内还比较少。企业在进行这类业务外包前需要综合考虑各种因素，权衡利弊，因为制造业务、采购业务在许多企业中仍是一块被关注的核心业务。

一些沿海城市的某些年轻的电子产品生产企业，数年前就已实践过制造业务外包，像大家熟悉的TCL、创维公司都是这方面的先行者。在电子行业中，把这种外包方式称为CEM（Contract Electron Manufacturer），即合同制造商。CEM促成了电子制造业由传统的垂直集成模式演变成水平集成模式，而水平集成模式正是一种全球性的发展趋势。

过去，电子制造商在垂直集成经营模式下，把所有事情都揽在自己身上，包括设计、制造、市场开拓直至销售到用户。这样，一个公司想成功经营就必须在每一个领域都保持得很好,事实上很少有公司能在每一个领域都具有很强的竞争优势。如果将制造这块业务外包给生产能力及品质控制能力都很强的企业来做就会有很大的不同。首先,合同制造商专注于生产,因而提高了生产效率,降低了成本,并缩短了产品生产周期,特别是加快了新产品的面市时间。其次,企业把更多精力放在了新产品研发及开拓市场上,不仅能让企业在某些领域内长时间保持开发优势,更能巩固、扩展市场份额。

将制造业务外包虽然有很多好处,但是若对合同制造商控制不力,就会使企业陷入被动局面,所以对合同制造商的监管成为制造业务外包成败的关键所在。开发合同制造商与开发原材料供应商存在很多相同点,但其开发过程应比开发原材料供应商更仔细、更严谨。

下面谈谈外包管理的要点:

1.评审外包的可行性

评审是合同评审和交付能力评审的总称,即对市场部签订的合同条款、产品的市场前景、自身设计能力、生产能力和制造成本进行综合分析。评审是决定是否外包及如何外包的基础,评审一般由各相关部门的专家组成的评审小组来完成。

2.合同制造商的评估

合同制造商是外包的载体,对合同制造商的评估是外包管理中最关键一环。评估通常由工厂评审、制造能力评审和样品三部分组成,其中任何一部分通不过,该制造商就不能被视为合格的制造商。

3.跟进管理

选定合同制造商以后,需在外包过程中密切跟进。主要对其供应品质的稳定性和品质保证体系的连续性进行监督和控制,并形成文档,然后定期或不定期反馈给合同制造商,以便及时采取相应的纠正及预防措施。跟进的主要内容包括交付的及时性、检验与试验、品质保证体系的审核等。

外包是一种灵活的经营模式,在外包过程中应把合同制造商看成与客户同等重要的合作伙伴,应尽可能在管理和技术上予以支持,以建立长期、稳定和信任的伙伴关系,从而共同进步、共同受益。

(四)选择进货渠道策略

1.直接渠道策略

直接渠道策略就是要找到商品的原生产厂家,直接从厂家进货。这一渠道策略的优点是:可以降低进货价格,防止假冒伪劣商品进入自己的企业。但采用直接渠道策略要考虑到原生产厂家距离的远近,若因距离过远造成商品运输成本过大则要调整策略。

2.固定渠道策略

固定渠道策略就是要选择资信好、生产能力强、商品质量高的供货商,与他们建立长期的合作关系,固定进货渠道。这一策略通常适用于日常生活用品、需求量稳定的商品和厂家生产质量稳定的商品。其优点是:可以通过良好的合作关系规范采购活动,适时保障市场供应,并可通过长期的合作关系使买卖双方受益。

3.区域渠道策略

区域渠道策略就是有针对性地选择货源市场。在目前市场商品极其丰富的情况下,很多商品因其特殊的生产环境和经营条件,形成了一些独具特色的商品货源产地或货源市场,采用区域渠道策略就是根据自身的经营需要,选择有特色的商品货源产地或货源市场作为进货渠道。这一策略的优点是:商品采购选择余地大,便于专门化经营。

4.名优渠道策略

名优渠道策略就是选择名优商品厂家或供货商作为进货渠道。选择这一策略必须和企业的整体经营战略、目标市场定位相一致。这一策略的优点是:可以通过名优商品树立企业良好形象,提高企业经营档次,增加消费者对企业的信任度。但该策略通常只适用于大型商业企业。

5.动态渠道策略

动态渠道策略就是不断根据市场变化选择新的、有发展潜力的进货渠道。采用这一渠道策略难度较大,它不仅需要充分的、及时准确的市场信息,还要有敢于开拓市场的胆量和魄力。其优点是:能灵活地适应市场变化,不断推出新商品,但不利于建立和谐的工商关系,一般只适用于市场变化较快的商品。

从企业来说,以上进货渠道通常是根据不同商品采用不同的进货渠道策略,从代理、厂家,或者从大型独立分销商处长期固定采购公司常备货品。

在采购中,降低成本的方式无非就是:通过与代理的关系的升华拿到更好的价格;通过提高单一产品的订货总量而得到供货商的价格保护;与供货商关系的增进带来付款方式的更加灵活。比如订货不需要预付金;将全年的需求一次性下单,分批提货;通过参加某生产型企业的采购计划从而得到供货商专门提供给重要客户的特价产品。

二、采购的程序

采购程序是指从提出和接受材料请购单起至到货验收与核付货款止的一系列采购业务活动。采购程序包括以下流程:申购人提出申请→部门主管或部长审核、签批→大额向财务提出用款申请和采购清单→会计主审、查询库存→财务主管或部长审核、签批→总经理(或财务副总)批准→签订采购供货合同→采购人领取支票汇票→实施采购、运输到库→有关方会同物料质量检验→不合格办理退货或索赔(合格办理入库手续、搬运堆码)。

具体如下:

(1)生产部每月提交"生产计划",采购员依据"生产计划"和库存情况提出采购申请,每月底前编制出下月"采购计划",并报采购部经理审核、财务部经理审核、总经理批准。其他未列入"采购计划"的生产急需物料,由需要部门人员提出申请填写"紧急采购申请单",报部门经理审核、物流部经理审核和财务部经理批准后交采购人员执行。外协采购(包括模具外委加工),根据销售部订单、物流部经理和各相关部门经理审核批准填写"合同审核表"后由外协员签订"采购合同"。

(2)采购资料。对于采购计划外的采购申请,所需部门填写"紧急采购申请单"。对于生产用物料,技术部和生产部应制订相应的"主要原辅材料标准"及其他标准,提供给采购员。采购部经理负责在上述采购文件发放给采购员或分供方之前,对规定的要求是否适当进行审批。

(3)采购。采购人员根据经批准的"采购计划"进行采购。采购人员在执行采购订单时,必须在"合格分供方一览表"中优先选择评定等级高、得分高的分供方。如没有合格分供方,则应开发分供方。有毒有害物料的采购按政府有关部门的规定和顾客要求进行。

(4)采购合同。主要原料和辅料(原则上每批采购额大于1万元的或需预付款的采购项目)应事先签订合同,以保证价格、供应量、质量、到货期。在执行"采购计划"前,采购人员必须按"采购合同"的要求与分供方洽谈有关合同条款,起草合同后报部门经理和相关部门经理审核后填写"合同审核表",方可与分供方签订供需合同。采购人员有义务为本公司争取最有利的合同条款。对于低值易耗品的采购,直接执行"采购计划"。对于已经按"采购合同"签订长期供货合同的分供方,在每次订货时可以直接执行"采购计划",而不必再签供需合同。采购人员根据经批准的"采购合同"和库管员通知的交付日期通知分供方供货,并跟踪、监控分供方的交付情况。对分供方调整合同时,采购人员应立即通知部门经理,并保存完整的原始资料。

(5)采购文件控制。所有"采购合同"和"采购计划",采购部留存一份原件,并送一份原件交财务部保存,以便核对发票和应付账款。凡需要外发的技术性文件,物流部按"工程技术文件管理办法"执行。并做好"采购文件发放记录表"。物流部负责采购文件以及分供方资料的分类存档和管理。

以上是大额采购的程序,对于小额或易耗品采购,并不需要这样烦琐的程序，一般申购人提出申请送交部门主管或部长审核、签批后，就可以直送采购部询价或比价，进行采购活动。

以下图表为采购流程图。

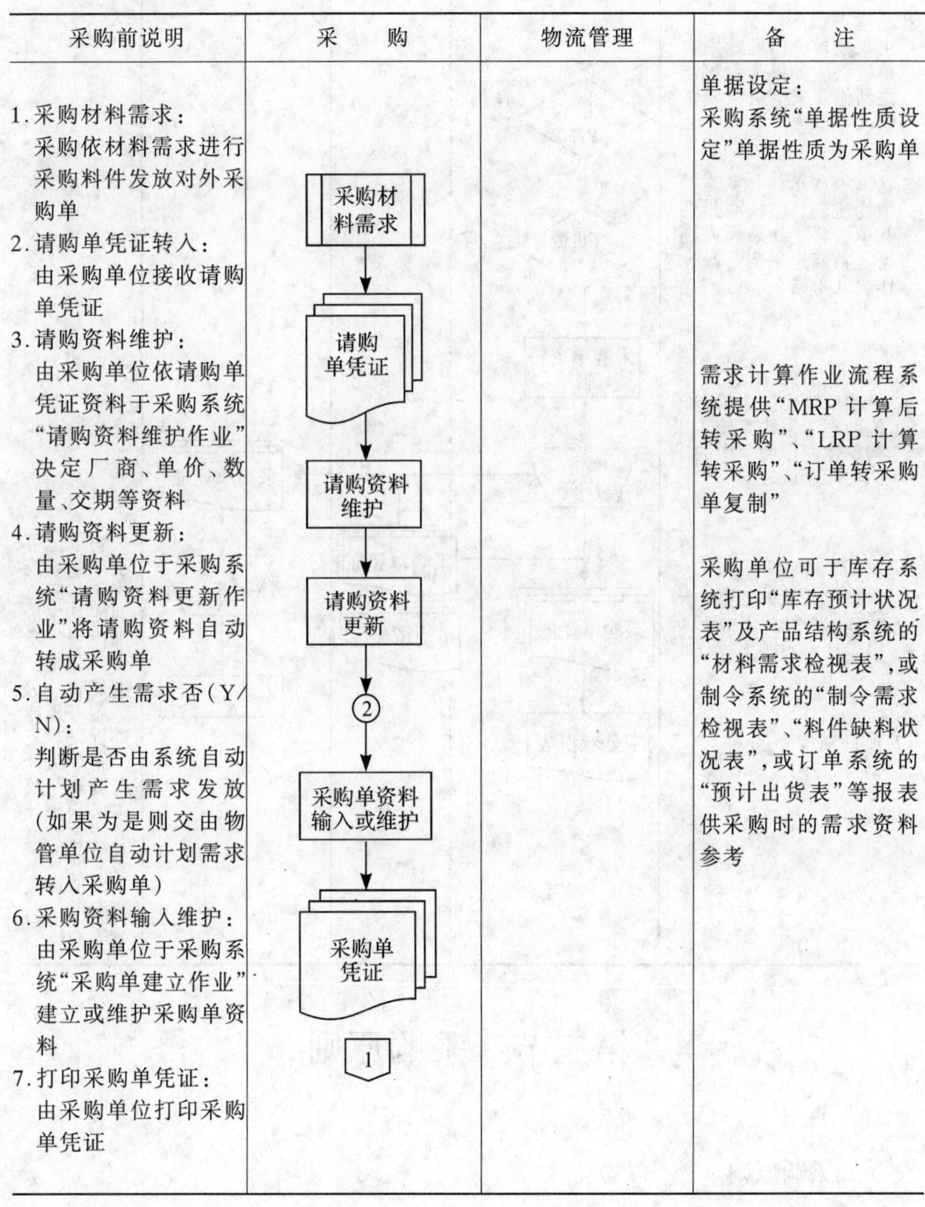

采购前说明	采　　购	物流管理	备　　注
1. 采购材料需求： 采购依材料需求进行采购料件发放对外采购单 2. 请购单凭证转入： 由采购单位接收请购单凭证 3. 请购资料维护： 由采购单位依请购单凭证资料于采购系统"请购资料维护作业"决定厂商、单价、数量、交期等资料 4. 请购资料更新： 由采购单位于采购系统"请购资料更新作业"将请购资料自动转成采购单 5. 自动产生需求否(Y/N)： 判断是否由系统自动计划产生需求发放(如果为是则交由物管单位自动计划需求转入采购单) 6. 采购资料输入维护： 由采购单位于采购系统"采购单建立作业"建立或维护采购单资料 7. 打印采购单凭证： 由采购单位打印采购单凭证	采购材料需求 请购单凭证 请购资料维护 请购资料更新 ② 采购单资料输入或维护 采购单凭证 1		单据设定： 采购系统"单据性质设定"单据性质为采购单 需求计算作业流程系统提供"MRP 计算后转采购"、"LRP 计算转采购"、"订单转采购单复制" 采购单位可于库存系统打印"库存预计状况表"及产品结构系统的"材料需求检视表"，或制令系统的"制令需求检视表"、"料件缺料状况表"，或订单系统的"预计出货表"等报表供采购时的需求资料参考

续表

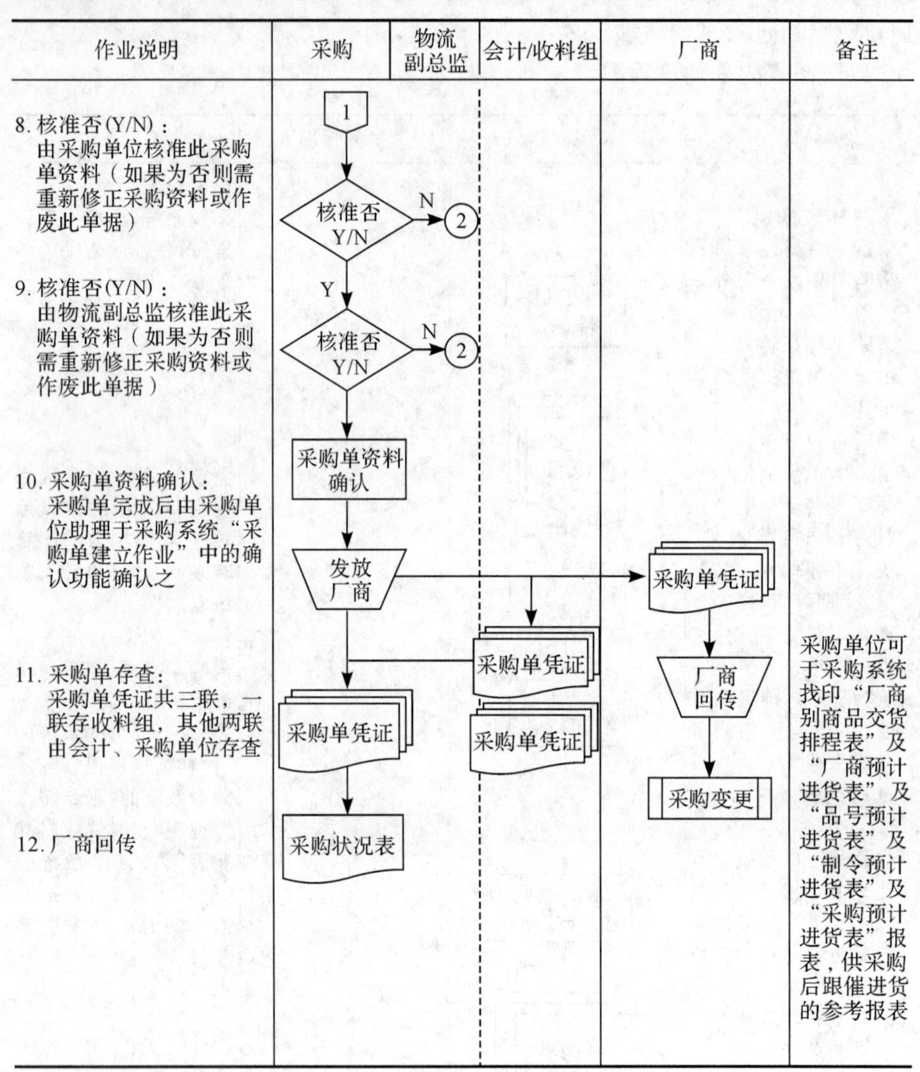

第三节 采购原则

一、采购原则

经长期的摸索与总结，人们提出了“5R”原则，以指导采购活动，取得了良好的效果。通俗地讲，采购就是在适当的时候以适当的价格从适当的供应商处买回所需数量商品的活动,采购必须围绕“价”、“质”、“量”、“地”、“时”等基本要素来开展工作。

(一)适价(Right Price)

价格永远是采购活动中的关注焦点,企业对采购最关心的一点就是采购部门今年能节省多少采购资金,所以作为采购人员不得不把相当多的时间与精力放在跟供应商的“砍价”上,物料的价格与该物料的种类、是否为长期购买、是否为大量购买,及与市场当时的供求关系有关,同时与采购者对该物料的市场状况是否熟悉也有关系,如果采购者未能把握市场脉搏,供应商在报价时就有可能“蒙”你,这就要求采购者要时常了解该行业的最新市况,尽可能多地获取相关资料。

一个合适的价格往往要经过以下几个环节的努力才能获得:

1.多渠道获得报价

这不仅要求现有供应商报价,还应该要求一些新供应商报价。与某些现有供应商的合作可能已达数年之久,但它们的报价未必优惠。获得多渠道的报价后,就会对该物料的市价有一个大体的了解,并可与企业内部事先作出的估价进行比较。

2.比价

俗话说“货比三家”,一般的家庭主妇在日常购物时都懂得这一招,但是作为一个专业采购人员所要考虑的东西远比家庭主妇在这点上所想的要多,因为专业采购所买的东西可能是一台价值300元的设备或年采购金额达千万元的电子零件,这就要求必须谨慎行事。由于供应商的报价单中所包含的条件往往不同,故采购人员必须将不同供应商的报价中的条件转化成一致后才能比较,只有这样才能得到真实可信的比较结果。

3.议价

经过比价环节后,筛选出价格最适当的二至三个报价(注意:是适当价格,不是最低价格),然后进行议价环节。随着进一步的深入沟通,不仅可以将详细的采购要求传达给供应商,而且还可进一步“杀价”,供应商的第一次报价往往含有“水分”。但是,如果物料为卖方市场,即使是面对面地与供应商议价,最后所取得的实际成绩可能要比预期的要低。

(二)适质(Right Quality)

一个不重视品质的企业在今天激烈的市场竞争中根本无法立足,一个优秀的采购人员不仅要做一个精明的商人,同时也要在一定程度上扮演品质管理人员的角色。在日常的采购作业中要安排部分时间去推动供应商完善品质体系及改善、稳定物料品质。

来料品质达不到使用要求的严重后果是显而易见的：

(1)来料品质不良，往往导致企业内部相关人员花费大量的时间与精力去处理，会增加大量的管理费用。

(2)来料品质不良，往往需在重检、挑选上花费额外的时间与精力，造成检验费用增加。

(3)来料品质不良，极易导致生产计划推迟进行，有可能引起不能按承诺的时间向客户交货，会降低客户对企业的信任度。

(4)若因来料品质不良引起客户退货，有可能令企业蒙受严重损失，如从市场上召回产品、报废库存品等，严重的还会丢失客户。

(三)适时(Right Time)

企业一般均已安排好生产计划，如原材料未能如期到达，往往会引起企业内部混乱，即会产生“停工待料”，产品不能按计划出货，从而引起客户强烈不满。若原材料提前太多时间买回来放在仓库里“等”着生产，又会造成库存过多，大量积压采购资金。这些都是企业很忌讳的事情，故采购人员要扮演协调者与监督者的角色去促使供应商按预定时间交货。若企业实施 JIT 采购，交货时机就显得更重要。

(四)适量(Right Quantity)

批量采购虽有可能获得数量折扣，但会积压采购资金，太少又不能满足生产需要，故合理确定采购数量相当关键，一般按经济订购量采购。采购人员不仅要监督供应商准时交货，还要强调按订单数量交货。

(五)适地(Right Place)

天时不如地利，企业往往容易在与距离较近的供应商合作中取得主动权，企业在选择准时制试点供应商时亦必须选择近距离供应来实施。近距离不仅沟通更为便利，处理事务更快捷，亦可降低采购物流成本。

越来越多的企业在选择供应商时甚至在建厂之初就考虑到“群聚效应”，即在周边地区能否找到大部分企业所需的供应商对企业长期的发展有着不可估量的作用。综览全国，至少有两个地区已形成明显的“群聚”优势，一个是珠三角地区，包括广州、东莞、深圳、中山、惠州、顺德等市；另一个是长三角地区，特别是后者在进入 21 世纪后更显出了勃勃生机。

做过采购的人员都有这样的体会，就是在实际的采购作业中很难将上述“5R”面面俱到，往往只能侧重其中最为关心的一两个方面。上述几个方面有时还会存在“效益背反”的现象，即过分强调“5R”中的某一方面时就要牺牲其他方面来作为补偿。例如，若过分强调品质，供应商就不能以市场最低价供货，因为供应商在品质控制上投入了很多精力，它必然会把部分这方面的成本转嫁到它的客户身上。这就要求采购人员必须综观全局,准确地把握企业对所购物料各方面的要求,以便在与供应商谈判时提出合理要求,从而争取有更多机会获得供应商的合理报价。总之,只有综合考虑才能实现最佳采购,这需要采购者在长期的实际操作中积累经验。

【小资料】

好又多量贩超市成立于1997年,系一家外商独资企业,现全国有雇员27000余名。自第一家分店开业以来,已在广州、深圳、成都、昆明、武汉、温州、宁波、西安、福州、上海、杭州、厦门、北京、南京等地开设了多家分店,在零售量贩行业处于领先地位。零售业的经营最主要是保证进货渠道以及货品的质量,所以采购是零售行业的军旗,采购部和采购人员更是零售行业的中间力量。

好又多量贩超市采购主管之任用规格:

(一)资历之要求

1.至少大专毕业,主修商学或相关科系。

2.男女不拘,年龄34岁以下,体格良好,身体健康,心思正常。

3.至少5年以上的百货专业采购经验。

4.对国内民生消费品之流通及价格结构有充分的了解。

5.英文说写能力良好。

6.有好的沟通、谈判、计划,及分析技巧。

7.在营销、国贸及委托加工采购有经验者更佳。

8.对于制造过程、质量管制、商品法律规定及计算机软件应用有良好经验。

9.能依工作需求拜访国内外的供货商。

10.过去的工作成绩良好而有证明文件者。

(二)特质之要求

1.诚实、易处、成熟、稳健。

2.敢于负责,并具有强烈的责任感。

3.能自我激励、办事积极,并富有创意。

4.能努力工作、活力充沛,且百折不挠。

5.有弹性、具团队精神,并且能接纳好的意见。

6.对个人在公司的事业有追求的目标。

7.愿意接受更多的挑战。

8.能在公司的压力下有效地工作。

9.能以具有质量与成本的观念来做事。

10.愿与公司一起成长。

若想成功地在该公司发展,除了上述大众化的要求外,还应具备下列要求:

1.操守廉洁

面对各种供货商,有些供货商总会想办法以金钱或其他方式来诱惑采购人员,以达到其销售目的。采购人员若无法把持,可能不自觉地掉入供货商的陷阱而不能自拔,进而任由供货商摆布。有一句名言,很值得我们借鉴,那就是:"做事可以失败,做人不可失败。"我们深信大部分的采购人员都能洁身自爱,否则纸是包不住火的,不应得之财富终会被曝光,这种人必遭公司与社会唾弃,而惹致个人身败名裂。

2.掌握市场

流通业是将各种民生消费品卖给最终消费者的产业,故商品种类繁多,且日新月异,采购人员必须努力透过各种渠道及方式(包含检讨卖场人员的建议与反应,因为他们最接近客户),了解市场之需要及趋势,而非坐井观天,如井底之蛙,自以为秀才不出门,能知天下事,毕竟市场的变量太多,我们应尽量利用一切资源掌握它们,做好知己知彼,则必能百战百胜。

3.精打细算

有一商场名人曾说:"会卖不如会买。"这句话在流通业已成为至理名言,这句话的意思是:卖场人员若因为商品不对,或价格太贵,使再大的劲,也不如采购人员选对商品,又买到便宜的价钱,来得更轻松,因为顾客的眼睛是雪亮的,如果被仓库卖场人员说服买下该件商品,事后发现被骗,他是不会再光顾的。采购人员必须能精打细算,供货商虽然牺牲了一点利润,但若销售量增加,供货商还是喜欢与这种采购人员或公司来往的。

4.积极认真

现代流通业讲究的是速度及效率,否则就被淘汰出局,采购人员以积极认真的态度来工作,将可使本公司的商品能适时适地推出,符合卖场的需要。与卖场的沟通更需要此种工作态度。

5.创新求进

商场如战场,不进则退,输家可能成为赢家,赢家也可能变成输家。流通业尤其需要采购人员能有创新(非标新立异)的思考能力,力求突破现状,随时以新点子或创意来改善个人的工作方法与效率,同时在商品组合方面也应力求创新,如此成功才可确保。

6.适应性强

采购是个机动性很高的职位,对市场及供货商均须随时掌握,开发新的商品或供货商也是采购的重要职责之一,故东奔西走,甚至远赴国外采购有时也是必要的。采购人员因此必须有很强的适应性,能够适应不同的环境、地区或国家,否则一直坐在办公室是不可能把工作做好的。采购对其所负责之利润预算负全责，其压力可想而知，采购更必须能适应此压力。采购是一项劳心劳力的工作，须事先有此心理准备。

7.团结合作

表面上采购工作似乎是单独作业，但人不可能脱离群居而单独生活，采购人员也不可能脱离公司的整体作业，采购人员必须与同事和谐共处，互相合作，互相支持，采购的工作才可无往不利。采购人员应去除本位主义或独善其身的意识，凡事应以公司大局为重，待人处事，尤需注重团队的合作，并以公司的利益为前提。团结生力量，这是很容易懂的，要发挥公司的整体力量，与竞争对手在市场上一争高低。覆巢之下无完卵，公司全体每一位同事都应有此忧患意识，公司才可在市场上永续经营，个人在公司的事业才可确保。

第四节　现代采购业务流程再造

任何一个企业或公司，无论它处于什么行业都存在着采购流程。在制造业，一个企业平均要将销售额的40%—60%的资金花在采购上。因此，降低成本，提高利润的潜力是非常大的。采购不仅仅只是简单地去市场上购买所需的物料。实际上采购把一个组织的生产能力和制造能力扩展到外部资源即供应商身上。从这个意义上讲，采购可以理解为“外部制造的管理”。它需要有新的流程、新的产品和新的信息系统去充分利用本企业所不具备的能力。因此，物料采购流程是创新的又一优选对象。

一、业务流程再造基本原理

流程(Process)在词典中的解释是产生某一个结果的一系列活动或操作，特别是指连续的操作或处理。它指的是事情的始末，事情发展变化的经过。在管理理论中，企业流程是指组织结构和人员，遵循管理原则，运用管理信息、技术和方法来实现企业目标的活动流程。从这个定义可以看出，一个流程具有组织结构和人员、管理原则、管理技术、管理信息和方法等各个特性，而流程的主体是由活动组成的，每一个特性的不同取值都将体现在不同流程的不同系统及其相互之间的关系中。

在企业组织中，和流程意义容易混淆的概念是职能，职能往往描述的是这个部门或机构是干什么的，是个静态的概念。而流程强调的是为了完成目标任务，这个部门或机构是如何进行的，是个动态的概念。比如，某公司销售部，从职能来讲,这个部门负责公司的所有销售任务,根据任务分解成各个子任务,如签订合同、制定销售计划,用户资金管理、仓库管理等,分别有业务科、计划科、财务科、仓库等部门与之相对应。从流程的观点来看,这是一个销售合同的完成流程,它输入的是用户的需求,输出的是顾客所需要的产品、顾客的满意度和公司的销售收入。

整个流程的完成包含了一系列跨越不同部门的活动,如签订合同、编制销售计划、开提货单、审核提货单等等。每一个活动本身并没有对顾客产生价值,在开提货单之前,你不能审核提货单,在没有审核提货单之前,你不能提货,在没有提货之前,你不能开发票,等等。每一个活动本身是一项简单的工作,只有把这些活动有序地组合起来,才能最终完成对顾客产生价值的某一任务(实现顾客的需求)或实现企业的某一个目标(实现公司的销售收入)。比如,上海某纺织机械公司"物料获取与采购流程",整个流程包含了近30个活动,跨越了公司内四个部门(生产计划部、采购部、质保部、财务部),甚至跨越了公司外组织(供应商)。这些活动有序地集成起来实现了公司内部生产制造部的需求。

因此,我们可以说,企业流程是指为完成企业某一个目标或任务而进行的一系列逻辑相关的跨越时间和空间活动的有序集合。从流程的观点来看,企业的组成元素是流程,而企业流程的组成元素是活动。活动与活动之间的相互作用和相互联系构成了企业流程系统。活动是一种变换或操作,它往往接受某一种输入,在某种规则控制作用下,利用某种资源,经过变换或操作转化为输出。不同的活动,它接受的输入、处理规则、利用的资源不同,输出也不同。因此,决定一个活动有四个方面的因素,即活动 a = {输入,处理规则,资源,输出}。

二、企业流程的特点

1.每个流程都有输入和输出

输入和输出可以分为有形的物质和无形的信息两大类。例如,上海某纺织机械公司是按订单制造(设计、加工、装配)类型的企业组织,它的采购完成流程输入的是根据企业生产进度计划编制的采购单和相应的物料技术文件,输出的是采购回来的原材料或零部件。又比如,深圳某通讯设备制造公司是按订单装配类型的企业组织,其新产品研究与开发流程的输入是市场的需求和产品技术的发展信息,包括专家的建议、企业家的战略直觉与胆识,输出的是能投入批量生产的新产品,包括新产品原型、新产品的BOM及其各种技术文件等。该公司的售后服务流程,输入的是顾客设备的故障信息、产品升级信息以及设备和顾客的各种技术文档,输出的是顾客设备的良好运行状态以及顾客的满意度等。

2.每个企业流程都有顾客

流程要输出结果,这个结果的接受者或使用者就是流程的顾客。顾客可以是企业外部的,也可以是企业内部的。比如,销售订单完成流程的顾客是订货的外部用户。采购完成流程的顾客是企业内部使用该物料的生产部门以及企业外部利用该物料生产产品的真正用户。

3.每一个企业流程都有一个核心的处理对象

一个大的企业流程往往是实现一个对象的生命周期,核心的处理对象与该流程要实现的企业目标或任务有关。比如销售合同完成流程的核心处理对象是销售合同,整个流程完成一个销售合同:从获取(诞生),到执行用户验收、付款,实现公司销售收入为止的全生命周期。采购流程的核心处理对象是采购合同,采购流程完成的是采购合同从与供应商洽谈、签订供应合同到供货、验货、入库、付款为止的整个生命周期。售后服务流程处理的核心对象是用户反馈的报修信息或投诉信息,该流程完成的是从受理顾客信息到解决顾客的问题,令顾客满意为止的整个周期。

4.企业流程往往是跨职能部门的

大多数企业流程跨越了职能部门甚至企业之间的边界,并不受限于常规的组织结构。深圳某通讯设备制造公司销售合同完成流程跨越了公司市场部、物料部、生产总部、财务部等职能部门,并与用户相连接。又如,基于JIT思想组织的物料采购与供应流程跨越了供应链上的各个企业组织。

三、业务流程再造(BPR)的缘起

BPR是1990年最先由美国MIT教授哈默提出的。他与CSC Index公司的首席执行官钱辟于1993年发表了《公司重组:企业革命的宣言》。此后BPR作为一种新的管理思想,像一股风潮席卷了整个美国和其他工业化国家,并大有风靡世界之势。

根据哈默与钱辟的定义,"BPR就是对企业的业务流程(Process)进行根本性(Fundamental)再思考和彻底性(Radical)再设计,从而获得在成本、质量、服务和速度等方面业绩的戏剧性(Dramatic)改善"。

在这个定义中,"根本性"、"彻底性"、"戏剧性"和"流程"是应关注的四个核心内容。根本性表明业务流程重组所关注的是企业核心问题,如"我们为什么要做现在的工作?""我们为什么要用现在的方式做这份工作?""为什么必须是由我们而不是别人来做这份工作?"等等。通过对这些根本性问题的仔细思考,企业可能发现自己现行赖以存在或运转的商业假设是过时的,甚至是错误的。

最后,业务流程重组关注的是企业的业务流程,一切"重组"工作全部是围绕业务流程展开的。“业务流程”是指一组共同为顾客创造价值而又相互关联的活动。哈佛商学院教授 Michael Porter 将企业的业务流程描绘成一个价值链,竞争不是发生在企业与企业之间,而是发生在企业各自的价值链之间。只有对价值链的各个环节(业务流程)实行有效管理的企业,才有可能真正获得市场上的竞争优势。

【小资料】

福特汽车公司的业务流程重组

福特汽车公司北美应付款部门成功地通过重建其付款程序,减少了间接费用和管理费用的支出。当时福特北美预付款部门雇用员工 500 余人,冗员严重,效率低下。他们最初制定的改革方案是:运用信息技术,减少信息传递,以达到裁员 20%的目标。但是参观了 Mazda 公司之后,他们震惊了,Mazda 是家小公司,其应付款部门仅有 5 人,就算按公司规模进行数据调整之后,福特公司也多雇用了 5 倍的员工,于是他们推翻了第一种方案,决定彻底重建其流程。

福特公司传统的流程是:采购部门向供货商发出订单,并将订单的复印件送往应付款部门;供货商发货,福特的验收部门收检,并将验收报告送到应付款部门;同时,供货商将产品发票送至应付款部门,且仅当“订单”、“验收报告”以及“发票”三者一致时,应付款部门才能付款。往往该部门的大部分时间都花费在处理这三者的不相吻合上,从而造成了人员、资金和时间的浪费。而福特的新流程则是:采购部门发出订单,同时将订单内容输入联机数据库;供货商发货,验收部门核查来货是否与数据库中的内容相吻合,如果吻合就收货,并在终端上通知数据库,计算机会自动按时付款。

福特公司流程重建的成果是福特公司新流程采用的是“无发票”制度,大大地简化了工作环节,带来了如下结果:以往应付款部门需在订单、验收报告和发票中核查 14 项内容,而如今只需 3 项——零件名称、数量和供货商代码;实现裁员 75%,而非原定的 20%。由于订单和验收单自然吻合,使得付款也必然及时而准确,从而简化了物料管理工作,并使得财务信息更加准确。

福特公司流程重建带来了如下的启示:

1. 面向流程而不是单一部门。倘若福特仅仅重建应付款一个部门,那将会发现是徒劳的,正确的重建应是将注意力集中于整个“物料获取流程”,包括采购、验收和付款部门,这才能获得显著改善。

2. 大胆挑战传统原则。福特的旧原则:当收到发票时付款。福特的新原则:

当收到货物时付款。旧原则长期支配着付款活动,并决定了整个流程的组织和运行,以前从未有人试图推翻它,而BPR的实施就是要求企业大胆质疑,大胆反思,而不能禁锢于传统。

四、ERP和BPR的结合

企业要实施ERP计划,首先要进行业务流程重组BPR。如果仅是对原有的业务流程实行信息化管理,就违背了ERP的宗旨。因为ERP首先是一种管理模式,其次才是技术手段。ERP的精髓在于管理技术与计算机的结合。

BPR要求我们理顺和优化业务流程,强调流程中每一个环节上的活动尽可能实现最大化增值,尽可能减少无效的或不增值的活动,并从整体流程全局最优的目标,设计和优化流程中的各项活动,消除本位主义和分散主义。

BPR强调管理面向业务流程,将业务的审核和决策点定位于业务流程执行的地方,缩短信息沟通的渠道和时间,从而提高对顾客和市场的反应速度,而这正是我国企业所缺乏的。我国企业的业务流程不合理的地方太多,经常是因人设事,人浮于事,扯皮现象不断发生。

ERP承诺建立跨越企业各部门、各生产要素和环境的单一的数据库、单一的应有和统一的界面,是统一网络应用设计的法宝。在单一应用原则下处理所有的事物即意味着完成,它包括人力资源、财务、销售、制造、任务分派和企业供应链等各项管理业务。ERP的集成特性说明它的实施是一个在战略考虑、精密计划和部门间紧密磋商基础上的谨慎行动。

企业管理现代化是现代管理思想、现代化组织管理方法和手段的结合体。ERP这种反映现代管理思想的软件系统的实施,在企业手工管理方式下的管理模式不一定是最先进的管理模式,只有在应用现代化计算机手段后,根据计算机管理的特点对传统的经营机制业务流程、组织结构、管理职能、管理方法、规章制度等进行改造,才能最终建立企业先进的业务流程。根据流程范围和重组特征,可通过以下三个层次进行业务流程重组。

1.职能机构内部的业务流程重组

企业手工业务处理流程必然存在很多重复或无效的业务处理环节,各职能管理机构重叠、中间层次多,而这些中间管理层一般只执行一些非创造性的统计、汇总和填表等工作,很多业务处理方式已不能结合计算机信息处理的要求,计算机完全可以取代这些业务而将中间层取消,使每项职能从头至尾有一个职能机构管理,做到机构不重叠、业务不重复。例如物资管理由分层管理改为集中管理,取消二级仓库;财务核算系统将原始数据输入计算机,全部核算工作由计算机完成,变多级核算为一级核算等。

2.职能机构部门之间的业务流程重组

在企业范围内,多个职能部门之间的业务流程进行重组。例如在进行新产品开发项目时,以开发某一新产品为目标,组织集设计、工艺、生产、供应、检验人员为一体的业务流程组,取消部门的界限,实行业务流程组管理,将设计、工艺、生产制造并行交叉的活动进行管理。这种组织结构灵活机动,适应性强,将各部门人员组织在一起,使许多工作可平行处理,从而可大幅度地缩短新产品的开发周期。

3.企业与企业之间的业务流程重组

这是发生在两个以上企业之间的业务重组,如通用汽车公司(GM)与SATURN轿车配件供应商之间的购销协作关系就是企业间BPR的典型例子。GM公司采用共享数据库、EDI等信息技术,将公司的经营活动与配件供应商的经营活动连接起来。配件供应商通过GM的数据库了解其生产进度,拟定自己的生产计划、采购计划和发货计划,同时通过计算机将发货信息传给GM公司。GM的收货员在扫描条形码确认收到货物的同时,通过EDI自动向供应商付款。这样,使GM与其配件供应商的运转像一个公司似的,实现了对整个供应链的有效管理,缩短了生产周期、销售周期和定货周期,减少了非生产性成本,简化了工程流程。这类BPR是目前业务流程重组的最高层次,也是BRP的最终目标。

企业实施业务流程重组和应用ERP系统本是毫无关联的两件事,一是关注管理思想,一是关注技术手段。BPR的提出是管理领域的最新成果,其本身与ERP系统的应用并没有直接的关联关系。早期ERP系统在企业的应用,人们也没有明确的意识需要进行业务流程重组。

从上述三个层次的业务流程重组也可以看出,各个层次的重组过程都需要数据库、计算机网络等信息技术的支持。ERP的核心管理思想是实现整个供应链的有效管理,与ERP相适应而发展起来的组织间的BPR创造了全部BPR的概念,是全球经济一体化和Internet广泛应用环境下的BPR模式。因此,ERP的实施过程必须考虑对企业的管理改造和流程优化,惟有如此,企业的管理信息化才能从根本入手。

在推动ERP中,一般改进点主要集中在以下关键流程:

计划类流程。对产品计划的生成、审核、调整、监控进行闭环式管理,明确并落实信息来源责任。

采购类流程。实现对采购订单信息流、实物流、资金流的全流程跟踪。

生产及库存类流程。减少手工计划工作量,实现计划、车间与销售、采购之间的信息及时上传下达,形成双向沟通渠道。

销售类流程。为订单评审、货物发运等紧要环节减压,将非正常销售业务的处理纳入规范管理。

财务类流程。与业务的信息沟通,从多口径转向一个口径,核算内容从粗放式转为对每一笔明细业务的追溯跟踪式核算,维护并监督业务数据的正确性,对企业管理及决策提供意见。

五、采购业务流程再造的方法

实际上,从整个社会物质财富制造流程来看,一个企业或公司从自然界中获取原始物料制成原材料,向第二级企业或公司提供原材料,第二级企业或公司经过加工制造以后又向第三级公司或企业提供原材料或零件,第三级又向第四级提供零部件,直到最后一级公司或企业向商品的直接消费者提供商品为止。而任何一级公司或企业又可以通过其分销商销售产品,分销商又可以销售给零售商,零售商再直接销售给最终的消费者。整个物流的流动过程和公司与公司之间的买卖活动构成了一条供应链。一个公司或企业的物料采购与供应流程是整个供应链上的一个环节。

六、采购业务流程再造的基本原则

业务流程再造的主要原则有以下几个方面:

(1)实现从传统的面向职能管理转变为面向流程管理,将业务的审核与决策点定位于业务流程执行的地方,缩短信息沟通的渠道和时间,从而提高对顾客和市场的反应速度。

(2)强调业务流程中每一个环节上的活动尽可能实现最大化增值,尽可能减少无效的或不增值的活动,并从整体流程全局最优(而不是局部最优)的目标,设计和优化流程中的各项活动,消除本位主义和利益分散主义。

(3)要求业务流程之间尽量实现单点接触,这不仅有利于流程通畅,而且有利于提高内、外部顾客的满意度。

(4)先设计流程,而后依流程建立"扁平化"的新型组织,尽量消除纯粹的中层"领导",这不仅降低了管理费用和成本,更重要的是提高了组织的运转效率及对市场的反应速度。在新的扁平化组织中,管理权力下放,将决策点定位于业务流程执行地方,这就要求业务处理流程上的人员素质整体提高,并富有团队合作精神,同时构建具有自学机制的有机组织。

基于以上思想和原则,企业 BPR 的总体思路为:实现从面向职能管理到面向流程管理的转变;从流程出发调整岗位职责、部门职责及绩效考核指标。在目标业务流程的改进中,为了实现面向职能管理到面向流程管理的转变,要强调以下几点:

(1)正常业务方面,变“复杂流程”为“简化流程”。

(2)例外处理方面,变“灰色流程”为“规范流程”。

(3)在流程执行方面,变“模糊流程”为“明确流程”。落实流程中各项活动的责任部门及责任岗位,在流程中引入必要的监控环节,以保证流程的贯彻与执行。

(4)引入“共享信息库”、“逻辑管理库”,以“信息单点输入、共享使用”为原则来进行流程之间的关联,努力消除信息“孤岛”现象,增加信息共享内容,扩大信息共享范围,全面提高信息共享的水平与质量。

【案例分析】

通用的采购管理

与从计划模式艰难蜕变出来的大型国有企业相比,通用公司的采购体系可以说是含着银匙出世,它没有经历体制、机构改革后的阵痛,全球集团采购策略和市场竞标体系自公司诞生之日起,就自然地融入到世界上最大的汽车集团——通用汽车的全球采购联盟系统中。相对于尚在理论层次彷徨的众多国有企业和民营企业而言,通用的采购已经完全上升到企业经营策略的高度,并与企业的供应链管理密切结合在一起。

据统计,通用在美国的采购量每年为 580 亿美元,全球采购金额总共达到 1400 亿—1500 亿美元。1993 年,通用汽车提出了全球化采购的思想,并逐步将各分部的采购权集中到总部统一管理。目前,通用下设四个地区的采购部门:北美采购委员会、亚太采购委员会、非洲采购委员会、欧洲采购委员会,四个区域的采购部门定时召开电视会议,把采购信息放到全球化的平台上来共享,在采购行为中充分利用联合采购组织的优势,协同杀价,并及时通报各地供应商的情况,把某些供应商的不良行为在全球采购系统中备案。

在资源得到合理配置的基础上,通用开发了一整套供应商关系管理程序,对供应商进行评估。对好的供应商,采取持续发展的合作策略,并针对采购中出现的技术问题与供应商一起协商,寻找解决问题的最佳方案;而对在评估中表现糟糕的供应商,则请其离开通用的业务体系。同时,通过对全球物流路线的整合,通用将各个公司原来自行拟定的繁杂的海运线路集成为简单的洲际物流线路。采购和海运路线经过整合后,不仅使总体采购成本大大降低,而且使各个公司与供应商的谈判能力也得到了质的提升。

三种在中国市场并存的"采购现象",直接反映出在不同的市场机制和管理模式下,企业变革需要面对的一些现实问题。但从另一个角度看,我们就会发现采购在整个企业物流管理中的重要地位已经被绝大多数的企业所认可。更多的生产企业专注于自己的核心业务,把采购物流业务外包。建立在合作基础上的现代供应链管理,无疑是对传统的采购管理模式的一次革命性挑战。

从不同采购现象背后,可以看到采购理念在中国发展遇到的现实问题,不仅在于企业对先进思维方式的消化能力,更重要的是在不同的体制和文化背景下的执行是否通畅。而在落实理念的过程中,必须革新中国的企业文化,要求高层决策人员和中层的管理人员应具备解决系统设计问题的能力,底层的运作人员应能解决系统操作的问题,同时必须有发现问题的能力和正确理解问题的能力。从这个角度上讲,是否"以人为本"已经成为采购进入中国市场所必须解决的重大课题。

【本章小结】

随着我国加入 WTO 与信息技术的发展,全球化竞争的日益激烈,发展现代物流已成为有效提升企业竞争能力的重要途经。采购是现代物流的重要组成部分,高质量、低成本、快节奏、个性化需求已成为企业对采购的基本要求。本章主要讨论了采购的内涵与重要性;采购的程序、途径以及采购原则。同时也讨论了现代采购流程再造(BPR)问题,主要包括采购流程再造的起源、采购流程再造的定义、采购业务流程再造的过程、企业采购流程再造发展趋势及其注意事项。

【习 题】

一、理论题

(一)名词解释

采购　广义的采购　租赁　BPR

(二)问答题

1.怎样理解采购?

2.采购对企业来说有何意义?

3.采购渠道有哪些?

4.如何保证和进货商之间的合作?

5.采购的程序有哪些?

6.如何做一名优秀的采购师?需要具备哪些素质?

7.采购业务流程再造的基本原则。

二、实践题

1.与大型国有企业相比,一些已经克服了体制问题,全面融入国际市场竞争的企业,较容易接受全新的采购理念,这类型的企业中,海尔走在最前沿。

海尔采取的采购策略是利用全球化网络,集中购买,以规模优势降低采购成本,同时精简供应商队伍。据统计,海尔的全球供应商数量由原先的2336家降至840家,其中国际化供应商的比例达到了71%,目前世界前500强中有44家是海尔的供应商。

对于供应商关系的管理方面,海尔采用的是SBD模式:共同发展供应业务。海尔有很多产品的设计方案直接交给厂商来做,很多零部件是由供应商提供今后两个月市场的产品预测并将待开发的产品形成图纸,这样一来,供应商就真正成为了海尔的设计部和工厂,加快了开发速度。许多供应商的厂房和海尔的仓库之间甚至不需要汽车运输,工厂的叉车直接开到海尔的仓库,大大节约了运输成本。海尔本身则侧重于核心的买卖和结算业务。这与传统的企业与供应商关系的不同在于,它从供需双方简单的买卖关系,成功转型为战略合作伙伴关系,是一种共同发展的双赢策略。

1999年海尔的采购成本为5个亿,由于业务的发展,到2000年,采购成本为7个亿,但通过对供应链管理优化整合,2002年海尔的采购成本控制在4个亿左右。可见,利益的获得是一切企业行为的原动力,成本降低、与供应商双赢关系稳定发展带来的经济效益,促使众多企业以积极的态度引进和探索先进、合理的采购管理方式。

与胜利油田相似,由于企业内部尤其是大集团企业内部采购权的集中,使海尔在进行采购环节的革新时,也遇到了涉及人的观念转变和既得利益调整的问题。然而与胜利油田不同的是,海尔在管理中已经建立起适应现代采购和物流需求的扁平化模式,在市场竞争的自我施压过程中,海尔已经有足够的能力去解决有关人的两个基本问题:一是企业首席执行官对现代采购观念的接受和推行力度。二是示范模式的层层贯彻与执行,彻底清除采购过程中的“暗箱”。

问题:海尔的采购是如何彻底清除采购过程中的“暗箱”的?

第二章　采购环境分析

【案例学习】

××股份有限公司的市场细分案例

外购物资是构成××股份有限公司总成本的重要因素，创造采购优势对于实现成本领先、增强竞争能力具有举足轻重的意义。在该公司所需采购的物资中，石灰石是最主要的，也占了绝大部分的采购成本。因此，该公司在采购石灰石时，分析了当地石灰石供应市场中存在的五种竞争力，以便找出自身的优势。图 2-1 是××股份有限公司在采购石灰石时所做的市场分析。

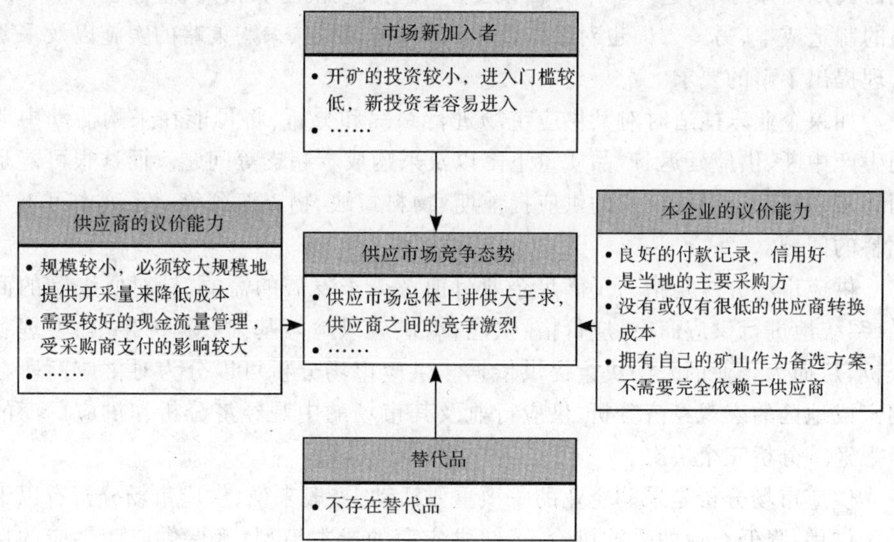

图 2-1　××股份有限公司在采购石灰石时所分析的五种力量

问题：通过这种分析，该公司发现了自己在石灰石采购中的哪些优势呢？

【本章要点】

★ 供应市场分析
★ 采购对象的细分方法
★ 采购对象的规格说明方法

第一节 供应市场分析

一、进行供应市场分析的原因

市场由商品的购买者(采购商)以及提供这些商品的供应者(供应商)构成。从采购商的角度来看,供应市场是潜在的提供企业所需资源的场所,尽管它只是企业外部环境的一部分,但它对企业采购职能的履行,进而对企业的生存具有直接的影响。供应市场是采购商制定企业供应战略和进行供应商管理的起点,并对采购商内部生产、经营等产生重要影响。

在科技发达的现代社会,唯一不变的就是变化。产业转移、技术更新、产品生命周期缩短等等,这一切一方面改变了供应市场的分布格局,整体上降低了产品的制造成本,另一方面也对采购商采购战略的制定、采购策略的实施以及采购管理提出了新的要求。

如果企业未能适时对其供应市场进行跟踪和分析,将可能在采购活动中遇到生产中断、供应延迟、产品质量下降以及采购成本超支等问题。而这很可能是因为采购活动遇到了拉长的供应提前期、物料短缺、物流瓶颈等一系列本可事先预料的问题。

供应市场分析是指为了满足企业目前及未来发展的需要,针对所采购的商品,系统地进行供应商、供应价格、供应量、供应风险等基础数据的搜集、整理和分析,从而为企业的采购决策提供依据。供应市场分析可以分为对供应商所在国家或地区的宏观经济分析、供应行业及其市场的中观经济分析和供应厂商的微观经济分析三个层次。

供应市场分析是采购企业的一项重要活动,一般来说,供应市场分析有以下一些作用:降低企业的采购风险;了解供应商的成本模型;确保供应商供应的持续性;寻求资源的替代品;为企业战略计划服务;利用供应商创新;改进采购流程;降低成本或增加价值。

二、供应市场的结构

(一)各类市场结构

通常认为,市场结构可以根据市场中买卖双方数量的多少分为卖方完全垄断市场、卖方垄断性竞争市场、卖方寡头垄断性竞争市场、完全竞争市场、买方寡头垄断市场、买方完全垄断市场,见表2-1。

表2-1　按买卖双方数量细分的供应市场结构表

卖方＼买方	一个	少量	很多
一个	双边垄断	有限卖方垄断	卖方垄断
少量	有限买方垄断	双边寡头垄断	卖方寡头垄断
很多	买方垄断	买方寡头垄断	完全竞争

这里,我们着重分析卖方垄断市场、买方垄断市场、卖方寡头垄断市场、买方寡头垄断市场和完全竞争市场。

1.卖方垄断市场

一个供应商和多个购买者构成的市场。该供应商是供应市场中某类产品的唯一销售者,且不存在直接的替代产品。该供应商同时决定了其产品的生产数量和销售价格,基本上不用考虑竞争因素。卖方垄断可以分为自然垄断、政府垄断和控制垄断三类。自然垄断往往来自于显著的规模经济,如供电企业;政府垄断则是基于政府给予的特许经营,如奥运标志、铁路、邮政及其他共用设施;控制垄断包括专利拥有、某种产品所需的自然资源等。

面对卖方垄断市场,采购企业基本上没有任何的讨价还价能力,只能接受供应商的报价。但是,采购企业可以在产品设计时,尽量避免使用某些被垄断的产品或原材料。

2.买方垄断市场

单一的采购企业和多个供应商构成的市场。这种市场中,采购企业成了产品的唯一购买者,因而控制了产品的价格。这可能是由于该产品没有其他的用途,或者是由于其他的用途并不经济。这里的采购企业成为买方垄断者,从另一方面看,它也是垄断型的供应商,因为没有任何其他企业提供用其采购的产品所生产的产品。这种例子有烟叶收购、铁路专用的机车和车辆的采购。

买方垄断的市场里,采购企业拥有绝对的说话权,能够主动掌握采购的价格,但是,一般也受到政府的管制。这类采购企业同时也将成为其他企业的独家供应商。

3. 卖方寡头垄断市场

少数供应商和大量采购企业所构成的市场。少数的供应商提供相同或类似的产品,行业里存在明显的规模经济,市场进入障碍明显。价格由行业领导者或行业联盟控制,同时也受到政府的管制和行业内部竞争状况的影响。卖方寡头垄断企业的数量越多,决策越独立,寡头垄断就越容易向完全竞争的市场转变。

当前的家电市场和汽车市场,以及中东的石油市场就是较为典型的卖方寡头垄断市场。

这类市场对于采购企业来说其实并没有很多选择,各供应商所提供的产品之间并没有特别明显的差别,要想选择到合适的供应商,必须对此类市场进行长期的跟踪和观察,把握其市场规律,从而将其选择成为企业的战略供应商。

4. 买方寡头垄断市场

少数采购企业和大量供应商所构成的市场。在这种市场里,买方对于产品的定价有很大的影响。因为,所有的卖方都为了能接到某项供应业务而展开激烈的竞争。采购企业也非常明了自己所处的位置,通常还能够主动利用这种位置在采购中获得好处。医药供应市场、汽车工业中零部件的供应市场就是这样的例子。

5. 完全竞争市场

由大量的采购企业和大量的供应商所构成的市场。这种市场具有一些明显的特征:

(1)市场中采购企业和供应商的数量都很多,并且规模都不是很大,没有任何一家企业能通过购买或供应行为影响市场上的供求关系,产品的市场价格受该市场里所有的采购企业和供应商的共同影响而确定,可以说每家企业都是市场价格的被动接受者。

(2)市场上的产品是同质的,即任何一个供应商提供的产品都是无差别的,这也决定了没有哪个供应商能够控制产品的供应价格。

(3)各种资源都可以完全自由流动而不受任何限制,这包括:第一,劳动可以毫无障碍地在不同地区、不同部门、不同行业、不同企业之间无障碍流动;第二,任何一个生产要素的所有者都不能垄断要素的投入;第三,新资本可以毫无障碍地进入,老资本可以毫无障碍地退出。这也决定了整个市场里可以有很多的供应商和采购企业。

(4)市场信息是完全和对称的,采购企业与供应商都可以获得完备的市场信息,双方不存在相互的欺骗。

这些条件是非常苛刻的,所以,现实中的完全竞争市场是罕见的,比较接近的是农产品市场、专业产品市场和期货市场。但是现实中是否存在着真正意义上的完全竞争市场并不重要，重要的是说明在这种市场里，采购企业和供应商才能不受干扰地进行真正的交易。

在当今经济环境下，无论是卖方还是买方，寡头垄断是最为常见的市场状况，完全垄断非常少见，绝对完全竞争也是不存在的。

不同的供应市场决定了采购企业在市场交易中不同的地位，相应也要采取不同的采购策略和方法。从产品设计的角度出发，尽量避免选择卖方完全垄断市场中的产品，如不得已，就应该与该供应商结成合作伙伴的关系；对于卖方垄断竞争中的产品，应尽可能地优化已有的供应商并发展成为伙伴性的供应商；对于卖方寡头垄断市场中的产品，应尽最大可能与供应商结成伙伴型的互利合作关系；在完全竞争市场中，应把供应商看成商业型的供应业务合作关系。典型市场结构的主要特点见表 2-2。

表 2-2　典型市场结构的主要特点

	完全竞争	买方寡头垄断	卖方寡头垄断	卖方垄断
市场结构的特点	大量的供应商，选择的余地很大，市场透明	少量采购企业，大量供应商，采购企业可以控制价格	少量的供应商，供应商控制价格的能力较强	只有单一的供应商，供应商完全控制价格
供应商定价策略	按市场价格供应产品	供应商试图使产品的价格差异化	供应商跟随供应市场的领导者定价	供应商制定使利润最大化，同时不诱使产生替代产品的价格
产品类型和实例	农产品（初级产品）、标准件（纽扣等）	部分印刷品、某些专业产品	钢材、铜、胶合板、汽车、计算机设备	专利所有者（药品）、版权所有者（软件）
可参考的采购对策	期货或者其他远期交易	分析产品成本，了解供应商的生产流程	分析供应商的成本，必要时可以向较弱的竞争者采购，以获得价格折扣	尽可能发现替代品，重新设计产品

（二）市场中的五种竞争力

由美国哈佛商学院管理学教授迈克尔·波特建立的“市场中的五种竞争力”模型从潜在盈利能力的角度分析了某一产业的吸引力。这里，我们可以将这一分析框架用于供应市场分析。

波特的“市场中的五种竞争力”模型指出，市场中的竞争力分别来自当前的竞争者、潜在的新市场进入者、购买者、潜在替代产品以及要素供应者之间的相互作用。

这一模型可以帮助采购企业确认供应市场的结构，明确特定供应商的市场竞争力有多强，以及相对于同一市场中的其他购买者，采购企业的市场竞争力有多强。对于市场竞争力强度的评价能使采购企业更好地了解自己在供应市场中所处的位置，这将为以后同供应商的谈判打下基础。

下面，我们对供应市场中的五种力量（见图2-2）一一分析。

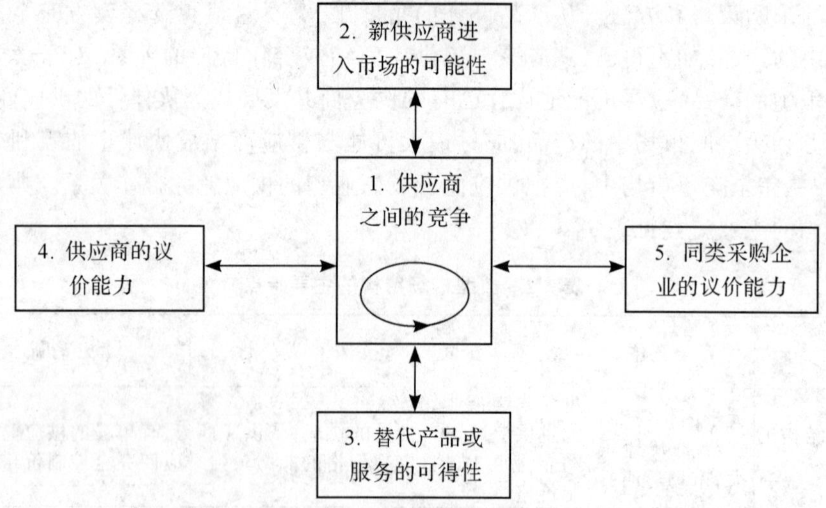

图2-2 供应市场中的五种力量

1. 供应商之间的竞争

供应商之间竞争的激烈程度取决于市场中同类供应商的数量、规模和经营政策等因素。为了确定市场中供应商之间竞争的激烈程度，需要明确以下几个问题：

(1)同类产品是否只有少数几家供应商？

(2)大部分的市场份额是否被少数几家供应商所占有？

(3)产品供应的增长速度是否较慢？

(4)各主要供应商是否已经充分利用了其生产能力？

(5)在该类产品的供应市场中有没有多少差异化的产品或服务可供选择？

如果在某项采购中，你对上述大部分问题的回答都是“是”，那么该类产品的供应商之间的竞争还不够激烈，甚至可能是寡头垄断市场。在这样的市场中，采购企业的议价能力可能是比较低的，不大可能从供应商处获得较多的折扣。相反，如果你对大部分问题的回答都是“否”，那么该类产品的供应商之间存在激烈的竞争，采购企业能够从供应商处获得较多的价格折扣和让利。

2.新供应商进入市场的可能性

新供应商进入市场有助于促进供应市场的竞争，并增强采购企业的市场地位。如果采购企业能获得有关新供应商进入供应市场可能性的信息，这将非常有利于采购企业制定采购战略或谈判战略。

一般来说，新供应商进入一个供应市场要具备众多条件，如初始投资、特定技术、政策支持、转换成本、专业人才、其他特殊条件等。如果已有供应市场的进入门槛非常高，则新供应商进入的可能性就非常小。我国加入 WTO 后，按照我国加入 WTO 的承诺，越来越多的市场将向国外企业开放，在这种情况下，新供应商进入某一特定市场的可能性还是非常大的。

3.替代产品或服务的可得性

按照价值分析的理论，我们采购的其实是某种功能，而不是物品本身，只要采购的物品能够实现某种功能即可，这种能够实现同样功能的物品就是现有产品的替代品。市场中存在替代产品或服务会对市场竞争产生重大影响。比如，目前的电动车已经很大程度上挤占了摩托车和自行车的市场，他们同样都是日常生活的代步工具。

4.供应商的议价能力

这将从一个方面决定供应商的议价能力。供应市场中的供应商本身还有其供应商。当前的市场竞争已不单纯是企业和企业之间的竞争，而是供应链与供应链之间的竞争，面对供应链的复杂性，我们还要考查供应商面对其上游的供应商时有多大的议价能力，以便确定供应商的赢利水平、最终产品的价格以及其他条件的影响。如果，供应商面对其供应商的议价能力很弱的话，那么整个供应市场的竞争也不会激烈。

5.同类采购企业的议价能力

任何一家企业在采购时，还要考虑竞争对手的采购议价能力。这就意味着，采购企业要确认同类产品有哪些采购企业，尤其是向同一家供应商采购的企业。在市场需求大于供给时，价格和提前期会因为购买者的增多而产生变化，这时就必须确认同类采购企业的议价能力。这些竞争企业可能是与采购企业销售同类产品的竞争对手，也可能与采购企业没有任何直接的关系。对于这些购买者，采购企业要大致掌握他们采购产品的数量和频率，以及他们是否可以找到替代产品。

同时，采购企业也要意识到自身存在的优势，还要明确本企业相对于同类采购企业的议价能力，从而考虑，本企业在市场中处在什么样的采购地位，在总采购量中的份额如何，本企业是否对市场中已有的供应商具有特殊的吸引力等等。

通过对上述五种力量的分析，采购企业可以在尽可能短的时间里全面了解自身所处供应市场的供给和需求状况，以及竞争状况。

了解了现有的以及潜在供应商和同类产品采购企业的数量，采购企业可以确定市场集中度水平，即市场被少数同类采购企业或供应商主导的程度。对于采购企业来说，最好能够对市场的短期及长期变化趋势做出正确的预测。

三、供应市场分析的步骤

供应市场分析可能是周期性的，也可能是以某个采购项目为基础来进行的。供应市场分析可以是用于收集关于特定行业的发展趋势及其发展态势的定性分析，也可以是从综合统计和其他公共资源中获得大量数据的定量分析，大多数的供应市场分析同时包括了这两个方面，即定性分析和定量分析相结合。此外，供应市场分析可以是短期分析(如一个月)，也可以是长期分析(如一年)。

一般来说，供应市场分析并没有严格的步骤，有限的时间、资金、人力等因素通常会对分析过程产生一定的影响，随着采购项目的不同，分析方法也会有所不同，所以，我们很难提供一种标准的步骤，但以下几个步骤是做任何一个供应市场分析都会用到的。

1. 确定分析目标

要解决什么问题，问题解决到什么程度，解决问题需要多少时间，需要多少信息，信息精确到什么程度，如何获取这些信息，谁负责获取这些信息，如何处理这些信息等等，这都是在做市场分析之前需要明确的。可以说，没有明确的分析目标，整个分析过程将是一团乱麻，就算能得到重要的信息，也未必能够给决策带来帮助。

2. 成本效益分析

分析成本中所包含的内容，以及可能获得收益，并计算可能获得的收益是否大于所付出的成本。

3. 方案可行性分析

整个分析所需要的人力、物力、财力是否是可以获得，所策划的分析方案有没有被执行的可能性等。没有可执行性的方案是华而不实的，对企业来说没有任何意义。

4. 方案的实施

再好的方案，如果只是放在文件架上，或者虽然执行了，但是不能被有效执行，那都是一纸空文。好方案是能够通过有效执行产生效果的。

5. 撰写总结报告和评估

供应市场分析及信息收集结束后，要对所获得的信息进行归纳、分析和总结，在此基础上提出总结报告，并就不同的供应商选择方案进行比较。对分析结果的评估应该包括对预期问题的解决程度,对分析方案和分析结果是否满意等。

第二节　采购对象的细分

一、采购对象的分类

(一)有形采购和无形采购

根据采购对象或标的本身的特性,采购对象可分为有形物品采购和无形物品采购。

1.有形采购

有形采购的内容包括原料、辅助材料、半成品、成品、固定设备,以及 MRO(Maintenance,Repair and Operations,保养、维修与运营)物品。

(1)原料。主要是指直接用于生产的原材料,也是构成产品的主要成分。在产品的制造过程中,即使原材料的形体发生物理或化学变化,它依然存在于产品中。通常原材料是产品制造成本中比率最高的项目,如电视生产中用到的液晶面板、织布用的面纱、生产水泥用的石灰石等。

(2)辅助材料。产品制造过程中,除了原材料之外所耗费的材料均属于辅助材料。有些辅助材料与产品的制造有直接关系,但是产品制成时,辅助材料本身已经消失,如化工产品中的催化剂;有些虽然还附着在产品上,但因其价值不高,仍然把它作为辅助材料,如服装产品上的纽扣或拉链。另外,还有些辅助材料与产品制造并无直接关系,只是消耗零星的材料或工具,如锉刀、钢刷等,或是产生能量所耗用的燃料,如汽油、煤炭等。此外,包装材料也属于辅助材料,如纸箱、塑料袋、包装纸、打包袋等。

(3)半成品。半成品(中间体、半制品)的提法是保持了生产硬件产品的企业习惯说法,半成品在各行业有不同名称,如机电行业称零部件、电子行业称元器件、轻化工行业则称半成品或在制品等。

(4)成品。企业中已经完成全部生产过程,并经检验符合规定质量标准、可供销售的产成品。产成品,简称“成品”,亦称“制成品”。在工业企业中,产成品包括已有自备原材料加工完成验收入库的产品;接受外来原材料加工完成验收入库的代制品;为外单位加工修理完成验收入库的代修品。成品是相对一个公司主要的销售产品来定义的。如果是一个冰箱厂,则它的成品就是一台零部件安装齐全,具备消费者所需功能的冰箱产品。如是这个冰箱厂的零部件供应厂家,如钢板厂,则对于这个配套厂,它的成品就是一张张符合尺寸、颜色要求的冰箱钢板。对于流通企业来说,采购之后用于销售的都是成品。

(5)固定设备。指制造产品的主要工具或提供生产环境所不可缺少的设备,前者如生产钢铁制品的炼钢电炉设备及连续铸造机,后者如生产各种疫苗用的无菌室。这类机具设备对产品的产量及品质会产生直接的影响。另外,空调设备、电力设备及储运设备等,生产上所必需的温度、动力及仓储运输效能,也都属于固定设备。它们不会被立刻消耗掉,但其采购价值经过一段时间后会贬值,账面价值一般会逐年在资产负债表中报出。

(6)MRO 物品。具体是指对工厂及其他企事业单位所使用的设施进行保养、维修和保证其运行所需要的非生产性物料,如办公用品、保洁材料、复印纸、员工安全防护物品、安全锁具、灯具、电线等等。

2.无形采购

无形采购主要是咨询服务和技术采购,也包括采购设备时附带的培训服务、保养服务等,它的主要形式有技术、服务、工程发包等。

(1)技术。指取得能够正确操作或使用机器、设备、原料等的专业知识。只有取得技术才能使机器设备发挥效能,提高产品的产出率或确保优良的品质,降低材料耗损率、减少机器或设备的故障率,这样才能达到减少投入增加产出的目的。

(2)服务。在无形采购中,为了用于服务、维护、保养等目的的采购统称为服务采购,包括清洁服务、安装服务、培训服务、维修服务、升级服务、技术支持服务、后勤服务及律师、会计师、审计师、管理顾问等特殊的专业服务。

(3)工程发包。工程发包包括厂房、办公室等建筑物的营造与修缮,以及配管工程、空调或保温工程、动力配线工程及仪表安装工程等。工程发包有时要求承包商连工带料,以争取完工的时效;有时自行备料,如此可节省工程发包的成本。但是,规模较大的企业,本身兼具机器制造和维修能力,就有可能购入材料自行施工,无论在完工品质、成本及时间等,均有良好的管制和绩效。

【小资料】

某企业采购部的采购项目

表 2-3　某企业采购部的采购项目表

序号	采购项目
1	杂项用品:茶杯、请柬、挂锁、衣架、茶叶、咖啡、咖啡伴侣、方糖、纸巾等
2	打印机及通信等耗材:打印纸、传真纸、电话机、网线
3	文具用品(制式、非制式)
4	办公设备购买及维修
5	广告发包:招聘、法律事务、企业形象、产品、标牌制作
6	赠品:年终纪念品、展示会或业务推广赠品、公开赠品、促销赠品
7	交际礼品:交际送礼、员工婚丧、挽联定制
8	会议筹备:会场租赁、会场布置、餐饮点心安排
9	工作场所租赁:办公室、仓库、厂房等
10	福利活动:旅游、健身、文艺活动、交通车安排等
11	展览会场工程发包
12	交通设备购买与维护、维修
13	货品托运、快递
14	厂房设备的工程发包与维修

试分析该企业的采购项目中,哪些属于有形采购,哪些属于无形采购?

(二)直接物料和间接物料

根据国外比较成熟的做法,还可以由采购对象与企业最终产品的关系,将采购对象分为直接物料和间接物料。

1.直接物料

直接物料是与最终产品生产直接相关的物料,这类物品通常大宗采购。由于直接物料采购对于企业而言的可预见性和大宗交易的特点,它在企业整体采购交易次数方面所占的比重通常比较小,一般在20%—40%,但是采购额却占企业总采购支出的一大部分,甚至可以达到80%。

2.间接物料

间接物料是与企业所生产的最终产品不直接相关的商品或服务。间接物料又可以分为ORM(Operating Resource Management,运营资源管理)和MRO物品。ORM 通常指企业日常采购的办公用品和服务,通常由企业的行政部门负责。而 MRO 是指维持企业生产活动持续进行所需要的保养、维护与运营所需要的物料,如备品、备件、零部件等。

一般而言,直接物料的采购,一旦选择好供应商,相对就比较固定了,采购企业与供应商之间以长期供货合同或一定期间内的稳定价格供货,采购企业会设置专门的采购部门和采购人员负责各类直接物料的采购。而对于间接物料的采购,商品价格通常较低,采购周期不固定,供应商来源广泛,数量众多,采购企业选择的余地比较大,价格随采购批次的变动可能较大。

二、采购对象的 80/20 法则

早在 19 世纪末,帕累托研究英国人的收入分配问题时发现,大部分财富流向小部分人一边,还发现某一部分人口占总人口的比例,与这一部分人所拥有的财富份额具有比较确定的不平衡数量关系。而且,进一步研究证实,这种不平衡模式会重复出现,具有可预测性。

以 80%对应 20%的典型不平衡关系相称的“80/20 法则”,反映的正是帕累托的上述思想。这一法则,具有强劲的解释力,因而获得了普遍性的意义。试举几例:

贸易公司 20%的产品或客户,带来 80%的收益;

新华书店 20%的图书的销售量,占全部图书销售量的 80%;

一个城市里 80%的交通事故,归咎于 20%的冒失司机;

一个国家 80%的医疗资源,为 20%的人口所利用;

女士 80%的时间所穿的衣服,不到她全部服装的 20%;

家里 20%的地板有 80%的磨损;

世界上 20%的人口,耗费了大约 80%的资源;

20%的企业所生产的价值,占一国或全球范围内全部企业生产价值的 80%;

……

总之,这个法则告诉人们一个道理,即在投入与产出、努力与收获、原因和结果之间,普遍存在着不平衡关系。少的投入,可以得到多的产出;小的努力,可以获得大的成绩;关键的少数,往往是决定整个组织的效率、产出、盈亏和成败的主要因素。

我们将这一法则运用采购活动。采购对象的 80/20 法则是指:通常情况下,数量或者种类占到总采购数量或种类的 80%的采购对象只占到总采购价值的 20%,而数量或者种类只占到总采购数量或种类的 20%的采购对象却占到总采

购价值的 80%。

这种法则为有针对性制定不同对象的采购策略提供了有益的启示,也就是采购工作的重点应该放在占到总采购价值的 80%而数量或种类只占到 20%的这部分对象上。但这并不是说完全放弃那些数量或种类占 80%而价值只占 20%的采购对象。

三、采购对象的细分方法

1983 年 Kraljic 提出了采购对象分类模块,为采购工作的开展提供了一套普遍被人接受的方法。这种分类主要基于两类因素,一是采购对象对于企业的重要性,主要指该采购对象对企业的生产过程、产品质量、物料供应、企业成本等所产生的影响的大小,通常表现为这类对象的占采购总价值高低;二是供应风险与机会,有风险的地方就有机会,同样,有机会的地方也伴随着一定的风险,这里主要指供应商短期和长期的供应保障能力、供应商的数量、供应市场的竞争激烈程度等。

依据不同采购对象对于企业的重要性及供应的风险和机会,可以将企业的所有采购对象细分为战略采购品(也称为关键采购品)、瓶颈采购品,集中采购品(也称为杠杆采购品)和正常采购品(也称为日常采购品),见图 2-3。

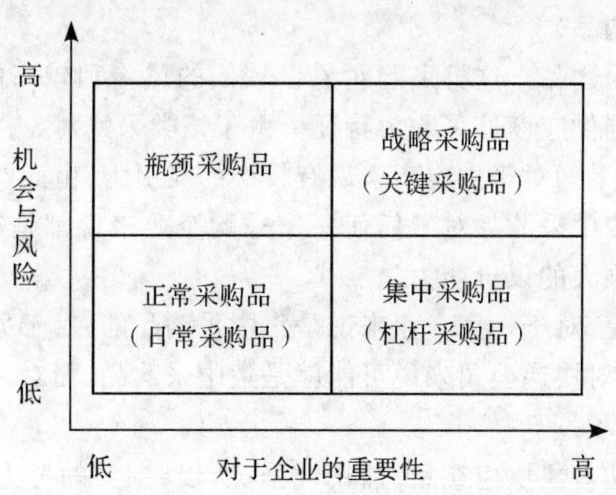

图 2-3　基于供应风险和机会的采购对象细分

(一)战略采购品

又称为关键采购品。是指占采购总价值的比例高、对企业发展产生重大影响的,同时,又只能依靠个别供应商或者供应难以确保的采购对象。这些采购对象可能是使企业产品形成特色或者取得成本优势的基础,因而会对企业的赢利能力起到关键性的作用。这类采购对象的例子包括企业最终产品所必需的某些零部件,或者某个项目所需的非常复杂的或必须定制的项目,如汽车制造商所需要采购的发动机和变速器,PC 生产商所需要采购的 CPU 等。在这种情况下,任何采购上的偏差都可能对企业的整体造成严重的影响。

对于这类采购对象,最好的策略就是找到可靠的供应商并发展同他们的伙伴关系,通过双方的共同努力去改进产品质量、提高交货可靠性、降低成本,必要时,还要组织供应商在早期参与企业的产品开发。

(二)瓶颈采购品

瓶颈采购品以较高的采购风险和占企业采购总价值比例较低为特征。较高的采购风险决定了该类对象只能从少数几家供应商处获取。当产品的设计是基于某项新技术,或者产品依赖于某些紧缺的零部件时,就可能出现这种情况。某些技术含量不高,而当其供不应求而且它的缺货会对企业造成重大影响时,也可能面临这种情况。

瓶颈采购品的供应将一个重大的风险摆在了企业面前,但由于其占企业采购总价值的比例不高,对供应商来说也没有特别的吸引力。因此,瓶颈采购品是一个必须认真对待的问题。对于这类采购对象,首先要让供应商确保供应,必要时甚至可以提高采购价格。其次,要通过风险分析制定应急计划,同时,还要与相应的供应商改善合作关系。

(三)集中采购品

又称为杠杆采购品。这类采购对象以较低的风险和较高的采购价值比例,以及很容易从不同供应商处采购为特征。由于该类采购对象占较高的采购价值比例,使得企业的采购对于供应商来说有较大的吸引力,由此能增加采购企业的讨价还价能力。集中采购品对于任何一家采购企业来说都是很有利的,它可以使采购企业拥有强大的议价能力。

需要说明的是,对于一家企业来说是集中采购品的,对于另一家企业来说未必是,如小型货车对快递公司来说可能就是集中采购品,而对一家百货店来说就不是了。

由于这类采购对象供应充足,通用性强,所以,主要的努力应放在降低采购成本,追求最低采购价格,同时保证质量和供应的可靠性。一般情况下,这类采购对象不宜签订长期合同,且采购时要密切关注供应市场的价格走向与趋势。

(四)正常采购品

又称为日常采购品。包括办公用品、维修备件及其他价值低、有大量供应商的采购对象。由于花费在这类采购对象的支出相当低,所以,不必为这些采购对象付出太多的精力。通常,每家企业都有大量的采购对象属于正常采购品,企业可以从众多的供应商中选择最为合适的那家。

由于这类采购对象涉及种类广泛，而采购支出相对较低，所以要采用程序化、规格化、系统化的工作作业方式，如提高标准化、通用化的程度以减少采购种类、减少供应商的数量，采用计算机系统、程序化作业，以减少开单、发单、跟单等工作时间，提高采购工作的准确性和效率。

试思考，根据采购对象细分的结果，应分别制定怎样的采购策略？本章章首案例中的采购项目，应当属于哪类采购品？

从避免出现供应方面的问题，以及在与供应商谈判时保持优势地位的角度来看，采购企业最希望采购对象是集中采购品。在这种情况下，采购企业拥有相当强的议价能力，而众多的供应商也面临激烈的竞争，此时，采购企业就能够在不冒很大风险的情况下采购到符合要求的采购对象。

对于采购部门或者采购人员来说，他最主要的目标就是尽可能地将其他采购对象转化为集中采购品。通常的实现途径有两个，一是降低采购风险，二是增加采购支出。这里的增加支出并不是增加企业的总采购支出，而是指增加某类采购对象或者对某一供应商的采购支出，从而增加与供应商的议价能力。

第三节　采购对象的规格

一、规格说明的意义与作用

比如，某企业需要采购笔记本电脑，但是，只是说要采购笔记本电脑还不能明确到底采购什么样的笔记本电脑，还必须对相应笔记本电脑的技术参数做出描述和定义，如硬盘、内存的大小、主板、CPU、光驱的型号，是否独立显卡、声卡、网卡等，只有说明了这些与产品质量、性能直接相关的技术参数，企业才能采购到合适的产品。

规格是对产品或服务等技术要求的描述。一般而言，采购企业所购买的有形物品即为供应企业的产品，所以，物品和产品是可以通用的。规格用于定义产品或服务的功能、设计、生产能力、运行可靠性、耐用性、灵活性等要素。对于产品的尺寸、颜色、使用条件、使用安全以及标签等描述也是产品规格的内容。规格说明是采购企业将自己的需求有效传递给可能的供应商的主要方式。规格可以描述供应商所供应的产品或服务必须满足的性能参数，或者给出产品或服务如何去做的完整的设计方案。

对采购产品或服务定义不当，或者根本不加以定义，将可能导致一系列问题的产生。假如，采购企业都不能明确自己需要什么样的产品或服务，又怎能使供应商交付“恰当的”产品或服务呢？所以，采购企业必须在明确定义产品或服务的规格以后，供应商才能有针对性地报价和生产。

规格说明也是采购订单和采购合同的核心内容，规格对于获得优秀品质的采购对象起着非常重要的作用。此外，还能协调解决设计部门、制造部门、营销部门和采购部门之间的冲突。

这里，我们还要明确，产品或服务的规格可以根据采购企业的需要而有所变化。粗略的规格仅能描述基本的需要，便于供应商寻找最佳的产品或服务的提供方式，可一旦产品或服务不能满足采购企业的需要，就可能导致采购企业所需要的产品或服务不能如期获得。而过于详细的规格，比如将某一产品具体化到不可能买到的程度，也会阻碍采购业务的开展。

通常情况下，对于有形的产品和无形服务的规格说明方法、方式是有所不同的，下面我们将分别就产品规格和服务规格做进一步说明。

二、产品规格

产品规格的描述可以采用多种形式，也可以是几种形式的组合。一个最基本的产品规格是“默认的质量”。比如一把伞能用于遮阳挡雨，一支钢笔能用于书写，一把锤子能钉钉子，这些都是产品的基本功能，是默认的而不需要确认。然而，更多的时候，只看到这些基本的功能是不充分的，还需要更多的描述方式。

（一）品牌和商标

品牌和商标名称是产品规格的简单形式。当产品由某供应商申请专利或受到商业机密保护，或者采购企业对某个品牌或商标有偏好时，就需要使用品牌和商标作为规格说明了。

尽管市场上存在同一类型产品的多种竞争性品牌，但品牌化产品的价格一般比较高，而且，不同的供应商对同一品牌的产品报出不同的价格。所以，如果不是必须使用品牌化产品的，可以考虑采用非品牌化产品。

在用品牌或商标描述规格时，还可以加上“或相当品牌”的字样，这将为采购企业扩大选择的范围，同时不会对产品的品质造成很大的影响。但是，对于“相当品牌”这种不是十分清楚的规格，必须确认该品牌或商标的产品能够满足采购企业的需求。

1.优势

利用品牌和商标做规格说明一般具有如下的优势：

(1)能较为清晰、明确地说明采购企业的需求。

(2)容易使用，能保证企业迅速找到供应商，并尽快采购到合适的产品。

(3)质量可靠。提供品牌化产品的供应商一般会为打造品牌花费大量的资金，他们不会冒险提供低于标准的产品而损害他们的品牌形象。

2.劣势

利用品牌和商标做规格说明也有它的劣势。

(1)采购价格较高。

(2)竞争受到限制，可能只有单一的供应商(后面的章节还将讨论单一的供应商可能会给企业带来哪些风险)。

(3)使用品牌产品可能会造成对品牌的过度依赖，这会减少潜在供应商的数量，也可能使采购企业丧失机会，享受不到竞争带来的价格降低或质量改进的好处。

(二)样品

样品也可以用作规格说明。采用样品作为规格说明，通常适用于其他规格说明方法都不适用时，如铸模的或不规则的部件、产品，或不展示实物给供应商就难以具体描述的产品和设计等，在对颜色、印刷、与市场等级的要求上使用比较普遍。对于一些商品，如小麦、玉米、棉花等最好利用样品建立等级，以描述规格。

一般而言，在难以描述产品时，由采购企业提供样品，可以让供应商了解具体需求，而由供应商提供样品，则可以让采购企业在购买之前就能了解产品的适用性和性能等。

但是，用样品作为规格描述也有它的局限性，如很难确定和证明供应商提供的产品与原来的样品有多大偏差，"世界上没有两片相同的树叶"，此时，还要规定变动的范围。

(三)技术规格

技术规格具有较明确的规定性，因为，它可以全面定义采购企业需要什么。技术规格一般包含理化性质(尺寸、强度等)、设计细节、公差范围、所用材料、生产过程和方法、维护要求、操作要求等。

【例 2-1】 LA780 LCD 液晶电视机的技术规格(见表 2-4)

表 2-4 LA780 的技术规格

Max. Resolution(最高分辨率)	1280×1024
Size(屏幕尺寸)	17″(43cm)
Pixel Pitch(点距)	0.264mm
H-Frequency(行频)	30—80kHz
V-Frequency(场频)	55—75Hz
Video Bandwidth(视频带宽)	135MHz

技术规格可以包括文字信息和设计图纸两部分,这样可以更为清楚和严谨地向供应商表达需求,并避免过多的文字描述。

技术规格也有一定的适用场合,在采购企业具有专业设计技能而供应商不具备时,或者采购企业希望采用一种内部已经开发出来的特殊设计并需要与供应商做进一步沟通时,或者采购的物品相当复杂时,技术规格就是很好的一种说明方法。

利用技术规格可以确切定义采购企业的需求,并能用来核实供应商所供应的产品是否满足所有的要求。但是,制定技术规格可能需要有相当大的人力投入,高水平的技术规格可能要求供应商参与设计和定制,这都可能增加企业的采购成本。此外,技术规格还可能限制潜在供应商的数量,享受不到市场竞争的好处。

(四)构成规格

构成规格涉及一个产品的构成,一般是从其化学和物理性质方面进行描述。如产品所用材料的纯度、密度、成分、添加剂等。这类规格常用于原材料以及食品和化学类商品。构成规格也用于安全和环境因素很重要的地方,或者这种材料对生产过程起着至关重要的作用。

明确所要求的产品构成,必须由合格的检验师或检测师来进行,对于构成规格的认证工作通常要有独立的第三方组织来担任。

(五)功能和性能规格

功能和性能通常可以互换使用。这里,我们认为,功能规格用来描述采购产品所要执行或达到的功能,而性能规格用来描述产品功能被执行"好"的程度,尤其是达到功能的结果比实现功能的过程更为重要。如,功能规格可以要求一辆货车能载重5吨重的货物,而性能规格则要考虑该货车载重5吨的货物以后,平均的运行成本是多少。

具体说来,功能规格包括产品所能达到的功能,如操作环境、质量水平、安全等级、产品的使用效率、绩效评价的原则等。

功能规格和性能规格较常用于采购高科技产品以及供应商先期参与的情况中。采购企业一般不描述所需的功能和性能是如何实现的,而只对最终结果感兴趣。供应商只被告知产品所需要达到的性能或功能,至于如何去制作方能达到要求的细节部分,则留给供应商来解决。当使用了功能规格时,供应商将最大程度地确定如何满足需求,同时,也将对最终产品的质量承担责任。

使用这种规格时,选择合适的供应商是非常重要的。必须选择有能力且诚实的供应商,因为,供应商必须承担设计、制造产品及产品品质的责任。若供应商能力不足,就可能无法提供先进的技术和制造知识,若供应商不够诚实,产品所用的材料和技术则可能相当低劣。所以，使用这项规格时，必须在众多的供应商中选择最佳者，有潜力的供应商可保证品质及通过竞争提供较合理的价格。(关于供应商的选择，我们在第四章中将详细讲述)

(六)商业标准

商业标准描述原材料的质量、尺寸、化学成分、制造工法、检验方法等。

由于在某些行业或领域，重复使用相同的材料，使产业或政府为这些材料制定了行业或国家标准。这些标准描述了标准化项目的完整说明，它是使用大量生产系统的重要条件，对有效率的采购企业而言相当重要。当材料是依据商业规格制定的，就可以省去很多的麻烦。

在商业贸易往来中，许多商品也已经设定了标准规格。在政府直接管理下的标准局或商品检验局、民间的标准化协会、行业协会等皆致力于发展标准规格及标准检验方法。对于一般标准零件如螺丝、螺帽、电子零组件，使用商业标准可以免除对品质上的误解。

(七)市场等级

市场等级是依据过去所建立的标准来判定某项特定的商品。此类规格说明通常限于天然商品，包括木材、农产品及肉和奶制品。市场等级的主要问题是产品质量在时间方面的变动性和评定者给出的等级连贯性。

如我国农业部门推广的绿色食品认证，就分为 A 级和 AA 级两种。其中 A 级绿色食品生产中允许限量使用化学合成生产资料，AA 级绿色食品则较为严格地要求在生产过程中不使用化学合成的肥料、农药、兽药、饲料添加剂、食品添加剂和其他有害于环境和健康的物质。从本质上讲，绿色食品是从普通食品向有机食品发展的一种过渡性产品。

在企业的实践中，多数产品需要以上产品规格说明方法中的两种或更多种来说明。而供应商所提供的产品明细规格信息，以及大量的参考资料可以通过公开出版发行的资料，如专业性行业期刊或名录，技术手册，消费者调查报告以及专利注册中，此外，还可以通过交易会、展览会和一些技术研究机构、政府机关和国际组织获得相关的产品规格信息。

三、服务规格

企业需要的服务类型很多，如运输、仓储、广告、保险、银行、培训、保洁、设计、管理咨询等。服务规格的说明在很多情况下不同于有形的产品。

明确一项服务的具体要求比明确产品更难，许多有形产品的需求是可以被明确描述的，但服务是无形的，很难对其好坏、优劣进行定义。比如，清洗一座建筑物，清洗到什么程度才算是干净了。再比如，修理一台计算机花多长时间是合理的。

尽管如此,服务规格仍要尽可能明确。对于服务的过程和服务结果的检查,可以用工作说明书来进行规定。工作说明书为提供服务的供应商清晰地描述了将要完成的包括检查、验收和接收等工作,以及将要取得的成果和其他要求。在服务完成后,采购企业和供应商之间的许多纠纷都来自于对服务内容理解的差异。

此时,就需要用到工作说明书(Statement of Work,SOW)了,它主要使用于采购服务项目,如中央保全、大楼清扫、废弃物处理、工程发包等。工作说明书的内容必须保障买方能获得满意的服务,也同时要能保留足够的弹性,让供应商来发挥创造工作上的附加价值。一份完整的工作说明书除了应该简单明了外,对于所应达到的工作品质也应尽量以量化的方式来规范其绩效的评估。

工作说明书应详细地说明将来需要做的工作、工作的范围,包括时间期限、采购企业所期望的最终产品或结果、评估绩效和服务质量的标准等所有重要的方面都要做尽可能详细的说明。

随着服务变得越来越复杂,工作说明书也变得越来越复杂。一般来说,工作说明书包含以下一些内容:前言、服务范围、方法、假定、服务期限和工作量估计、双方角色和责任、交付资料、完成标准、顾问组人员、收费和付款方式、变更管理等。下面,我们提供一份工作说明书的模板供参考(见表2-5)。

表2-5 工作说明书模板

序号	项 目	主 要 内 容
1	前言	对项目背景等信息作简单描述。
2	项目工作范围	详细描述项目的服务范围,包括业务领域、流程覆盖、系统范围及其他等。
3	项目工作方法	项目拟使用的主要方法。
4	假定	项目进行的假定条件,具体内容需双方达成。
5	工作期限和工作量估计	项目的时间跨度和服务期限,对于按人、天计算费用的项目,需评估服务工作的人、天,并估算项目预算。
6	双方角色和责任	分为供应商的职责和公司的职责,并对关键角色的工作职责进行描述,如:项目经理。
7	交付件	列出项目的主要交付资料,并对交付件的内容与质量要求进行描述。
8	完成以及验收标准	列出项目的完成标准和阶段完成标准,完成标准作为项目验收的依据内容。

续表

序号	项　目	主 要 内 容
9	服务人员	请列出供应商的人员名单,及顾问资格信息。供应商人员的变更:描述在什么情况下可进行供应商人员的变更。
10	聘用条款	对聘用供应商人员的级别要求、经验要求及其他相关条款。
11	收费和付款方式	项目的付款方式、费用范围、涉税条款等。
12	变更管理	项目变更的管理过程、相关规定与约束条件等。
13	承诺	双方承诺均已阅读,理解并同意遵行上述协议书及其条款的约束。而且双方同意,所提到的服务条款及其附件(包括工作说明书和变更授权以及任何为双方协议中独立完整的陈述),取代所有的建议书或其他在此之前的书面或口头协议以及有关的其他交流。
14	保密	遵守保密协议(保密条款另行签署)。
15	签署接受	××公司(供应商) 授权签名:______ 姓名:____ 日期:____ 职位:____ (公章) ××公司(供应商) 授权签名:______ 姓名:____ 日期:____ 职位:____ (公章)

就产品而言,除非是在材料和工艺上有个别缺陷,同样的产品一般具有相同或相近功能,如,两台计算机基本以同样的方式做同样的事情。然而服务是由人来完成的,人与人在各方面都有很大的差别,服务的质量基本上取决于提供服务的特定的人。我们之所以制定工作说明书,就是希望通过对服务结果的说明来约束提供服务的人,规范他们的操作。

【案例分析】

××股份有限公司的市场细分优势

外购物资是构成××股份有限公司总成本的重要因素,创造采购优势对于实现成本领先、增强竞争能力具有举足轻重的意义。在该公司所需采购的物资中,石灰石是最主要的,也占了绝大部分的采购成本。因此,该公司在采购石灰石时,分析了当地石灰石供应市场中存在的五种竞争力。通过分析,××股份有

限公司该公司发现了自己在石灰石采购中的优势,主要表现为:

(1)本公司时当地最大的购买商,购买量占到当地市场的60%以上;

(2)良好的付款信誉;

(3)几乎没有或仅有很低的供应商转换成本;

(4)拥有自己的矿山,并且正在积极寻找其他矿山资源;

(5)供应市场供大于求;

(6)供应商分散,开采规模小;

(7)新供应商的进入门槛较低。

由以上因素,该公司意识到自己在当地采购石灰石时拥有很大的发言权,能够在与供应商的谈判中居于主动地位,从而能降低石灰石采购的成本。

【本章小结】

企业的任何活动都离不开它所处的外部环境,都要受到外部环境的作用和影响。外部环境包括政治、经济、文化、地理、技术等。与企业采购活动密切相关的主要是经济环境。本章中,我们先分析企业采购的外部经济环境——供应市场,不同的供应市场中,采购企业的地位是截然不同的,这将直接决定采购企业在采购中的发言权;然后我们将采购对象做进一步的细分,如有形物品和无形服务,不同的采购对象一般使用不同的采购方法,做细分的目的则是在于找出与采购对象相对应的采购方法。最后,我们对采购对象的规格说明做简单介绍,从而为企业采购适合需求的对象提供有力保障。

【习　题】

一、理论题

(一)名词解释

完全竞争市场　80/20法则　集中采购品　无形采购对象

(二)问答题

1.典型的市场结构有哪些?分别有什么特点?对于采购有什么影响?

2.波特所说的市场中的五种竞争力是什么?试举一例来说明。

3.请寻找身边80/20法则的应用实例,并分析应分别如何对待。

4.产品规格的说明方法有哪些?各有什么优缺点。

二、实践题

1.试用"市场中的五种竞争力"来分析当地电动车轮胎的供应情况。

2.以你自己所用的手机为例,对其进行规格说明。

3.针对某企业所需要的空调清洗服务,制定一份工作说明书。

4.如何购买液晶电视：

某大型连锁企业为了能在其各大卖场内更好地做产品宣传，拟在墙面上安装液晶电视，以播放产品广告，并向产品供应商收取广告费。现有45处大卖场，按每个卖场安装6—9台液晶电视，共需300—350台液晶电视。该企业采购部做了初步的市场分析，发现市场上的液晶电视品牌很多，型号不一，价格也是多种多样的，所提供的服务也是五花八门。作为采购部专项负责此事的你，将面临以下问题：

(1)现有市场中有多少液晶电视供应商？该市场的竞争状态如何？在此项液晶电视的采购中，我们处于有利还是不利的地位？

(2)市场中的液晶电视有26英寸、32英寸、37英寸、40英寸等等，我们所采购的液晶电视应该是什么样？所采购的液晶电视还需要具备什么样的功能？

(3)我们需要液晶电视供应商给我们提供什么样的后续服务？如何保障这些服务的实现？

第三章　现代采购模式

【案例学习】

B公司的采购模式

A供应商接到B公司上海分公司打来电话，说要购买10台笔记本电脑，不久又接到B公司总部电话询问100台电脑的价格，其中有10台是笔记本电脑，他们分别咨询了型号和配置的详细情况。供应商了解到这家公司2006年有大额采购项目，频频添置新设备，于是就立即派人员到B公司总部。经过初步的调研分析以后，A供应商发现B公司整体的采购力被分散和浪费了，所采购设备的价格五花八门，没有任何优势。B公司的电脑牌子多而杂，需要经常的维护、升级，采购价格无优势，服务低水准，管理混乱，舞弊成风，B公司的企业形象大受损失。

根据以上案例，你认为B公司的问题主要出在哪里？A供应商应该对B公司提出哪些建议？

其实，B公司也已意识到了这些问题，并采取了改进措施。

首先由使用人提出采购申请，提交需求的数量、型号和报价。所有申请由部门经理根据预算批准后，再交财务总监批准。然后统一交由IT部门汇总，再根据公司有关的采购规定和工作需要来决定配备的机型、配置、操作系统、软件和品牌。B公司采购部根据汇总的数量、金额及具体要求，决定竞标的名单。IT部门提交竞标内容，采购部组成招标委员会或评标小组，邀请IT部门经理、工程师参加评审。

采购部按采购流程开展采购活动，与参加投标的供应商分别进行谈判，谈判内容不仅仅是价格，也包括售后服务、交货和索赔的条款、升级服务等等。

评标委员会按事先商定的评定标准，评判参加投标的供应商，推出中标者，向中标者发出中标通知，向败标者发出感谢信。采购部与中标方签署合同，监督供应商的供应。

经过以上的改进，B公司的供应商会得到一个公平的竞争环境，采购员的谈判能力及IT经理的专业能力也相应地得到了提升。

同时，B公司也获得了采购部门努力换来的竞争优势，即较低的合理价格、良好的售后服务、升级承诺及供应商的及时信息反馈。

最后，B公司的钱被好钢用在刀刃上般地花出去发挥其最大作用。最重要的是B公司认识到招标采购不仅有效地降低了采购成本，还把采购部门变成了成本控制和利润获取的中心。

【本章要点】

★招投标采购的一般程序，招标书的制作方法，评标方法

★网上采购的一般流程，网上供应信息的处理方法，网上采购模型的主要功能模块

★即时制采购的原理、优势与实施方法

第一节　招投标采购

一、招投标采购概述

（一）招投标采购

招投标采购是一种有组织的购买商品、服务或工程的交易方式，它通过在一定范围内公开购买信息，说明拟采购的货物或项目的交易条件，邀请供应商或承包商在限定的期限内提出报价，经过比较分析，确定最优惠条件的投标人，与之签订合同。从采购交易过程来看，它必然包括招标和投标两个最基本的环节，前者是招标方以一定的方式邀请不特定或一定数量的自然人、法人或其他组织投标，后者是投标方响应招标方的要求参加投标竞争。没有招标就不会有供应商或承包商的投标；没有投标，采购方的招标就没有得到响应，也就没有开标、评标、定标和合同签订及履行等。在世界各国和有关国际组织的招标采购法律规则中，尽管大都只称招标（如国际竞争性招标、国内竞争性招标、选择性招标等），但无不对投标做出相应的规定和约束。因此，招标与投标是一对相互对应的范畴，无论叫招标还是叫投标，都是内涵和外延一致的概念。

（二）招投标采购与政府采购制度

招投标采购与政府采购制度有紧密的联系，招投标采购是政府采购最主要的采购方式。建立政府采购制度的目的是通过一种合理的、高效率的操作手段，

最大限度地优化采购结果，从而节省政府开支，最终节省纳税人的钱。这就要求政府必须有一套严格的秩序和规程，对采购人的行为加以约束。而招标就是通过公开采购信息，广泛招募供应商或承包商，形成卖主之间的竞争，从而取得质优价廉的货物的目的。因此，从政府采购制度建立之初，就选择了公开招标这一手段作为政府采购的特定程序，以至人们在观念上已经把招投标采购与政府采购结为一体。但是，招投标采购与政府采购制度仍有很大区别。

1.使用范围不同

采购制度所规范的是政府部门用于自身消费的采购和政府投资用于公共事业的采购。具体讲，政府部门包括中央政府、地方政府、政府建立的各类组织、机构及服务性企业。公共利益的采购如由政府投资兴建的基础设施和经营的企业等。

招投标采购在任何国家都不对使用人进行特别限定，任何企业、组织或机构，只要需要、有利并可行，都可以运用这种方式。

2.运行过程不同

招投标程序的起点是发出招标公告，通过投标、评标和中标，授予合同标志着中标过程的结束。而政府采购制度从管理采购计划开始，通过采购计划的审批，合同条件的审查，采购方式的确定和采购程序的审查，签署合同，履行合同，最终到采购结果的审查。因此，政府采购制度所涉及的范围更广，管理的时间更长，对政府采购管理部门的要求也就更高。

招投标采购虽然是政府采购要求的最主要程序，但是，它并不是政府采购的唯一程序。事实上，哪种方式最为经济有效，哪种方式就应成为政府采购的方式，只不过需要规范和限定，同时以法规的形式确定下来。例如，采购项目的规格无特殊要求时，公开招标或邀请招标就可能是最为合理的方式。因此，政府采购法中有这样的规定，合同金额超过多少时，必须通过招标。再比如，当采购项目比较特殊，仅有一家或有限的几家可以供货，无法形成竞争；或者，政府部门对采购有安全、保密等特别要求时，就应当询价采购或直接采购。对此，政府采购法也应有专门规定，防止有人借此理由逃避招标。

(三)招投标采购的主要形式

1.竞争性招标采购

竞争性招标采购是国际竞争招标采购、国内竞争招标采购的总称，它是政府最常用的方式之一，也是企业经常采用的招投标形式。竞争性招标采购有一套完整的、统一的程序，这套程序不会因国家、地区和组织的不同而存在太大的差别。一个完整的竞争性招标过程由招标、投标、开标、评标、合同授予等阶段组成。国际限制性招标采购和国内限制性招标采购除了在招标阶段与竞争性招标采购有所不同外,其他步骤及要求和方法基本上与竞争性招标采购相同。

(1)竞争性招标采购的优点很多,主要包括:①有效地实现物有所值的目标。通过广泛的竞争,使采购实体能够得到价廉物美的商品、工程和服务。②促进公平竞争。特别是国际和国内竞争招标采购,使所有符合资格的潜在供应商都有机会参加竞争。③确保交易公正,维护供应商和采购实体双方的利益。利用竞争性招标采购方式时,采购实体对其采购要求、评标标准和方法等,都要做事先通告,在具体操作时都是公开进行的,非常透明。④减少腐败现象的发生。竞争性招标采购程序规范,操作透明,监督健全,使腐败分子无机可乘。

(2)竞争性招标采购方式的不足之处突出表现在:①竞争性招标采购周期太长,费时太多。从准备招标文件到合同签订,需要很长的时间。因为周期太长,会延误最佳采购时机,有些采购等到合同签订时,原拟购产品早已升级换代,价格或汇率出现了不利的变化等。②竞争性招标采购需要的文件非常烦琐,而且很难考虑周全。一旦采购实体或供应商有考虑不周全之处,均会处于非常被动的境地,有时采购实体不得不在已耗时做了大量工作后宣布废标。③竞争性招标采购有可能造成设备规格多样化,影响标准化的实现,并给维修和使用标准备件造成障碍。④竞争性招标采购缺乏弹性,有时签订的合同并不一定是采购实体的最佳选择。竞争性招标采购的最大特点,就是其具有不可更改性质,一旦有了最低评标价的投标,采购实体必须选择它,并不得向中标供应商提出招标文件中已做明确规定以外的任何要求。采购实体在有些时候发现某些供应商的投标设备的确非常好,也愿意购买,但由于该供应商尽管其报价没有突破预算但却不是最低评标价,采购实体就不能选择该投标供应商。这种情况的出现对采购实体和供应商都是一种损失。

由此尽管竞争性招标采购在公开、公正、公平和竞争性方面有其优势,但由于其自身的缺陷,使得招标采购虽然为一种非常理想的方式,也被世界各国大力推崇,但在实际工作中,真正使用竞争性招标采购方式的比重却不大。资料表明,真正使用竞争性招标采购方式进行的政府采购一般占 30%—40%。从总体上来说,竞争性招标采购方式所占的比例还将不断下降。

从国际实践来看,在一个国家内部,实行竞争性招标采购方式的范围在缩小,比例在下降。其主要原因,一方面是由于竞争性招标采购方式费时费力,有些采购方式如竞争性谈判采购方式既有竞争性招标采购方式的优点,又能克服其缺点,可以替代竞争性招标采购方式。另一方面,采用其他采购方式还可以规避国民待遇原则和非歧视性原则,为国内供应商提供更多的中标机会。但是,国际性或区域性经济组织对竞争性招标采购却日益重视起来。如在世界贸易组织的《政府采购协议》中,强制规定中央政府在采购的商品、服务和工程价值达到一定金额时，必须实行竞争性招标采购。国际性或区域性经济组织的这些强制性规定，是由于各国更多地是使用其他采购方式，这些方式客观上成为一种非关税贸易壁垒，使政府采购市场不能彻底地得到开放。更深层次的原因，是一些发达国家欲借此成功占领发展中国家的政府采购市场。

2. 两阶段招标采购

在联合国的《国际复兴开发银行贷款和国际开发协会贷款采购指南》(以下简称《指南》)和联合国的《贸易法委员会货物、工程和服务采购示范法》(以下简称《示范法》)中，都规定有两阶段招标。《指南》将其置于国际竞争性招标项下，规定比较简略。《示范法》规定得比较详细。《指令》和《协议》没有规定两阶段招标采购方法，类似采购环境下的采购通过其规定的谈判程序进行。以下根据《指南》和《示范法》的规定，分析两阶段招标的含义、特点及其适用条件。

(1)两阶段招标的涵义。通常在刊登招标通知前就应把所提供的货物和工程，包括技术规格和其他招标文件准备就绪。但是，在两种情况下，采购机构也许很难确切地拟定或最后拟定技术规范。第一种是采购机构尚未确定到底如何才能达到某一需求，因此需要寻求各种解决办法建议(例如，尚未决定到底应使用何种材料来建造一座桥梁)。第二种情况是采购高技术性产品，如大型客机或尖端的计算机设备。从取得最好的经济效益看，在尚未与供应商或承包商就其确切的技术能力和可能提供的型号等进行谈判前，采购机构仅按自己拟定的技术规范进行采购也许是不可取的。在这种情况下，采用两阶段招标可以很好地满足这一情况。

两阶段招标采购是这样的一种程序，依据该程序，采购活动明显地分为两个阶段。在第一阶段，采购机构就拟采购货物或工程的技术、质量或其他特点以及就合同条款和供货条件等广泛地征求建议(合同价款除外)，并同投标商进行谈判以确定拟采购货物或工程的技术规范。在第一阶段结束后，采购实体就可最后确定技术规范。第二阶段，采购机构依据第一阶段所确定的技术规范进行正常的公开招标程序，邀请合格的投标商就包括合同价款在内的所有条件进行投标。

(2)两阶段招标采购的特点：①采购过程明显地分为两个阶段：第一阶段采购机构广泛地征求建议，目的是为了确定技术规格。在第二阶段采购机构按照正常招标方式进行招标。②投标商要进行两次投标。初步投标只包含技术建议而不包含价格，采购机构可同投标人进行磋商。招标机构在对招标文件进行必要的修改之后，要求投标人按新的招标文件要求进行包含有投标价格在内的最后投标。而公开招标程序中的投标只能是一次性的。③可进行谈判。在该程序的第一个阶段，采购机构可就技术建议书的任何方面同投标商进行谈判，使采购机构能就拟购事项达成确定的规范和规格。但在公开招标程序中,对招标文件和投标书只能进行澄清而不能修改,并且采购过程不允许同投标人进行谈判。④采购机构可修改原招标文件中的技术规格,可删除或修改原招标文件中关于评审、比较和确定中标人的任何标准。但修改内容必须在新的招标文件中告知投标人。⑤欲退出最后投标的供应商或承包商可以退出投标程序而不丧失原投标中的投标担保。

正是基于这些特点,采用两阶段招标采购可以同时得到两个方面的优点:第一阶段给予采购方相当大的灵活性,它可以通过谈判与供应商或承包商达成一套有关拟采购事项确定的规范和规格,而在第二阶段,又可充分利用公开招标方法所提供的高度民主、客观性和竞争性的优势。

(3)两阶段招标采购的适用条件。①采购实体不可能拟订有关货物或工程的详细规格或不可能确定服务的特点。②采购实体为了谋求签订一项进行研究、实验、调查或开发工作的合同,并且不带有赢利的性质。③采购实体的采购涉及国防或国家安全,并且采购机构认为采用这种方法是最合适的。④已采用公开招标程序,但未有投标人或采购实体拒绝了全部投标,而且采购实体认为再进行新的招标程序也不太可能产生采购合同。

3.选择性招标采购

选择性招标采购,也称为邀请招标,即只有收到了采购机构投标邀请的供应商、承包商或服务提供者才可以参加投标。如《指南》第2、3款规定,"有限国际性招标实质上是一种不公开刊登广告,而通过直接邀请投标商投标的国际竞争性招标"。因此,此种采购方法与招标的不同之处只在于它允许采购机构不通过广告而直接向有限数目的供应商或承包商发出投标邀请。签约机构经过审查并排除那些不符合技术规格要求以及不符合资格标准的申请人后,向其余申请人(此时称为"候选人")发出书面投标邀请和合同文本。第二阶段,正式投标:接到投标邀请的候选人必须在规定的第二个截止日期前呈递其标书(此时,候选人成为真正的"投标人")。

(1)选择性招标采购的适用条件。作为一种公开招标以外的采购方法,"规则"也同样规定了其适用条件。

《示范法》和《指南》都规定,限制性招标程序适用于①技术复杂或专门性的货物、工程或服务,只能从有限范围的供应商取得;②采购价值低,研究和评审大量投标书所需时间和费用与拟采购货物、工程或服务的价值不成比例,采购实体只能通过限制投标人数来达到经济和效益的目的。可见,采用选择性招标方法的环境,其一为供应商数量不多的客观限制,其二为考虑到采购的经济有效目标。

(2)采用选择性招标程序的基本原则。①为确保选择性招标程序下最佳有效的国际竞争,各实体在与采购制度的有效实施相一致的情况下,对每一意向采购都应最大限度地邀请国内外供应商参加投标。各实体应以公正和非歧视原则选择参加投标的供应商。②持有合格供应商永久名单的实体可以从列入名单中挑选受邀请参加招标的供应商。进行挑选时,应允许名单上的供应商机会均等。③要求参加采购程序的供应商应被准予投标并应予以考虑。但准予参加投标的额外供应商的数目只应以采购制度的有效实施为限。

此外,政府采购中还用到了征求建议采购。征求建议采购是这样的一种采购程序,采购实体通常与少数的供应商或承包商接洽,征求提出建议,再与他们谈判有无可能对该建议书的实质内容作出更改,再从中要求提出"最佳和最后建议",然后按照原先公开的评价标准,以及根据原先向供应商或承包商公开透露的相对比重和方式,对那些最佳和最后的建议进行评价和比较,选出最能满足采购实体需求的供应商或承包商。

与公开招标方法相比,征求建议采购是一种相对比较自由的采购方法,可以允许采购人员同供应商或承包商进行谈判。征求建议采购也是一种比较新的采购方法,20 世纪 80 年代才在美国的政府采购制度中确立其地位。这种方法也可以作为企业采购的借鉴。

二、招投标采购的一般程序

这里我们以竞争性招标采购为例来说明招投标采购的一般程序。

一个完整的竞争性招标过程由招标、投标、开标、评标、合同授予等阶段组成。国际限制性招标采购和国内限制性招标采购除了在招标阶段与竞争性招标采购有所不同外,其他步骤、要求和方法基本上与竞争性招标采购相同。

(一)招标

招标程序包括资格预审、准备招标文件、发布招标通告、发售招标文件等。招标是竞争性招标采购的第一阶段,它是竞争性招标采购工作的准备阶段,在这一阶段,需要做大量的基础性工作,其具体工作可由采购单位自行办理,如果采购单位因人力或技术原因无法自行办理的,可以委托给社会中介机构。

1.发布资格预审通告

对于大型或复杂的土建工程或成套设备,在正式组织招标以前,需要对供应商的资格和能力进行预先审查,即资格预审。通过资格预审,可以缩小供应商的范围,避免不合格的供应商做无效劳动,减少他们不必要的支出,也减轻了采购单位的工作量,节省了时间,提高了办事效率。

(1)资格预审的内容。资格预审包括两大部分,即基本资格预审和专业资格预审。基本资格是指供应商的合法地位和信誉,包括是否注册、是否破产、是否存在违纪违法行为等。专业资格是指已具备基本资格的供应商履行拟定采购项目的能力,具体包括:①经验和以往承担类似合同的业绩和信誉;②为履行合同所配备的人员情况;③为履行合同任务而配备的机械、设备以及施工方案等情况;④财务情况;⑤售后维修服务的网点分布、人员结构等。

(2)资格预审程序。进行资格预审,首先要编制资格预审文件,邀请潜在的供应商参加资格预审,发售资格预审文件,最后进行资格评定。①编制资格预审文件。一个国家或组织通常会对资格预审文件的格式和内容进行统一规定,制定标准的资格预审文件范本。资格预审文件可以由采购实体编写,也可以由采购实体委托的研究、设计或咨询机构协助编写。②邀请潜在的供应商参加资格预审。邀请潜在的供应商参加资格预审,一般是通过在官方媒体上发布资格预审通告进行的。实行政府采购制度的国家、地区或国际组织,都有专门发布采购信息的媒体,如官方刊物或电子信息网络等。资格预审通告的内容一般包括:采购实体名称,采购项目名称,采购(工程)规模,主要工程量,计划采购开始(开工)、交货(完工)日期,发售资格预审文件的时间、地点和售价,以及提交资格预审文件的最迟日期。③发售资格预审文件和提交资格预审申请。资格预审通告发布后,采购单位应立即开始发售资格预审文件,资格预审申请的提交必须按资格预审通告中规定的时间,截止期后提交的申请书一律拒收。④资格评定,确定参加投标的供应商名单。采购单位在规定的时间内,按照资格预审文件中规定的标准和方法,对提交资格预审申请书的供应商资格进行审查。只有经审查合格的供应商才有权继续参加投标。

2.准备招标文件

招标文件是供应商准备投标文件和参加投标的依据,同时也是评标的重要依据,因为评标是按照招标文件规定的评标标准和方法进行的。此外,招标文件是签订合同所遵循的依据,招标文件的大部分内容要列入合同之中。因此,准备招标文件是非常关键的环节,它直接影响到采购的质量和进度。

3.发布招标通告

采购实体在正式招标以前,应在官方指定的媒体上刊登招标通告。如果是国际性招标采购,还应在国际性的刊物上刊登招标通告,或将招标通告送给有可能参加投标的国家在当地的大使馆或代表处。

从刊登通告到参加投标要留有充足的时间,让投标供应商有足够的时间准备投标文件。如世界银行规定,国际性招标通告从刊登广告到投标截止之间的时间不得少于45天。工程项目一般为60—90天,大型工程或复杂设备为90天,特殊情况可延长为180天。当然,投标准备期可根据具体的采购方式、采购内容及时间要求区别合理对待，既不能过短，也不能太长。

4.发售招标文件

如果经过资格预审程序，招标文件可以直接发售给通过资格预审的供应商。如果没有资格预审程序，招标文件可发售给任何对招标通告做出反应的供应商。招标文件的发售，可采取邮寄的方式，也可以让供应商或其代理前来购买。如果采取邮寄方式，要求供应商在收到招标文件后要告知招标机构。

（二）投标

招标阶段的工作完成以后，采购进入投标阶段。

1.投标准备

标书发售后至投标前，要根据实际情况合理确定投标准备时间。投标准备时间确定得是否合理，会直接影响招标的结果。尤其是土建工程投标涉及的问题很多，投标商要准备工程概算，编制施工计划，考察项目现场，寻找合作伙伴和分包单位。如果投标准备时间太短，投标商就无法完成或不能很好地完成各项准备工作，投标文件的质量就不会十分理想，直接影响到后面的评标工作。

在正式投标前，采购实体还需要做一些必要的服务工作。一是对大型工程或复杂设备组织召开标前会和现场考察。二是按投标商的要求澄清招标文件，澄清答复文件要发给所有购买招标文件的供应商。

2.投标文件的提交

采购单位或招标单位只接受在规定的投标截止日期前由供应商提交的投标文件，截止期后送到的投标文件拒收，并取消供应商的资格。在收到投标文件后，要签收或通知供应商投标文件已经收到。在开标以前，所有的投标文件都必须密封，妥善保管。

如果采用两阶段招标方法，在投标时，投标商第一步先投技术标书，在技术建议书中不得提及价格因素；第二步再投包括修改后的技术标书和商务标书。

投标文件的内容应与招标文件的要求相一致。

（三）开标

投标程序之后就是开标阶段。开标应按招标通告中规定的时间、地点公开进行，并邀请投标商或其委派的代表参加。开标前，应以公开的方式检查投标文件的密封情况，当众宣读供应商名称、有无撤标情况、提交投标保证金的方式是否符合要求、投标项目的主要内容、投标价格以及其他有价值的内容。开标时，对于投标文件中含义不明确的地方，允许投标商做简要解释，但所做的解释不能超过投标文件记载的范围，或实质性地改变投标文件的内容。以电传、电报方式投标的，不予开标。

开标要做开标记录，其内容包括：项目名称、招标号、刊登招标通告的日期、发售招标文件的日期、购买招标文件单位的名称、投标商的名称及报价、截标后收到标书的处理情况等。

如果采用两阶段招标方法,开标也要按招标通告中规定的时间、地点办理,先开技术标,然后再按规定开商务标。

在有些情况下,可以暂缓或推迟开标时间,如招标文件发售后对原招标文件做了变更或补充;开标前,发现有足以影响采购公正性的违法或不正当行为;采购单位接到质疑或诉讼;出现突发事故;变更或取消采购计划,等等。

(四)评标程序

评标的目的是根据招标文件中确定的标准和方法,对每个投标商的标书进行评价和比较,以评出最低投标价的投标商。评标必须以招标文件为依据,不得采用招标文件规定以外的标准和方法进行评标,凡是评标中需要考虑的因素都必须写入招标文件之中。

评标程序分为初步评标和详细评标两个阶段。

1.初步评标

初步评标工作比较简单,但却是非常重要的一步。初步评标的内容包括:供应商资格是否符合要求,投标文件是否完整,是否按规定方式提交投标保证金,投标文件是否基本上符合招标文件的要求,有无计算上的错误等。如果供应商资格不符合规定,或投标文件未做出实质性的反应,都应作为无效投标处理,不得允许投标供应商通过修改投标文件或撤销不合要求的部分而使其投标具有响应性。

经初步评标,凡是确定为基本上符合要求的投标,下一步要核定投标中有没有计算和累计方面的错误。在修改计算错误时,要遵循两条原则:

(1)如果数字表示的金额与文字表示的金额有出入,要以文字表示的金额为准。

(2)如果价格和数量的乘积与总价不一致,要以单价为准。但是如果采购实体认为有明显的小数点错误,此时要以标书的总价为准,并修改单价。如果投标商不接受根据上述修改方法而调整的投标价,可拒绝其投标并没收其投标保证金。

2.详细评标

在完成初步评标以后,下一步就进入详细评定和比较阶段。只有在初评中确定为基本合格的投标,才有资格进入详细评定和比较阶段。具体的评标方法取决于招标文件中的规定,并按评标价的高低,由低到高,评定出各投标的排列次序。

在评标时,当出现最低评标价远远高于标底或缺乏竞争性等情况时,应废除全部投标。

3.编写并上报评标报告

评标工作结束后,采购实体要编写评标报告,上报采购主管部门。

评标报告包括以下内容:

(1)招标通告刊登的时间、购买招标文件的单位名称;

(2)开标日期、开标汇率;

(3)投标商名单;

(4)投标报价以及调整后的价格(包括重大计算错误的修改);

(5)价格评比基础;

(6)评标的原则、标准和方法;

(7)授标建议。

(五)资格后审

如果在投标前没有进行资格预审,在评标后则需要对最低评标价的投标商进行资格后审。如果审定结果认为他有资格、有能力承担合同任务,则应把合同授予他;如果认为他不符合要求,则应对下一个评标价最低的投标商进行类似的审查。

(六)授标与合同签订

合同授予最低评标价投标商,并要求在投标有效期内进行。决标后,在向中标投标商发中标通知书时,也要通知其他没有中标的投标商,并及时退还投标保证金。

具体的合同签订方法有两种,一是在发中标通知书的同时,将合同文本寄给中标单位,让其在规定的时间内签字退回。二是中标单位收到中标通知书后,在规定的时间内,派人前来签订合同。如果是采用第二种方法,合同签订前,允许相互澄清一些非实质性的技术性或商务性问题,但不得要求投标商承担招标文件中没有规定的义务,也不得有标后压价的行为。

合同签字并在中标供应商按要求提交了履约保证金后,合同就正式生效,采购工作进入了合同实施阶段。

三、招标书的制作

招标书至少应包括以下内容:招标通告、投标须知、合同条款、技术规格、投标书的编制要求、投标保证金、供货一览表、报价表和工程量清单、履约保证金、合同的主要内容等。

(一)招标通告

招标通告的内容因项目而异,一般应包括以下几部分内容。

(1)采购实体的名称和地址。

(2)资金来源。

(3)采购内容简介。包括采购货物名称、数量及交货地点,需进行的工程性质和地点,或所需采购的服务的性质和提供地点等。

(4)希望或要求供应货物的时间或工程竣工的时间或提供服务的时间表。

(5)获取招标文件办法和地点。

(6)采购实体对招标文件收取的费用及支付方式。

(7)提交投标书的地点和截止日期。

(8)投标保证金的金额要求和支付方式。

(9)开标日期、时间和地点。

(二)投标须知

即具体制定投标的规则,使投标商在投标时有所遵循。投标须知主要包括以下内容。

(1)资金来源。

(2)如果没有进行资格预审的,要提出投标商的资格要求。

(3)货物原产地要求。

(4)招标文件和投标文件的澄清程序。

(5)投标文件的内容要求。

(6)投标语言。尤其是国际性招标,由于参与竞标的供应商来自世界各地,必须对投标语言做出规定。

(7)投标价格和货币规定。对投标报价的范围做出规定,即报价应包括哪些方面,统一报价口径便于评标时计算和比较最低评标价。

(8)修改和撤销投标的规定。

(9)标书格式和投标保证金的要求。

(10)评标的标准和程序。

(11)国内优惠的规定。

(12)投标程序。

(13)投标有效期。

(14)投标截止日期。

(15)开标的时间、地点等。

(三)合同条款

合同条款包括一般合同条款和特殊合同条款。

1. 一般性合同条款

一般合同条款主要包括一些基本性的规定。货物采购和工程采购项目的一般合同条款内容有所不同。

(1)货物采购的一般合同条款主要包括以下内容:①买卖双方的权利和义务;②运输、保险、验收程序;③价格调整程序;④付款条件、程序以及支付货币规定;⑤履约保证金的数量、货币及支付方式;⑥不可抗力因素;⑦延误赔偿和处罚程序;⑧合同中止程序;⑨解决争端的程序和方法;⑩合同适用法律的规定和有关税收的规定等。

(2)工程采购一般合同条款的主要内容包括:①一般性的规定;②关于工程师的规定;③关于合同文件和图纸的规定;④承包商的责任:按合同规定组织工程实施,执行工程师发出的各项指令,购置材料,雇用劳务,接受业主和工程师的监督、检查,办理保险,负责维修等;⑤破产或违约的处理规定;⑥涉及双方责任的规定,如保险、损失赔偿、计日工和材料、工程竣工、变更、追加或取消工程、特殊风险、货币及汇率、争端解决等;⑦业主的责任,如按合同规定的货币和比例支付工程款,业主负担的损失赔偿或补偿责任,工程量发生变更所增加的工程费用处理等。

2.特殊合同条款

特殊合同条款是因具体采购项目的性质和特点而制定的补充性规定,是对一般条款中某些条款的具体化,并增加一般合同中未作规定的特殊要求。

(1)货物采购的特殊合同条款主要包括:①交货条件;②履约保证金的具体金额和提交方式;③验收和测试的具体程序;④保险的具体要求;⑤付款方式和货币要求;⑥解决争端的具体规定;⑦零配件和售后服务的具体要求;⑧对一般合同条款的增减等。

(2)工程采购项目的特殊合同条款内容主要包括:①保险的具体规定;②开工、竣工和维护的具体规定;③工程延误赔偿的具体规定;④违约的处理方法;⑤价格调整公式和指数要求;⑥付款条件;⑦税收规定等。

在合同的执行中,如果一般条款与特殊条款出现不一致时,要以特殊条款为准。

(四)技术规格

技术规格是招标文件和合同文件的重要组成部分,它规定所购货物、设备的性能和标准。技术规格也是评标的关键依据之一,如果技术规格制定得不明确或不全面,就会增加采购风险,不仅会影响采购质量,也会增加评标难度,甚至导致废标。

1.货物采购技术规格

货物采购技术规格一般采用国际或国内公认的标准,除不能准确或清楚地说明拟招标项目的特点外,各项技术规格均不得要求或标明某一特定的商标、名称、专利、设计、原产地或生产厂家，不得有针对某一潜在供应商或排斥某一潜在供应商的内容。

2.工程采购项目的技术规格

工程采购项目的技术规格较为复杂，视具体工程项目而异。

(1)在编制技术规格时，一般注意事项包括：①承包商将要施工工程的技术标准，包括工程竣工后要求达到的标准；②施工程序、施工方法和施工要求；③施工中的各种计量方法、程序和标准；④工程师实验室设备和办公室设备的标准；⑤承包商自检队伍的要求；⑥现场清理程序及清理后所达到的标准。

(2)工程技术规格通常包括以下几个部分：①工程描述，对整个工程进行详细描述，包括与工程相关的施工程序、施工方法、现场清理等具体描述；②土方工程，包括开挖、回填、现场清理等；③给排水工程，包括工程范围，给排水结构，混凝土或预应力混凝土结构工程，施工方法和程序等；④铺筑工程，不同工程对铺筑的要求不同，如公路项目包括沥青层和路基等铺筑工程，施工程序、方法等；⑤桩基，包括桩基材料、质量要求，钻孔要求，混凝土浇注要求，桩基的检验等；⑥混凝土，包括水泥和其他材料的质量要求，混凝土级别要求等；⑦预应力混凝土，包括材料的质量要求、测试方法等。

在实际采购活动中，由于工程项目的不同，对工程技术和质量要求也不同，因此，要想达到预期效果，必须根据工程的具体特点和要求来编制工程技术规格。

(五)投标书的编制要求

投标书是投标供应商对其投标内容的书面声明，包括投标文件构成、投标保证金、总投标价和投标书的有效期等内容。

投标书中的总投标价应分别以数字和文字表示。投标书的有效期是指投标有效期，是让投标商确认在此期限内受其投标书的约束，该期限应与投标须知中规定的期限相一致。

(六)投标保证金

投标保证金是为了防止投标商在投标有效期内任意撤回其投标，或中标后不签订合同或不交纳履约保证金，使采购实体蒙受损失。

投标保证金可采用现金、支票、不可撤销的信用证、银行保函、保险公司或证券公司出具的担保书等方式交纳。投标保证金的金额不宜过高，可以确定为投标价的一定比例，一般为投标价的1%—5%，也可以定一个固定数额。由于按比例确定投标保证金的做法很容易导致报价泄漏，即通过一个投标商交纳的投标保证金的数额可以推算其投标报价，因而，确定固定投标保证金的做法较为理想，有利于保护各投标商的利益。国际性招标采购的投标保证金的有效期一般为投标有效期加上30天。

如果投标商有下列行为之一的,应没收其投标保证金:投标商在投标有效期内撤回投标;投标商在收到中标通知书后,不按规定签订合同或不交纳履约保证金;投标商在投标有效期内有违规违纪行为等。

在下列情况下投标保证金应及时退还给投标商:中标商按规定签订合同并交纳履约保证金;没有违规违纪的未中标投标商。

(七)供货一览表、报价表和工程量清单

1.供货一览表、报价表

供货一览表应包括采购商品品名、数量、交货时间和地点等。

在国境内提供的货物和在国境外提供的货物在报价时要分开填写。在报价表中,境内提供的货物要填写商品品名、商品简介、原产地、数量、出厂单价、出厂价境内增值部分占的比例、总价、中标后应缴纳的税费等。境外提供的货物要填写商品品名、商品简介、原产地、数量、离岸价单价及离岸港、到岸价单价及到岸港、到岸价总价等。

2.工程量清单

工程量清单应按业主设计估算出来的工程量分类列表,表中要列明各项工程种类的序列号、工程说明、单价和数量等。工程量清单的作用,一是使投标商根据工程量清单中列出的工程量准备投标报价,二是使业主根据工程量清单中的单价向承包商支付工程进度款。

投标商在报价时要根据工程量清单中的内容,分项列出单价和分项总价,如果承包商没有列出某一工程项目的单价,则被视为其费用已包括在工程量清单中其他工程项目的单价和分项总价之中,在进度付款中将不予支付。

在工程量清单中,如果某项工程很可能超过原来估算的工程量而发生工程量增加时,可以在工程量清单中列一项“暂定工程量”,相应可专列一项“暂定金”,以支付将要增加的工程量的费用。

在土建工程合同中还经常会遇到“计日工”的问题,计日工是指在工程量清单以外发生的事先难以预计的工作日,用来完成此工作所需的劳务、材料、设备等数量、单价和分项总价。

(八)履约保证金

履约保证金是为了保证采购单位的利益,避免因供应商违约给采购单位带来损失。一般来说,货物采购的履约保证金为合同价的5%—10%,工程采购项目保证金如果是提供担保书,其金额为合同价的30%—50%,如果是提供银行保函,其金额为合同价的10%。

(九)合同的主要内容

合同的主要内容包括:协议双方名称、供货范围或工程简介、合同包括的文本以及协议双方的责任和义务、合同名称、任务明细、描述方式、货币价格条款、货款支付方式、运输方式、运费、税费处理等的约定和说明等。它还包括一些可能的特殊合同条款。

【示例】

甲方(采购单位):×××,　　电话:××××-×××××××

乙方(供货单位):×××,　　电话:××××-×××××××

甲乙双方根据××××年××月××日××××采购中心第××号采购项目招标结果及相关招投标文件,经协商一致,订立本合同,供双方共同遵守:

第一条　甲方采购的物品内容和成交价格:(金额单位:人民币元)

第二条　物品的质量技术标准、乙方售后服务及损害赔偿

1.物品的质量技术标准按国家法律法规规定的标准、招标文件和乙方投标文件所要求的技术标准执行。

2.乙方应按生产厂家的保修规定和投标文件说明的服务承诺做好保修等免费服务。但属于正常合理的损耗应由甲方承担。

3.乙方售后服务响应时间:××××。否则,甲方可自行组织维修,费用由乙方承担,甲方可在货款和其他应付乙方的款项中扣除。

4.如因乙方物品质量原因,导致甲方损失,乙方应予以赔偿。

第三条　交付和验收

1.交付时间:××××××;交付地点:××××。

2.乙方负责物品的运送、安装、调试,负责基本操作培训等工作,直至该物品可以正常使用为止;负责提供物品的使用说明等相关资料;并承担由此产生的全部费用。

3.验收时间:甲方必须于乙方提出验收申请后×××个工作日内组织验收。甲方验收合格后应当出具验收报告。

4.验收标准:

①单证齐全:应有产品合格证(或质量证明)、使用说明、保修证明、发票和其他应具有的单证;

②质量符合国家法律法规规定的标准、招标文件和投标文件的要求。

第四条　货款的结算

1.结算依据:采购合同、乙方销售发票、甲方出具的验收报告。

2.结算方式:×××××

第五条　乙方的违约责任:

1.乙方不能交货的,甲方不向乙方付款。乙方应向甲方偿付相当于不能交货部分货款的×××的违约金。

2.乙方所交物品品种、数量、规格、质量不符合国家法律法规和合同规定的,由乙方负责包修、包换或退货,并承担由此而支付的实际费用。

3.乙方逾期交货的,按逾期交货部分货款计算,向甲方偿付每日×××××的违约金,并承担甲方因此所受的损失费用。

第六条 甲方的违约责任:

1.甲方逾期付款的,应按照××××比例向乙方偿付逾期付款的违约金。

2.甲方违反合同规定拒绝接货的,应当承担由此对乙方造成的损失。

第七条 不可抗力

甲乙双方任何一方由于不可抗力原因不能履行合同时,应及时向对方通报不能履行或不能完全履行的理由,以减轻可能给对方造成的损失,在取得有关机构证明后,允许延期履行、部分履行或不履行合同,并根据情况可部分或全部免予承担违约责任。

第八条 争议的解决

1.因货物的质量问题发生争议,由法律及有关规章规定的技术单位进行质量鉴定,双方无条件服从该鉴定的结论。

2.执行本合同发生纠纷,当事人双方应当及时协商解决,协商不成时,任何一方均可向合同签订地人民法院提起诉讼。

第九条 监督和管理

1.合同订立后,双方经协商一致需变更合同实质性条款或订立补充合同的,应先征得政府采购监督管理部门同意,并送其备案。

2.甲乙双方均应自觉配合有关监督管理部门对合同履行情况的监督检查,如实反映情况,提供有关资料;否则,将对有关单位、当事人按照有关规定予以处罚。

第十条 无效合同

甲乙双方如因违反政府采购法及相关法律法规的规定,被宣告合同无效的,一切责任概由过错方自行承担。

第十一条 附则

1.××××采购中心第××号采购项目的招标文件、中标通知、乙方投标文件及澄清说明文件都是本合同的组成部分,甲、乙双方必须全面遵守,如有违反,应承担违约责任。

2.本合同一式三份,甲方、乙方、××××采购中心各执一份。

3.本合同自签订之日起生效。

4. 附件：

采购单位(甲方)： 供货单位(乙方)：

法定代表人： 法定代表人：

委托代理人： 委托代理人：

开户银行： 开户银行：

账号： 账号：

电话： 电话：

签约地址：

签约时间： 年 月 日

注：本合同样本仅供参考，具体条款内容由采购单位和供应单位协商确定。

四、评标方法

评标方法很多，具体评标方法取决于采购实体对采购对象的要求，货物采购和工程采购的评标方法有所不同。

1. 货物采购的评标方法

货物采购常用的评标方法有四种：以最低评标价为基础的评标方法、综合评标法、以寿命周期成本为基础的评标方法以及打分法。

(1)以最低评标价为基础的评标方法。在采购简单的商品、半成品、原材料以及其他性能质量相同或容易进行比较的货物时，价格可以作为评标考虑的唯一因素。

以价格为尺度时，不是指最低报价，而是指最低评标价。最低评标价有其价格计算标准，即成本加利润。其中，利润为合理利润，成本也有其特定的计算口径：①如果采购的货物是从国外进口的，报价应以包括成本、保险运费的到岸价(CIF)为基础。②如果采购的货物是国内生产的，报价应以出厂价为基础来报。出厂价应包括：生产、供应货物而从国内外购买的原材料和零配件所支付的费用以及各种税款，但不包括货物售出后所征收的销售性或与其类似的税款。③如果提供的货物是国内投标商早已从国外进口、现已在境内的，应报仓库交货价或展室价，该价应包括进口货物时所交付的进口关税，但不包括销售性税款。

(2)综合评标法。综合评标方法是指以价格另加其他因素为基础的评标方法。在采购耐用货物如车辆、发动机以及其他设备时，可采用这种评标方法。

在采用综合评标方法时，评标中除考虑价格因素外，还应考虑下列因素：①内陆运费和保险费；②交货期；③付款条件；④零配件的供应和售后服务情况；⑤货物的性能、生产能力以及配套性和兼容性；⑥技术服务和培训费用等。

在实际运用中，要根据招标文件中的规定和不同的采购情况灵活掌握，但每个因素都必须量化。具体评标的处理办法分别为：①内陆运费、保险费及其他费用。在计算内陆运费、保险费及其他费用时，可从中选择任何一种：第一，可按照铁路(公路)运输、保险公司以及其他部门发布的费用标准，来计算货物运抵最终目的地将要发生的运费、保险费以及其他费用。然后把这些费用加在投标报价上。第二，让投标商分别报出货物运抵最终目的地所要发生的运费、保险费以及其他费用，这部分费用要用当地货币来报，同时还要对所报的各种费用进行核对。②交货期。在确定交货期时，可根据不同的情况采用下列办法：第一，可以按招标文件中规定的具体交货时间为基准交货时间，早于基准交货时间的，评标时也不给予优惠，若迟于基准时间，每迟交一个标准时间(一天、一周、十天或一个月等)，可按报价的一定百分比换算为成本，然后再加在报价上。第二，如果根据招标文件的规定，货物在合同签字并开出信用证后若干日(月)内交货，对迟于规定时间、但又在可接受的时间范围内的，可按每日(月)一定的百分比乘以投标报价再乘以迟交货的日(月)数，或者按每日(月)一定金额乘以迟交货的时间来计算，评标时将这一金额加在报价上。③付款条件。投标商必须按照合同条款中规定的付款条件来报价，对于不符合规定的投标，可视为非响应性投标予以拒绝。但对于采购大型成套设备可以允许投标商有不同的付款要求，提出有选择性的付款计划，这一选择性的付款计划只有在得到投标商愿意降低投标价的基础上才能考虑。如果投标商的付款要求偏离招标文件的规定不是很大，尚属可接受的范围，在这种情况下，可根据偏离条件给采购实体增加的费用，按标书中规定的贴现率算出其净现值，加在报价上，供评标时考虑。④零配件的供应及售后服务情况。如果投标商已在境内建立了零配件和售后服务的供应网点，评标时可以在报价之外不另加费用，但是如果投标商没有提供上述招标文件中规定的有关服务，而需由采购实体自行安排和解决的，在评标时可考虑将所要增加的费用加在报价上。⑤设备性能、生产能力的配套性或兼容性。如果投标商所投设备的性能、生产能力没有达到技术规格要求的基准参数，凡每种技术参数比基准参数 100 点低的，将在报价基础上增加若干金额，以反映设备在寿命周期内额外增加的燃料、动力、营运的成本。⑥技术服务和培训费用。投标商在标书中应报出设备安装、调试等方面的技术服务费用以及有关培训费，这些费用应加在报价上一并供评标时考虑。

(3)以寿命周期成本为基础的评标方法。采购整套厂房、生产线或设备、车辆等在运行期内的各项后续费用(零配件、油料、燃料、维修等)很高的设备时，可采用以寿命周期成本为基础的评标方法。

在计算寿命周期内成本时，可以根据实际情况，评标时在标书报价的基础上加上一定运行期年限的各项费用，再减去一定年限后设备的残值，即扣除这几年折旧费后的设备剩余值。在计算各项费用或残值时，都应按标书中规定的贴现率折算成净现值。

下面以汽车为例，按寿命周期成本评标应计算的因素如下：①汽车价格；②根据标书偏离招标文件的各种情况，包括零配件短缺、交货延迟、付款条件等进行调整；③估算车辆行驶寿命期所需燃料费用；④估算车辆行驶寿命期所需零件及维修费用；⑤估算寿命期末的残值。

以上③、④、⑤所作的估算都应按一定贴现率折算成现值。

(4)打分法。评标时通常要考虑多种因素，为了既便于综合考虑，又利于比较，可以按这些因素的重要性确定其在评标时所占的比例，既将每个因素打分。

打分法考虑的因素包括：①投标价格；②内陆运费、保险费及其他费用；③交货期；④偏离合同条款规定的付款条件；⑤备件价格及售后服务；⑥设备性能、质量、生产能力；⑦技术服务和培训。

采用打分法评标时，首先确定每种因素所占的分值。通常来说，分值在每个因素的分配比例为：①投标价 60—70 分；②零配件 10 分；③技术性能、维修、运行费 10 分；④售后服务 5 分；⑤标准备件等 5 分。总分 100 分。

如果采用打分法评标，考虑的因素、分值的分配以及打分标准均应在招标文件中明确规定。

打分法有利有弊。利在于综合考虑，方便易行，能从难以用金额表示的各个投标中选择最好的投标。弊在于难以合理确定不同技术性能的有关分值和每一性能应得的分数，有时会忽视一些重要的指标。

2.工程采购评标方法

工程采购评标除考虑投标价的组成以外，还要对技术条件、财务能力等进行全面评审和综合分析，最后选出最低评标价的投标。

(1)对投标价的分析。分析投标价的目的，在于鉴定各投标价的合理性，并找出投标价高与低的主要原因。因此，在分析时需要针对各投标商报价中的各单项合计价、各分项的单价以及各总价进行相互比较，并与原先由工程师编制的标底中的单价与分项总价进行对比分析，从中发现是否存在偏高或偏低的情况。如果存在这些情况，可以在评定阶段进行澄清，然后再做进一步分析。由于报价中一般不出现间接费、预备费、利润等，因此投标商报价中的各项单价或总价，不仅包括直接费用，而且将间接费、预备费、利润等以按比例分摊的方式，或根据承包各单项工程风险的不同，或根据对履约中工程量可能发生变化的趋势所做判断，摊入各单项或总价中去。投标报价的分析要保密。为澄清问题，可以采取从侧面了解的方式予以核实，如通过了解其材料耗费、工效等情况，从而判断其偏高或偏低是否在合理范围之内。

对于单个合同，理论上讲，如报价过低，后果应由承包商负责，但要分析单价过低给承包商带来的巨大风险以及承包商可能采取各种手段将部分风险转移给业主，使实际费用超过合同价。

(2)对技术条件的评审。技术条件评审主要是对投标商能否保质、保量如期完成所承包的全部工程所做的审查。首先应检查投标文件是否符合招标文件中图纸和规范的要求。

在投标文件中，投标商应根据招标文件要求及工程特点，提出一套施工计划，包括施工总体布置、临时工程设施、施工方法及技术措施、施工进度安排、技术供应计划、对外交通、通讯、环境保护、医疗卫生等详细说明，并辅以充分的图纸。①施工总体布置着重评审布置的合理性。②施工方法和技术措施，主要是评审实施各单项工程所采取的方法、程序与措施，包括新配备的施工设备的性能是否合适，数量是否充分，所采取的施工方法是否既能保证工程质量要求又能加快进度并减少干扰，安全措施是否可靠，防有害物质的措施是否有效等。③施工进度的评审主要包括是否能在招标文件规定的日期内完成，并根据所配备的施工设备、生产能力、材料供应、自然条件、工程量大小等诸方面因素，分析其作业循环或施工强度是否现实，从而评审其总进度是否建立在可靠的基础之上。④技术供应计划的评审包括对施工设备的配置、动力、劳务、材料供应计划等方面的评审，检查其提出的计划是否与施工技术措施、施工进度安排相协调。⑤对外交通与通讯的评审，是根据投标文件中所选择的运输路线，检查运到工地的大件、重件是否符合招标文件中所规定的限制条件，检查其货运量与新配备的运输设备是否平衡。⑥环境保护及医疗卫生方面，着重审查投标商对废渣、废水、废气的处理措施，是否对环境卫生造成不良影响，对于医疗设施的安排是否合适等。

(3)对合同、财务方面的评审。对合同、财务方面的评审，要着重考虑以下几个方面：①检查投标文件的完整性，是否按招标文件的要求做出了反应；②授权签署投标文件代表的授权书是否完备；③在合同条款以及其他有关协议(如劳务协议、材料协议等)方面，是否提出修改、附加条件或保留条件，以及是否允许这些修改或条件；④对联营体投标，必要时可在资格预审基础上，进一步审查联营体的性质、法人地位以及在承包合同中主办公司与其他成员对业主所承担的法律、经济责任；⑤对于评标时享受优惠的投标商，应进一步审查其享受优惠的条件；⑥提供的现金流量是否与施工进度计划基本协调，外币支付要求是否基本合理，所提供的价格指数是否符合要求，选用的调价公式中数值是否在允许的范围内；⑦是否有潜在索赔要求；⑧参加合同的管理人员是否与资格审查时所建议的人员相一致。若有改变，则需重新审查替代人员的资历和经验等；⑨财务状况如何。

通过对以上各方面的审查，按照招标文件中规定的评标方法最终评审出最低评标价的投标。

第二节　网上采购

一、网上采购概述

（一）网上采购的含义

网上采购是指通过互联网发布采购信息、接受供应商网上投标报价、网上开标以及公布采购结果的全过程。网上采购的主要目标，是对于那些成本低、数量大或影响业务的关键产品和服务订单实现处理和完成过程自动化。

目前，企业的网上采购正处在快速成长的阶段，许多企业出于业务急剧增长和市场竞争的需要，对网上采购进行了大量的投资，包括对企业原有管理信息系统的改进和重新构建新的电子商务系统，或者采用第三方企业提供的网上采购平台。

网上采购相对于传统采购方式来说，最大的区别就是它充分利用了互联网技术，并以之为工具，把采购项目的信息公告、发标、投标报价、定标等过程放在互联网上来进行，与采购相关的数据和信息实现电子化。

（二）网上采购的优点

网上采购作为一种先进的采购方式，其优点主要体现在：

(1)大大减少了采购需要的书面文档材料，减少了对电话传真等传统通讯工具的依赖，提高了采购效率，降低了采购成本。

(2)利用互联网开发性的特点，使采购项目形成了较为有效的竞争，较好地保证了采购质量和采购价格。

(3)能够实现电子化评标，为评标工作提供方便，同时能够从一定程度上避免主观因素。

(4)由于需要对各种电子信息进行分析、整理和汇总，可以促进企业采购的信息化建设。

(5)能够更加规范采购程序的操作和监督，大大减少采购过程的人为干扰因素。

当然，网上采购也有其缺点，比如对供应商的审查、售后服务的保证，以及企业机密的安全性等。但是,随着互联网安全技术的日益成熟和更为严格的企业审查机制的建立,这些问题也都会逐渐解决的。

二、网上采购的一般流程

(一)网上订单发出的一般流程

企业通过互联网发出订单的一般流程如下:

(1)公司采购部员工或申购部门通过一个界面,如浏览器,填写订单,并提交。

(2)提交后的订单传递给相应的管理程序,被自动审核,或被相关业务主管审核。

(3)订单被批准后,即发至供应商处,并被执行完成。

如上所说的只是网上订单发出的一般流程,是在已经确定了供应商的基础上,借助网络平台将采购订单发至供应商,而寻找供应商、签订供应合同的过程是脱离网络来完成的。

此外,采购申请被批准并形成订单后,在企业外部的传递对网上采购的效率影响很大,途径也是多样化的。目前,国际流行的网上采购数据传送途径主要包括人工向供应商打电话、发送纸质文件或传真订购;向供应商发送电子邮件订单;向供应商提供的网络站点提交订单;利用供应商提供的 ERP 系统;电子交易平台等形式。

(二)通过第三方平台采购的一般流程

第三方提供的采购平台为采购商和供应商提供了一个快速寻找机会、快速匹配业务和快速交易的平台。通过第三方提供的采购平台,供需双方能够快速建立联系,从而使订购和销售都能快速履行。采购商借助这个平台,一方面可以向已有的供应商下订单,另一方面也可以寻找新的供应商。

通过第三方平台采购的一般流程如下:

(1)在线注册。第三方平台一般都要求借助该平台的企业首先注册成为其会员,以便更好保障企业的利益,并为企业提供更加完善的服务。有些平台还会对注册企业收取适当的费用。

(2)浏览产品。第三方平台会为企业提供搜索工具,方便企业浏览供应商的产品,以便采购企业尽快找到合适的供应商。

(3)选购产品。在找到所需产品的使用性能、市场参考价格等各项信息后,采购商可以查看产品简介、供应商的详细信息。在确认符合自己需要的产品后,就可以将该产品放入购物车。一般来说,此时可以查看和修改所选购的产品。

(4)定购产品。采购商在确认购物车中的产品后,即可提交订单,订单信息会自动输入第三方平台所提供的系统中,这一信息也将在同一时间内传递到相关供应商处,供应商将对订单做出反应。

(5)划账。在采购商的订单下到供应商处后,经供应商与采购商沟通确认,就需要采购商将相应的货款预先划账至保证金账户(由第三方平台提供,如阿里巴巴的支付宝账户)。

(6)取货/送货。订单按买卖双方的约定进入买方取货,或卖方送货,或第三方代送货阶段。

(7)结算。采购商对所采购的产品作商品验收后,订单进入结算阶段。相应款项从保证金账户被划至卖方账户。

(8)信息反馈。第三方平台收集买卖双方对本次采购业务评价,并反馈给双方,以便于双方进一步的合作。

三、网上供应信息的处理

(一)网上供应信息的收集

1.在网上的供应信息里面寻找

信息时代,互联网的使用已经比较广泛了,稍有实力和规模的企业都会建立自己的网站,同时,也会在各种搜索引擎上发布广告,或者刊登自己产品的信息。随着越来越多的商业平台的建立,尤其是以阿里巴巴等电子商务公司对网商的推崇和支持,使得更多的企业能够在网上发布供应信息。

利用互联网提供的搜索功能,以及专业的电子商务网站如中国商贸信息网(CCITN)所发布的供应信息,寻找适合的供应商发布的供应信息,然后主动出击,有时候或许我们所需要采购的产品正好是几家供应商都可以提供的,在这种情况下,一是比速度,二是比质量,三是比信誉,这些方面中的任何一个都可能让采购企业取得最后的胜利。

有些供应商拥有自己的企业网站,他们很可能会在自己的网站上设置供应信息栏目,针对这种情况,企业可以通过在搜狐、雅虎等知名搜索引擎上用关键词搜索来发掘有价值的供应信息。

2.换位思考——寻找相关的采购信息

在网络这个以信息制胜的大市场里,竞争也开始愈演愈烈了。尤其是供应商,目前基本上还是买家挑卖家,而卖家又多如牛毛。在这种情况下,企业必须知道如何创新,从哪个角度进行创新。创新是企业不断发展的源泉。学会换位思考,学会从大量的采购信息中发掘供应信息,兵行奇招。

那么对于采购商来说如何从已有的采购信息中发掘机会呢?

比如,一个木材采购商浏览了中国商贸信息网上所有的求购信息,却发现只有寥寥数条木材求购信息，并且这几条木材求购信息并不都是他所希望的那种信息。我们猜他接下来会干什么呢？

有人回答是他会思考自己是不是应该多派几个业务员出去寻找交易机会。

也有人会回答，他会转到别的电子商务平台的采购信息中去寻找交易机会。

我们来简单分析一下，如果他采取的是第一种策略，证明他对电子商务、对网络的认知程度不是很高。因为他实际上更加信赖的仍然是自己的业务员的实际调查。如果他采取的是第二种策略，证明他很信赖网络的信息充分性，但却对国内电子商务网站的实际情况不了解。因为国内目前电子商务类网站有一个很明显的缺点就是趋同性，在一个网站上找不到的内容往往在其他类似的网站上也很难找到。

如果采用换位思考的方式会怎么样呢？在中国商贸信息网上的供应信息里面，查找供应家具、木雕、门窗、办公用具、铅笔、木浆等以木材和木材制品为原料的有关企业信息。如此一来，企业可以将自己的视野拓宽 5—10 倍，所花的精力却只有只浏览采购信息的 2 倍。

3. 主动发布求购信息

选择知名的 B2B 电子商务网站，如中国商贸信息网、阿里巴巴等，注册成为其会员，在网站的采购信息栏目中发布自己求购的信息。但并不是发布以后就什么事情都没有了，就可以在家中等待供应商上门找你，采购企业在发布信息的时候需要做到勤劳。所谓勤劳就是要定期经常更新发布的信息，很多进行过网络贸易的采购商说自己刚开始时经常发布信息，每隔一两天就来重新更新发布一下，反馈效果很好，可是过一段时间以后，忙了没时间了，就疏忽了，反馈效果也不如以前了。其实隔日更新发布信息是非常重要的，庞大的信息库每天都有成千上万条信息在更新，那么多的信息必然会把老的信息淹没下去，这时候如果你没别人勤快，那么很多机会可能就溜走了。这种情况在同产品领域特别多，所以隔天上网更新一下发布的信息是非常重要的，绝对不容忽视。

4. 收集供应商的相关信息

作为采购企业，在网上收集各类供应商的信息并非难事。这里，我们列举一些所需收集的主要信息。供应商的基本情况，主要包括供应商的全称、企业所在地、营业执照、企业法人、注册资金等、供应商的主营业务、供应商的历史沿革、供应商的诚信状况、供应商的长期发展策略等。

(二)网上供应信息的筛选

现代社会是信息社会、知识社会，网上的信息更是多种多样，海量的信息使得市场更透明，同时也使得信息的筛选变得非常重要，也即从众多的信息中获取对企业采购最为重要的信息，获取的重要信息越多，企业的收益就越大。而要做到这一点，就必须具备一定的信息筛选能力，否则，采购企业将被淹没在信息的海洋里。

网上供应信息的筛选，就是企业根据采购需要，对收集到的供应商的各类信息进行分类、排序和综合等。在筛选收集到的信息时，需要注意以下几点。

1.信息的真实性

即能对供应信息的来源进行判断，能对伪造来源的供应信息予以鉴别。另外，也要建立有效的责任机制，防止发布信息的人否认其行为，这一点在网上采购中是极其重要的。

2.信息的时效性

信息在一段时间内是有效的，超出一定的时间，信息就会失去原有的价值。因此，我们认为信息的时效性是信息的生命。采购企业在筛选网上供应信息的时候一定要注意供应时间和信息的有效时间。

总之，采购企业如果能在众多的供应信息中筛选出重要的信息，就一定能给企业带来明显的效益。

四、网上采购模型的功能模块

由于我国企业信息化基础较为薄弱，目前，网上采购的重点还应放在企业信息流和资金流的有效集成上，要解决采购与财务结算中的瓶颈问题，以确保网上采购行为的畅通。

一般来说，网上采购模型的功能模块主要包括采购申请模块、采购审批模块和采购管理模块，各模块分别具有不同的功能，各功能之间互为补充。

(一)采购申请模块

采购申请模块的主要使用者是企业的申购部门。申购部门提出物品需求时，通过此模块向采购部门提出物品的需求计划，包括需求时间、需求数量、质量规格等。该模块的具体功能包括如下几点：

(1)接收申购部门通过网上采购系统提出的物品需求计划，并确认收到该需求计划。

(2)接收企业自动订货系统提交的物品采购申请，并给予确认。

(3)接受申购部门通过手工提交的采购申请，但是应通过浏览器登陆网上采购站点的页面输入该采购信息。

(4)对于已经申请完毕的采购信息，提交给相应的采购审批模块，等待自动审批或者采购主管的人工审批。

(二)采购审批模块

(1)根据企业预设的审批规则自动审核所接受到的采购申请。

(2)对于通过自动审批的低价值物品的采购申请,直接在仓库管理系统检查库存,如库存尚有存货,则通知申购部门领用;如没有库存,则应通知申购部门,说明申请已被批准,物品采购正在进行中。

(3)对于自动审批未获批准的采购申请,应立即通过有效途径通知申购部门,明确告知其采购申请未获批准的原因,并要求其修改申请或重新申请。

(4)对于自动审批无法确定批准或否决的采购申请,应联系采购部门的主管,由该主管人工审批。

(5)对于已经通过审批的采购申请,提交给采购管理模块,等待进一步的处理。

(三)采购管理模块

(1)采购管理部门根据历史数据和最新的市场及生产变化情况制定年度或月份采购计划,制定供应商评估标准等业务规则。

(2)对于已经通过审批的采购申请,依据已有的规则确定是立即采购(申购部门急需)或是经过一定数量的积累再批量采购(申购部门非急需)。

(3)对于需要立即采购或已经达到批量采购标准的采购申请,依据业务规则,进入网上招投标程序或者立即生成发给供应商的网上订单。

(4)对于进入网上招投标程序的采购申请,根据竞标结果生成订单。

(5)对于已经生成的订单,依据设定的规则决定是立即发给供应商,或者是留待采购部门再次审核。

(6)所有订单,依据预设的发送途径向供应商发出,如 E-mail、传真、EDI 系统等。

(7)接收供应商发回的订单收到确认信息、供应商提交的产品运输信息和到货信息。如果供应商没有足够的订单容量,需要寻找并选择新的供应商再次发出订单。

(8)任何有权限的企业内部用户都可以查询所提交采购申请的被执行情况。

(9)订购产品入库或服务完成后,该模块自动生成凭证,采购部门据此提交相关单据给财务管理部门。

(10)订购产品入库或服务完成后,该模块应通过有效途径告知申购部门申请已经执行完毕。

(11)依据设定的规则,该模块在发出订单时或者产品验收入库后,应通知采购管理部门依据收货单据要求财务部门对供应商付款。

第三节　即时制采购

即时制(Just In Time,简写为 JIT)采购是在 20 世纪 90 年代,受即时制生产管理思想的启发而出现的。即时制生产方式最初由日本丰田汽车公司在 20 世纪 60 年代率先使用。在 1973 年爆发的经济危机中,这种生产方式使丰田公司渡过了难关,因此受到了日本和其他国家生产企业的重视,并逐渐引起了欧洲和美国的日资企业和当地企业的重视。近年来,JIT 模式不仅作为一种生产方式,也作为一种采购模式流行起来。

一、即时制采购的基本原理

(一)即时制采购的原理

即时制生产的基本思想是“彻底杜绝浪费”、“只在需要的时间、按照需要的数量生产所需要的产品”。这种生产方式的核心是追求一种无库存生产系统,或是库存量达到最低的生产系统。即时制的管理思想目前已经被运用到采购、运输、储存以及预测等领域。

即时制采购是一种先进的采购模式,它的基本思想是:在恰当的时间、恰当的地点,以恰当的数量、恰当的质量提供恰当的物品。它是从即时生产发展而来的,是为了消除库存和不必要的供给而进行持续改进的采购模式。要进行即时制生产必须有即时的供应,因此即时采购是即时生产管理模式的必然要求。它和传统的采购方法在质量控制、供需关系、供应商的选择、交货期的管理等方面有不同,其中,供应商的选择和质量控制是核心内容。

即时制采购的核心要素包括减少批量、频繁而有效的交货、提前期压缩并且高度可靠、保持一贯的高质量。

【小资料】

请判断以下说法是否正确。

(1)即时制采购能帮助你实现多批次、小批量的采购。

(2)即时制采购强调数量折扣,以降低采购成本。

(3)采用即时制采购后,有效地压缩了采购提前期。

(4)采用即时制采购后,采购物资的质量容易忽高忽低,缺乏稳定性。

(5)即时制采购的供应商较少,甚至只有一个。

(6)即时制采购视信息共享为泄密而对信息加强控制和保密。

(二)即使制采购与传统采购的比较

1.采购驱动因素不同

供应链环境下的即时制采购模式与传统的采购模式不同之处在于,即时制采用订单驱动的方式,这种方式使供应与需求双方都围绕订单运作,也就是实现了供需双方同步化运作。传统的采购模式下,采购的目的比较单一,主要是为了补充库存,而即时制采购的追求是尽可能低的库存,理想目标是零库存。

2.供应商的选择方式不同

传统采购往往针对不同的物品选择不同的供应商,即多头采购,供应商的数目较多,企业与供应商的关系是通过价格竞争而选择短期合作关系;即时制采购采用较少的供应商,极端的时候只有一个供应商,而且与供应商的关系是长期合作关系。

3.对交货时间的要求不同

传统采购往往根据订货提前期、安全库存保证期等确定交货时间。即时制采购要求即时交货,即时交货率是用户评价供应商的一个重要指标,即时交货取决于供应商的生产与运输条件。在物流管理中,运输和装卸搬运问题往往在很大程度上限制了交货的及时性,特别是在全球供应链和国际多式联运的环境下。

4.选择供应商的标准不同

传统采购下,选择供应商的主要标准就是价格,采购商主要通过价格竞争选择供应商,如果供应商不合适,采购商一般会通过市场竞标的方式重新选择供应商。但在即时制模式下,采购商和供应商之间是长期的合作关系,供应商的合作能力将影响企业的长期经济利益,因此,对供应商的要求比较高。在选择供应商时,需要对供应商进行综合的评价,评价的标准应包括产品质量、交货期、价格、技术能力、应变能力、批量柔性等。

5.制定采购批量的策略不同

传统采购下,采购企业往往根据历史数据和未来市场的发展状况确定某个时期内的总需求量,根据库存成本和订货成本,确定一个经济订货批量,考虑的重心在于降低由库存成本和订货成本所构成的总成本。而即时制采购的一个基本特征就是小批量采购。即时制生产需要减少生产批量,与之相匹配的即时制采购也应采用小批量方式。另一方面,由于企业生产对物料的需求是不确定的,而即时制采购又着力于消除物料的库存,为了保证即时、按质按量地供应,这也必然使采购企业采取小批量订货的方式。

6.对信息交流的需求不同

传统采购中,供需双方对采购信息持保密态度,双方之间的信息沟通存在障碍。即时制采购则要求供需双方的信息高度共享,保证供应与需求信息的准确性和实时性。由于双方的战略合作关系,企业在生产计划、库存、质量等各方面的信息都可以及时进行交流,以便出现问题能够及时处理。只有供需双方进行可靠而快速的双向信息交流,才能保证所需要的物料即时按质按量供应。同时,充分的信息交流可以增强供应商的应变能力。

表 3-1 即时制采购与传统采购的比较

项 目	传统采购	即时制采购
采购驱动因素分析	生产推动,补充库存	订单拉动,同步化,即时化
对供应商的选择方式	多头采购,供应商数目较多,价格竞争,短期合作	较少的供应商,甚至只有一个,长期合作,降低成本,提高质量
对供应商的选择标准	以价格为主	产品质量、交货期、价格、技术能力、应变能力、批量柔性等
对交货及时性的要求	没有明确要求	要求按时交货
制订采购批量的策略	强调"经济批量"、"数量折扣"以降低采购成本	小批量采购,减少生产批量,缩短生产周期
对信息交流的要求	视信息共享为"泄密"而加以控制和保密	相关信息高度共享,保证信息的准确性和实时性

二、即时制采购的优势

(一)即时制采购实施的前提条件

即时制采购可以大大减少在制品的库存,减少零部件、原材料的库存,缩短原材料供应周期。在原材料的供应过程中实施即时制采购,能有效地推动供应链的整体优化。

但是,在企业的实际经营过程中,我们发现,即时制采购的实施也有其前提条件。

(1)采购企业的生产计划相对平稳,物料的需求也相应可以随时预测。

(2)更大、更稳定的订单对于少数几个供应商有吸引力,供应商愿意与采购企业建立长期的合作关系。

(3)供需协议是长期的,供需双方只需很少的文书工作,如采购企业只需要及时给供应商下订单,而供应商对此订单作出及时的反应,这样做可以及早暴露供应商的质量问题。

(4)少数几个供应商对改进运输配送和包装等活动能够进行及时反应,并且,能够建立对供应商持续降低成本的激励机制。

(5)采购企业和供应商的信息沟通顺畅。

(6)供应商在地理位置上靠近采购商,或者供应商在采购商附近建立临时仓库。

(二)即时制采购的优点

随着时代的不断发展,随着市场、产品、生产、服务、信息、战略等各个因素的不断变化,采购战略也必须随之进行相应的调整。

经济全球化迫使许多企业拓宽其采购渠道,在全球范围内能确定提供质优价廉的商品和服务的潜在供应商;而且信息和电信技术革命取代了传统采购部门的手工活动,提供了低成本、高速度、高效率和电子化成效最佳的选择,这一切都促使即时制采购应运而生。因为即时制采购可以获得更短的产品生命周期、更快的技术变化和更成熟的客户,使得采购过程中的柔性和敏捷性变得更高。

1.降低物料的库存

即时制采购能使企业大幅度减少原材料和外购件的库存,从而减少库存对企业流动资金的占用,便于企业利用有限的资金获得更大的效益,同时,也有利于节省物料库存所占用的空间,从而降低库存成本。

2.提高采购物资的质量

由于即时制采购是小批量多批次的采购,这就要求每一批次物料的质量必须是可靠的,否则,很容易发生物料短缺的现象。由于供应商对物料质量的保障程度较高,这也可以使采购企业简化物料的检验程序,从而为采购企业争取宝贵的时间。

3.降低物料的采购价格

与供应商的长期合作、供应商内部的规模效益、总量巨大的订单、采购环节中浪费的消除,这些都可以使供需双方共同降低物料的生产成本,从而共享物料成本降低所带来的效益。

【小资料】

施乐公司的即时制采购

20世纪80年代,施乐欧洲公司开始实施即时制采购。作为即时制采购计划的一部分,公司还安装了自动化物料和采购信息的处理系统,同时也修正了生产流程。

作为即时制采购和其他相关系统采用的结果,施乐欧洲公司取得了一系列显著的成效。

1.施乐欧洲公司实施即时制采购后的显著成效:

(1)其供应商从3000个减少到了300个;

(2)入库交货的准时率高达98%,其中有79%是在需要时的1小时内送达;

(3)仓库库存从3个月的供给下降到半个月;

(4)整体物料成本减少了约40%;

(5)由于供应商物料质量的提高,绝大多数入库产品质检站被相应撤销了;

(6)因产品质量不佳而被拒收的水平从17%剧降到了0.8%;

(7)由于标准化的包装,40多个负责重新包装的职位被取消了;

(8)入库运输配送总成本减少了40%;

(9)仓库给生产线的物料配送准时率提高了28%。

2.在采购物流战略管理方面,还取得了以下成效:

(1)形成了完整的采购绩效评估体系;

(2)在企业组织架构中,对有关战略物流和采购的决策权进行了有效的授权;

(3)来自不同部门的高层经理人广泛地参与了制订物流采购策略;

(4)随着公司规模的不断扩大,高级物流采购经理人的控制范围也正在相应地扩大;

(5)同时也带动改进了组织其他部门的绩效。

三、即时制采购的实施

(一)创建即时制采购管理团队

专业的采购团队对于即时制采购的实施至关重要。采购团队的主要任务表现在以下两个方面:

1.处理与供应商的关系

包括评估供应商的信誉、质量管理能力、生产保障能力、供货能力等,与供应商签订即时制采购合同,向供应商发放质量合格免检证明并负责培训和指导供应商,必要时,还需给供应商提供一定的技术支持。尽可能维护与供应商的长期合作关系,并建立促使供应商持续降低成本的激励机制。

2.消除采购过程中的各种浪费

这需要采购团队中的成员对即时制采购的方法有充分的了解和认识,如果团队中的成员对即时制采购的认识和了解都不彻底,就不可能指望与供应商的合作了。

(二)分析适合即时制采购的物品,确定供应商

采购企业根据采购物品的分类模块,从采购物品中选择价值大、批量大的主

要原材料及零部件,结合与供应商的关系,进行即时制采购实施的可行性分析。分析采购物品及供应商情况时要考虑如下因素:

1.采购物品本身的特点

主要包括原料及零部件的采购周期、某一时期的采购量(额)、对于采购企业产品生产、产品质量的风险等。

2.供应商的供应特点

包括供应商的生产周期、物品供应周期、采购企业的平均库存水平、供应商的合作态度、供应商所处的地理位置、包装及运输方式、供应商的储存条件及存放周期等。

3.采购企业现有供应商的管理水平

主要是采购企业对供应商是否有切实有效的评价指标体系,能否激发供应商参与改进的积极性,能否激励供应商持续的降低供应成本。

(三)提出改进目标

针对目前与供应商的合作关系和供应商的供应状态,提出改进目标,具体目标包括:降低库存控制水平、缩短供货周期、增加供应批次、改进行为的具体时间要求。尽可能保证采购企业在需要的时间内,能及时地采购到所需要的物品。

(四)制订具体的实施方案

(1)明确主要措施及负责人,明确阶段目标的完成时间,以及工作进度的检查方法。

(2)将原有订单拆分成两部分:一部分是已确定的,要求供应商必须按时按质按量的供应。另一部分是随市场变化而随时增减,充分考虑到供应商生产的变动性。

(3)调整相应的运作程序,确保供应商的生产计划与采购企业的生产计划能卓有成效地联动。

(4)保证供需双方的相关人员进行充分的沟通交流、统一认识、协调行动。

(5)为供应商提供一定程度的培训,使之完全接受即时制采购的供应理念,确保采购企业的供应目标能被供应商充分理解和接受,促使供应商能有相关的保证措施。

(五)不断改进具体措施

(1)不断改进的前提是供应商所供应物料的质量在不断提高,循环使用的包装在不断地改善,送货的装卸及出入库时间在不断地缩短。

(2)将原来的独立订单改为滚动订单,将订单与预测结合起来,首先可定期向供应商提供半年或一年的采购预测,便于供应商提前相应地安排物品采购及生产计划。

(3)向供应商定期提供每月、每季的滚动订单,内容包括固定和可变部分,而供应商就按滚动订单的要求定期定量地及时送货。

总体而言,对于即时制采购的实施,要有 PDCA 循环的思想。PDCA 循环又叫"戴明循环",简称"戴明环"。熟练掌握和灵活运用 PDCA 循环方法,对于提高即时制采购的实际效率十分重要。PDCA 指的是:P(Plan)——计划,D(Do)——实施,C(Check)——检查,A(Action)——采取行动。

【案例分析】

一汽如何实施即时制采购

中国第一汽车制造厂利用看板对其生产作业进行调整,实现了在制品零库存的极限。

早在 1982 年用看板送货的零部件就已达到总数的 43%,并在此基础上,又实行了零部件直送工位制度。一汽与周边 15 个协作厂,就两千种原材料签订了直送工位的协议,改变了厂内层层设库储备的老办法,从而取消了 15 个中间仓库。例如刹车片,过去由石棉厂每月分 4 次送往供应处总仓库,再由总仓库分发到分仓库,再从分仓库分发到生产现场,现改为直送生产现场,减少了重复劳动,当年就节约了流动资金 15 万元。

橡胶厂供应的轮胎过去集中发货,最多时一次发货 20 火车皮,使轮胎库存竟高达 2 万套。现在实行多批分发,使轮胎储备从过去的 15 天降到现在的两天,共节约流动资金高达 190 万元。

轴承座生产线的 7 道工序,现只由 1 个人操作,把扎在生产线第一道工序上的信号灯作为看板,每当后一道生产线取走一个零件时,信号灯显示为绿色,工人即按步骤地进行生产。该生产线 7 道工序除了工序上加工的工件外,只有一个待加工工件,工序件的在制品基本为零。

即时制采购是即时制的销售、生产、库存等各种策略的基础与前提,此外还需要即时制配送的配合。即时制采购倡导的是一种即时满足需求的观念。

思考:一汽实施即时制采购的优势表现在哪里?关键是什么?

【本章小结】

本章主要介绍了企业目前常用的采购模式,包括招投标采购和网上采购,书中给出了企业应用这两种采购模式的具体操作方法。此外,还介绍了在即时制原理支撑下的即时制采购模式,这种采购模式在企业之间的竞争逐渐演变为供应链之间竞争的环境里显得尤其重要而实用。

【习　题】

一、理论题

(一)名词解释

招投标采购　网上采购　竞争性招标采购　选择性招标采购

(二)问答题

1.简述竞争性招投标采购的一般程序。

2.货物采购的评标方法有哪些？分别作简要说明。

3.即时制采购的基本原理是什么？它与即时制生产有什么联系？

4.招投标采购中的资格预审需要作哪些工作？

二、实践题

(一)案例分析

2004 年 10 月 8 日,某地政府采购中心受委托,需要进行中央空调及安装改造工程的采购,采购技术含量高且工艺复杂。于是,采购中心积极而迅速地展开工作,希望能迅速而成功地完成采购。

采购中心密切联系采购人,聘请专家对标书进行论证,提出明确的改造要求。该项目的采购技术含量很高,工艺复杂,采购人提供的技术要求概括性又太强,采购中心建议对技术要求重新设计,提供馆体结构图纸给潜在投标人,以满足各潜在投标人通用的技术规范。

另外,采购中心坚决抵制歧视性条款。采购人要求供应商具有 ISO 1400 环保体系认证,具有国家大型模块风冷冷热水检测中心。为了保证该采购项目能够公正客观地进行,采购中心将主要资质改为:主管部门颁发的机电设备安装三级以上(含三级)资质证书,投标品牌厂家项目授权书或销售资格证书,三级以上(含三级)项目经理证书,对注册资金不提要求。

为了赢得时间,在和采购人协商后,在政府采购媒体上公开发布招标信息,目的是让具有投标资质的潜在投标人平等地获取信息。

发售标书后,在规定的时间内,共收到 7 份答疑材料。对此,采购中心与采购人和专家在充分论证的基础上,起草了招标文件补充材料,并分别传真给所有投标人,便于投标人对标书进行全面理解与准确掌握。另外,将该补充文件在政府采购媒体上发布。

2004 年 11 月 8 日正式开标。在相关部门代表的监督下,5 位评委根据评分办法对 11 家投标单位投标情况进行了综合打分,最后确定了中标候选人,中标金额为 220 万元。采购中心根据评委的评审意见发出了中标通知书。

2004 年 11 月 11 日，采购中心接纪委通知，暂时中止合同的签署工作，原因在于落标人的投诉，投诉理由是：其价格分比中标人高 12 分，为什么不能中标？另外，还有几家供应商也在告状，市领导批示让采购中心与中标人谈降价事宜。

事实上，此次招标项目不是以最低价确定中标单位，而是采用了综合评分法。

该评分办法的拟定是在开标的当天上午由采购人代表、专家及采购中心共同研究确定。然而该办法也存在误差，应更缜密。评分办法制作人员思想保守、缺乏创新、部门负责人审核不严和工作失察是导致评分办法不缜密的重要原因。

根据标书提供的评分标准进行了细化分值，投标价格分 50 分，资质资信、履约能力 5 分，经营业绩情况 8 分，品牌知名度、设计先进性、合理化 20 分，售后服务 10 分，施工安装管理人员配备 3 分，其他承诺 4 分。另外，考虑到不定品牌采购的复杂性技术难度，中心充分尊重采购人对最高报价与最低报价都不能接受的事实，因此两种报价不在价格分计算范围内，但最高最低报价供应商参与具体评分，没有排斥在外。

从操作情况看，该评分办法有些地方值得商榷。

一是主观成分大，评委有自由发挥的空间，如品牌知名度、设计先进性和合理化分值占 20 分，却没有具体的可操作性的尺度，容易被别有用心者利用。

二是价格分较高且计算公式不合理。对于不定品牌采购，价格分占 50 分可能高了一点。不定品牌采购时，低质低价情况较为普遍，因此低价位的报价评分分值就不能太高，假如分值高就会直接影响高质高价投标人的正当权利。此标评分办法价格分的计算公式为：$PF = \text{价格总分值} - (|F - Fm|/Fm) \times Q \times 100$（$PF$ 为报价价格得分，Fm 为评估基准价 = 进入评分的各合格报价人报价评审的算术平均值 $\times 0.9$，F 为各合格报价人的报价评审价，Q 为折价分值，$F > Fm$ 时，$Q = 1$；反之，$Q = 0.5$，价格分值为 50 分，投标最高报价与最低报价不予计算平均报价）。

此评分办法的一个致命弱点是 0.5 系数问题。商讨此评分办法时的初衷是想去掉最高、最低价，而实际计算时只能去掉最高价，最低价依然得到高分，明显地排斥了高价高质的投标品牌，这样一来就变成了低价中标了，引发了显而易见的不公平，评标结果出来以后有可能解释不清。

针对有供应商投诉的情况，该政府采购中心代理的中央空调采购及安装项目受到相关部门领导的关注，监督管理部门对投标过程进行了全面的调查。结论是，招标项目采用了综合评分法，不是以最低价确定中标单位的，评委根据评分办法确定的中标单位有效，建议维持评委的评判结果。最终，采购中心顶着重重压力，终于在 2005 年 3 月 19 日，为此次空前漫长的采购画上了句号。

1.请就此案例分析,该市采购中心在此次招标过程中哪些方面作的比较成功。

2.在整个招标过程中,哪些地方出了问题,导致此次采购过程空前漫长。

(二)招标书的制作

2007年3月初,某职业技术学院从实验实训设备经费中拨出60万专款用于投建一个电子商务实训室,要求2007年8月底必须完工以备学生开学后使用。现在场地已经选好,初步估计需要服务器1台、投影机1台、电脑120台、空调2台,电脑桌120个、相关附件若干。面向全社会进行竞争性招标,请你为此次采购制作一份招标书,要求内容完整,条理清晰。

(三)网上采购实际操作

1.请通过阿里巴巴或者中国商贸信息网等网站寻找内存1G、屏幕为1.8英寸、价格在400元左右MP4的供应信息,并尝试与多家供应商联系,寻求一次性购买200部该类MP4的报价。

2.通过互联网寻求1.8英寸TFT(或LCD)液晶屏的供应商,并获得批量分别为300个、500个、1000个的报价。

第四章　供应商管理

【案例学习】

Krause 公司对供应商的选择

Krause 公司是一家机械与金属片承包商，成立于 50 年前。它在美国各地有许多分支机构，但关于金属制造这部分工作主要还是集中在中西部地区。公司非常强调工艺质量，富有竞争力的价格，以及即时交付的能力。对于其供应商的选择，我们用一个实例进行了解：某年秋天，公司要在一座新建筑物上安装排气系统，于是公司在安装排气系统之前，公司中西部地区的采购经理需要对自制或外购导管进行一番比较。

(1)项目特殊性制约着材料的选择

夏天的时候，Krause 公司就接受委托为总部的研究实验室提供 HVAC 系统。整个排气系统约需要直径为 10 英寸的不锈钢管 6500 英尺。当 Krause 公司的成本评估部门准备原始标底时，就计划在中西部分厂自制这种不锈钢管。由于用途特殊，需要的零部件许多都是非标准品，该项目十分复杂。

(2)质量和成本之间的平衡点

项目进行到一半的时候，负责金属片生产的副经理认为如果外购不锈钢管，成本可能会比预算低。采购经理也明白这个道理，但他认为一般来说降低成本是以牺牲质量为代价的。由于实验室排放的空气中存在毒素，该系统的防漏性必然十分关键，必须对每根管子都进行测试，确保其完好无损。如果在焊点上发现漏洞，就要当场花很多时间重焊。所以，原材料的成本和质量同样重要。

(3)原材料的获取渠道

在原材料的获取渠道方面，采购经理知道，有两种方法可以获得管子。首先，Krause 可以按原计划自制管道，成本最低，质量也过得去；第二种可能就是寻找供应商，以较高成本提供现成的管道。发现每英尺(包括交付)直径为 10 英寸的不锈钢管，多数供应商的报价都为 23—28 美元。但有一个供应商的每英尺只要价(包括交付)18.20美元,而且,这个供应商提供的管子长为20英尺,并且保证质量没问题。另外,他们的管子是圆管,这个特性恰恰是Krause现有的设备所难以达到的。圆管在连接时能节省不少时间,而且还会大大降低焊接失误的可能性。

尽管该选项听起来非常吸引人,但采购经理作为一名在采购领域摸爬滚打了14个春秋的老兵,清楚地知道,不能单凭第一印象就做出重大的决策。他还要全盘考虑,才能做出明智的选择。

采用自制的渠道。采购经理首先取得了自制成本估计所需的全部数据。在自制管道时需要进行的是两个步骤:首先,通过"轧制"工序将一大块钢板塑造成圆管状;然后,再用焊接工序将钢管焊接在一起。具体的数据是:制造直径为10英寸的钢板,每轧一块约耗时6分钟,包括装载和卸载零部件。Krause在该道工序使用的设备能卷起长为8英尺的钢板。

采用采购渠道。采购经理首先考虑第一种选项:采购。他对市场进行了完整的调研工作,焊接一段8英尺的管子估计需时10分钟。公司的成本估计中设定的人工工资是每小时32.6美元,由此产生了42%的间接费用。不锈钢板的长度不等,都在100英尺以下,宽度则为36英寸、48英寸或60英寸,价格最高的是每磅1.80美元(1磅=0.4536千克)。16英尺长的钢材每平方英尺约重2.5磅。焊接工序要焊丝和焊接气体。焊丝的成本为每磅5.50美元,每焊接1英尺需要焊丝0.03磅。焊接气体的成本是每焊8英尺钢管需25美分。该项目所需管道的长度多数都超过了8英尺。因此采购经理认为有必要在自制选项中再加上额外连接(比方说把8英尺长的钢管连成一根16英尺长的钢管)的成本。这种连接是要在管子的接口上进行焊接,每次焊接时,工序加备货需时18分钟。

(3)采购经理的决策

最后,采购经理通过对以上各方面的仔细权衡,认为采用购买的渠道成本较低,而效率也是更好的,于是决定选择合适的供应商,采取采购的渠道进行原材料的购置最合适。

问题:

1.作为公司的采购经理选择供应商的标准应该有哪些?选择供应商时应注意哪些问题?

2.该公司选择供应商的特点?

3.公司应如何对已选的供应商进行审核?

【本章要点】

★ 供应商调查与开发

★ 供应商审核与选择

★ 供应商评估与管理

第一节　供应商管理概述

供应商,是指可以为企业生产提供原材料、设备、工具及其他资源的企业。供应商,可以是生产企业,也可以是流通企业。企业要维持正常的生产,就必须有一批可靠的供应商为企业提供各种各样的物资供应。因此,供应商对企业的物资供应起着非常重要的作用,采购管理就是直接和供应商打交道而从供应商那里获得各种物资。因此,采购管理的一个重要工作,就是要搞好供应商管理。

一、供应商管理涵义

现代市场经济条件下,供应商优劣对企业的影响越来越大,在产品质量、产品设计、交货、提前期、库存水平等方面都影响着企业的成功与否,而企业采购的外部环境也发生了重大变化,主要体现在进货渠道多、价格差异大、质量难以控制、采购风险大等方面,这对企业采购工作提出了新的要求。企业必须坚持以经济效益为中心,以降低采购成本为立足点,选择真正适合自己企业需要的供应商,建立相对稳定的供求关系,确保自己利益的最大化。通过分析市场竞争环境以及企业自身规模等客观条件,结合企业的现状,对供应商进行一定的管理。

所谓供应商管理,就是对供应商的了解、选择、开发、使用和控制等综合性管理工作的总称。其中,了解是基础,选择、开发、控制是手段,使用是目的。供应商管理的目的,就是要建立一个稳定可靠的供应商队伍,为企业生产提供可靠的物资供应。供应商管理是采购管理领域中的重要工作,也是国内企业管理中的薄弱环节。随着经济的发展,采购对利润的影响越来越受到企业的重视。与此同时,供应商也再次引起了人们的关注。做好供应商管理,建立科学合理的供应商管理体系,对于提高企业的竞争力,具有重要意义。

二、供应商管理的意义

1.是做好采购管理工作的重要基础

毋庸置疑,开展采购工作,首先需要一定的供应商资源作为企业的有力支撑。信息时代,企业面前充斥着大量的信息,一般可以从黄页、原材料市场等渠道获取大量的信息,但如何从真正意义上将信息归我所用,由少变多,由静至动,由好到优,还需要采购职能部门切实做好供应商管理工作,建立自身稳定、优质的供应商信息库，方可做到未雨绸缪。

2. 是提升采购经济效益的要素

提高经济效益，通常会从“开源”和“节流”两方面着手。而对于提升采购经济效益，主要以依靠采购职能部门从“节流”方面下工夫。采购总成本主要包括物资采购成本和采购运营成本两方面，采购职能部门需要持续控制和降低物资采购成本，减少资源占用和组织运营成本，降低采购风险，实现采购经济效益最佳化。

(1)有效降低采购组织运营成本

实际采购业务工作中，采购工作运营成本主要包括购销双方沟通成本、活动组织成本、人员成本等方面。采购职能部门切实做好供应商管理工作，促进供应商主动、持续维护其相关信息，减少供应商信息库人为建立和维护成本；同时采购部门注重培育战略和重要供应商，逐步形成伙伴和合作关系，签订长期供货协议，减少人力资源的占用，极大地提高采购工作效率，有效降低采购活动组织成本。

(2)直接控制和降低物资采购成本

在供应链管理思想影响下，采购部门和供应商之间，由过去的供需双方完全对立竞争的落后理念逐步演变为供需双方互惠互利、合作共赢和共同发展的新理念。在新型的采购战略下，采购职能部门依靠采购规模优势和与供应商稳定的伙伴关系，促进供应商持续提高自身产品质量和核心竞争力，提供更加实惠的价格和服务，有效降低物资采购成本。

简单归纳，在业务过程中与采购成本直接相关的主要因素就是供应商信誉和供应商报价，这两方面因素的优与劣、高与低势必影响到采购总成本的高低。如何在业务过程中保障采购部门真正选择到价廉物美的产品，采购部门需要从以下方面着手，重视供应商全面管理，切实做好供应商评审工作，加强供应商绩效管理，建立规范、透明的供应商管理体系。

总之，随着经济的发展和进步，越来越多的企业采购部门意识到供应商管理的重要性，积极推进公开、规范的供应商管理，制定完善的供应商管理制度，开展全过程的供应商管理工作，主动整合和利用供应商资源，有力支撑采购业务过程的运作，提高采购业务管理水平，同时有力促进供应商核心竞争力的提升，共同发展，实现共赢。

【小资料】

某电子工厂在安装过程中需要用小锤将配件轻敲入内，因此生产现场的每个工人均需配一把小锤子，此方法从这个配件购进之日起就采用，已实行了两年。自从工厂新领导上任后,决定整顿采购,加强与供应商的协作,并积极与供应商进行沟通,让其帮助改进。在与供应商一起到生产现场进行参观、研究后,供应商提出了改进意见,帮助企业做出了改进。他们在模具上留了一小卡口,在安装时推入即可。这一改进,使这家电子工厂因此节约了2/3的安装时间,也节约了工具费。

三、供应商管理的几个基本环节

1.供应商的调查与开发

要了解供应商的情况就要进行供应商调查。供应商调查,在不同的阶段有不同的要求。供应商调查可以分成三种,第一种是对资源市场的调查,第二种是对供应商进行初步调查,第三种是对供应商进行深入调查。供应商的调查都在于对潜在的供应商的了解,通过开发使之成为企业能够使用的供应商。

开发供应商就是要从无到有地寻找新的供应商,建立起适合于企业需要的供应商队伍。一批适合于企业需要的供应商是企业的宝贵资源。供应商适时适量地为企业提供物资供应,保证企业生产和流通的顺利进行,这是企业最大的需要。供应商开发和管理实际上就是企业后勤队伍的建设。关于供应商的调查与开发,后面第二节将作详细说明。

2.供应商的审核与选择

供应商审核是供应商管理的一项重要内容,是发展供应商重要的一步。主要是通过对供应商进行调查,了解供应商的整体状况,对供应商的产品、价格、供货能力、服务水平、资信、质量体系的建立以及执行的有效性作充分考察,以便确定是否与该供应商进行合作。

供应商选择是企业的一个重要决策,一个好的供应商是指拥有制造高质量产品的加工技术,拥有足够的生产能力,以及能够在获得利润的同时提供有竞争力的产品。同一产品在市场上的供应商数目越多,供应商的多样性使得选择越变得复杂,更需要一个规范的程序来操作。

3.供应商的评估与管理

供应商的评估是对已通过审核的、正在为企业提供服务的供应商进行定期监控、考核和评比。其目的是了解供应商的表现、促进供应商提升供应水平,并为供应商奖惩提出依据,确保供应商供应的质量。同时在供应商之间继续同优秀的供应商进行合作,而淘汰绩效差的供应商。供应商的绩效评估同时也是了解供应存在的不足之处,将不足之处反馈给供应商,可以促进供应商改善其业绩,为日后更好地完成供应活动打下良好的基础。

在供应商管理中,必须将供应商关系分为不同的类别。企业的资源是有限的，因此必须根据供应商对本公司企业经营影响的大小设定优先次序，区别对待，以利于集中精力重点改进、发展对企业最重要的供应商。

4. 供应商的激励和控制

在供应商的整个使用过程中，要加强激励和控制，既要充分鼓励供应积极主动地搞好物资供应业务工作，又要采用各种措施，约束、防范供应商的不正当行为给企业造成的损失，从而保证与供应商的合作关系和物资供应业务健康、正常进行，保证企业利益不受影响。

【小资料】

联华携手供应商　追求可持续发展

过去宝洁产品在联华系列门店的缺货率是11.2%，库存天数是69.5天，在双方共同改造供销信息化平台后，如今缺货率下降到5%，平均库存天数下降到40天。这一业务流程再造系统的核心是零售商与厂商建立了新型的工商关系，宝洁能够随时随地了解商品的好销与滞销情况，以便及时补货、周转库存，而不是像过去机械地等待联华门店发出进货要求。7月5日，联华超市又把这种新型工商关系推广到光明乳业、上海申美和捷强烟草等全国50家重、专点供应商，与各方分别签订了战略合作协议。

按照协议规定，联华与50家重点供应商共同实施销售目标管理，对超额完成目标的部分，双方分享商业利润；联华还将与他们一起，联手建立平等协商的采购平台、IT平台和供需双方共同开发产品3大平台，以便供应商能够随时监控商品的销售情况；此外，供应商每季度末向联华提供下一季度新品上市计划，这类新品在通过登记后的最快准入审批期限缩短为5个工作日；在货款结算方面，作为联华的战略合作伙伴，在保证合同账期的同时，联华将向他们推行更为灵活的市场化结算方式。

随着世界经济一体化和中国市场全球化进程的加剧，我国零售商业正在遭遇前所未有的同业竞争和市场挤压。根据加入世贸组织的有关协议，到2004年年底，中国零售市场将迎来新一轮的竞争。我国大型商业零售企业在“做大”的同时，还面临着建立新型工商关系，使企业能够长期保持健康有序、可持续发展的重大课题。而近年来，随着我国流通业集中度的提高，连锁规模的不断扩大，流通企业往往在工商关系中处于强势地位，近年来不断发生的“进场费”纠纷、拖延供应商账期现象等便是不断恶化的工商关系的集中体现……联华董事长王宗南7月5日表示，联华超市作为连续7年雄踞中国零售连锁企业第一位的企业，理应做构建新型工商关系的典范，与国内的供应商一起，共同应对入世挑战。

第二节　供应商的调查与开发

供应商管理的首要工作，就是了解供应商和资源市场。要了解供应商的情况就要进行供应商调查。供应商调查，在不同的阶段有不同的要求，主要可以分为对资源市场调查、对供应商进行初步调查、对供应商进行深入调查三种。

一、对资源市场进行调查

（一）资源市场调查的内容

企业针对所采购的商品或服务和系统地对资源市场进行调查，目的是通过调查对供应商的整体情况得以把握。这一阶段需要调查的内容有：

（1）资源市场的规模、容量、性质。例如，资源市场究竟有多大范围？有多少资源量？有多少需求量？是卖方市场还是买方市场？是完全竞争市场还是垄断竞争市场或是垄断市场？是一个新兴的成长市场还是一个陈旧的没落市场？

（2）资源市场的环境。例如，市场的管理制度、法制建设、市场规范化程序、市场的经济环境、政治环境等外部条件如何？市场的发展前景如何？

（3）资源市场中各个供应商的情况。通过对众多供应商的调查资料，就可分析得出资源市场总的水平。如资源市场的生产能力、技术水平、管理水平、可供资源量、质量水平、价格水平、需求状况以及竞争性质等。

（二）资源市场分析的内容

（1）要确定资源市场是紧缺型市场还是富余型市场，是垄断性市场还是竞争性市场。对于垄断性市场，应当采用垄断性采购策略；对于竞争性市场，应当采用竞争性采购策略。

（2）要确定资源市场是成长型市场还是没落型市场。如果是没落型市场，则要趁早准备替换产品，不要等到产品被淘汰了再去开发新产品。

（3）要确定资源市场总体水平，并根据整个市场水平来选择合适的供应商。通常要选择在资源市场中处于先进水平的供应商，选择产品质量优而价格低的供应商。

二、对供应商进行初步调查

供应商初步调查，是对供应商基本情况的调查。主要是了解供应商的名称、地址、生产能力、能提供什么产品、能提供多少、价格如何、质量如何、市场份额有多大、运输进货条件如何等。

1.供应商初步调查的目的

供应商初步调查的目的,是为了了解供应商的一般情况。而了解供应商一般情况的目的,一是为了选择最佳供应商做准备,二是为了掌握整个资源市场的情况。供应商管理的首要工作,就是要了解供应商和资源市场。许多供应商基本情况的汇总就是整个资源市场的基本情况。

2.供应商初步调查的特点

供应商初步调查的特点,一是调查内容浅,只要了解一些简单的、基本的情况;二是调查面广,最好能够对资源市场中各个供应商都有所调查、了解,从而能够掌握资源市场的基本状况。

3.供应商初步调查的方法

供应商初步调查的方法,一般可以采用访问调查法,通过访问有关人员而获得信息。例如,可以访问供应商单位市场部有关人员,或者访问有关用户、有关市场主管人员和其他知情人士。应通过访问建起供应商卡片(见表4-1)。

表 4-1 供应商卡

<table>
<tr><td rowspan="6">公司基本情况</td><td>名称</td><td colspan="4"></td></tr>
<tr><td>地址</td><td colspan="4"></td></tr>
<tr><td>营业执照号</td><td></td><td>注册资本</td><td colspan="2"></td></tr>
<tr><td>联系人</td><td></td><td>部门、职务</td><td colspan="2"></td></tr>
<tr><td>电　话</td><td></td><td>传　真</td><td colspan="2"></td></tr>
<tr><td>E-mail</td><td></td><td>信用度</td><td colspan="2"></td></tr>
<tr><td rowspan="2">产品情况</td><td>产品名</td><td>规格</td><td>价格</td><td>质量</td><td>可供量</td><td>市场份额</td></tr>
<tr><td></td><td></td><td></td><td></td><td></td><td></td></tr>
<tr><td>运输方式</td><td></td><td>运输时间</td><td></td><td>运输费用</td><td></td></tr>
<tr><td>备注</td><td colspan="5"></td></tr>
</table>

4.供应商分析

在对供应商初步调查的基础上,要利用初步调查的资料进行分析,比较各个供应商的优势和劣势,选择适合于企业需要的供应商。具体需要可进行以下分析:

(1)产品的品种、规格和质量水平是否符合企业的需要,价格水平如何。只有产品的品种、规格、质量水平全部符合企业的要求,才有可能成为候选供应商。

(2)企业的实力、规模如何,产品的生产能力、技术水平如何,企业的管理水平、信用度如何。

(3)产品是竞争性商品还是垄断性商品？如果是竞争性商品，则供应商的竞争态势如何，产品销售情况如何，市场份额如何，产品的价格水平是否合适。

(4)供应商相对于本企业的地理交通情况如何，进行运输方式分析、运输时间分析、运输费用分析，判断运输成本是否合适。

【小资料】

企业的信用度，是指企业对客户、对银行等的诚信程度。表现为供应商对自己的承诺和义务认真履行的程度，特别是像产品质量保证、按时交货、往来账目处理等方面责任和义务的履行程度。

三、对供应商进行深入调查

对供应商进行深入调查，是指经过初步调查后，对准备发展为自己的供应商的企业进行更加深入仔细的考察活动。这种考察，是深入到供应商企业的生产线，各个生产工艺、质量检验环节甚至管理部门，对现有的设备工艺、生产技术、管理技术等进行考察，观察采购的产品能不能满足本企业所应具备的生产工艺条件、质量保证体系和管理规范要求。有的甚至要根据采购产品的生产要求，进行资源重组并进行样品试制，试制成功以后，才算考察合格。只有通过这样深入的供应商调查，才能发现可靠的供应商，建立起比较稳定的物资采购供需关系。

进行深入的供应商调查，需要花费较多的时间和精力，调查的成本高，并不是所有的供应商都必须进行的，只有在以下情况才需要：

(1)准备发展成紧密关系的供应商。例如，在进行 JIT 采购时，要求供应商的产品准时、免检、直接送上生产线进行装配。这时，供应商已经与企业建立了如企业中一个生产车间一样的紧密关系。如果要求这样紧密关系的供应商，就必须进行深入的供应商调查。

(2)寻找关键零部件产品的供应商。如果需要采购的是一种关键零部件，特别是如精密度较高、加工难度较大、质量要求高的零部件，或在产品中起核心功能作用的零部件，选择供应商时，就需要特别小心，要进行反复认真的深入考核审核，只有经过深入调查证明确实能够达到要求时，才确定发展它为本企业的供应商。

供应商深入调查的内容可参见表 4-2。

表 4-2　公司供应商调查表

供应商档案	名称(盖章)				
	厂　　址				
	开户行账号				
	税　　号				
	企业性质			联系电话	
	法人代表			联系传真	
	业务代表			业务电话	
	质量代表			质量电话	
规模状况	厂房面积	实际年生产能力	可供货量	年销售额	员工人数
设备状况	主要生产设备名称	型号	产地	数量	其他
技术状况	大专以上学历人数		技术水平		
			国际领先	国内领先	一般
	有哪些技术支持				
	研发能力				
客户群					
售后服务能力					
质量管理机构名称		人数		负责人	
质量体系认证情况					
产品执行标准				等级	
质量指标		项目		标准要求	

填写人：　　　　　　　　签署人：

除以上两种情况以外，对于一般关系的供应商，或者是非关键产品的供应商，一般可以不必进行深入调查，只要进行简单初步的调查即可。

四、供应商开发的步骤

供应商管理的一个重要任务就是开发供应商。所谓开发供应商就是要从无到有地寻找新的供应商，建立起适合于企业需要的供应商队伍。一批适合于企业需要的供应商是企业的宝贵资源。供应商适时适量地为企业提供物资供应，保证企业生产和流通的顺利进行，这是企业最大的需要。供应商开发和管理实际上就是企业后勤队伍的建设。

供应商开发是一个很重要的工作，同时也是一个庞大复杂的系统工程，需要精心策划、认真组织。

1.产品分类

首先将采购物料分类,确定关键的、重要的零部件、原材料及其资源市场。

(1)将主生产物料和辅助生产物料等按采购金额比重分成A、B、C三类,找出关键物资、重点物资,进行重点管理。根据物资重要程序决定供应关系的紧密程度。对于关键物资、重点物资,对其供应商要建立起比较紧密的供应商关系;对于非重点物资的供应商,企业可以与之建立起一般供应商关系,甚至不必建立起固定的供应商关系。

(2)按材料成分或性能分类,如塑胶类、五金类、电子类、化工类、包装类等,确定资源市场的类型性质。

2.供应商调查

根据材料的分类,搜集生产各类物料的厂家,每类产品在5—10家左右,填写在供应商调查表上。也可以编制供应商调查表,用传真或其他方式交给供应商企业,由其自行填写并反馈回来。

3.资源市场调查

要走访供应商、客户、政府主管部门或经济统计部门,了解资源市场的基本情况。包括供应量、需求量、可供能力、政策、管理规章制度、发展趋势等。

4.供应商审核

(1)成立供应商审核小组,由副总经理任组长,采购、品质管理、技术部门经理、主管、工程师组成审核小组。

(2)把反馈回来的供应商调查表进行整理核实,如实填写供应商资料卡。将合格厂商分类按顺序统计记录。然后由审核小组进行资料分析比较和综合评估,按ABC物料采购金额的大小,按供应商规模、生产能力等基本指标进行分类,对每个关键物资、重点物资初步确定1—3家供应商,准备进行深入调查。

(3)在对供应商分析的基础上,结合资源市场调查的有关资料分析资源市场的基本情况包括资源能力情况、供需平衡情况、竞争情况、管理水平、规范化程度、发展趋势等。并根据资源市场的性质,确定相应的采购策略、产品策略和供应商关系策略。例如,对于垄断性市场,采用合作和据理谈判策略;对竞争性市场,采用招标竞争策略等。

5.深入调查供应商

对初步调查分析合格、被选定为候选供应商中的1—3家供应商,要采取深入调查的方法。深入调查分三个阶段:

第一阶段,送样检查。通知供应商生产一批样品,随机抽样检查。检查合格进入第二阶段。检查不合格,允许再改进生产一批送检,抽检合格后也可以进入第二阶段。抽检不合格,供应商落选,至此结束。

第二阶段，考察生产工艺、质量保障体系和管理体系等生产条件是否合适。并在合格者中选供应商，到此结束。不合格者不进入第三阶段。

第三阶段，考察生产条件改进。愿意改进并限期达到了改进效果中选，不愿意改进，或愿意改进但在限期内没有达到改进效果落选。深入调查阶段结束。

【小资料】

面对全球采购

——国产零部件出路何在?

慧聪汽车研究所　张　丰

中国目前已经成为世界汽车供应链中一个重要的环节。随着近几年世界汽车市场竞争的白热化，降低零部件采购成本已经成为各个企业的重中之重。高速增长的汽车市场、低廉的劳动力成本、优惠的政策支持等因素已经使得世界上超过70%的汽车零部件生产企业来华投资。如今同样的机会再次摆到我们面前，能否实现突破，用零部件带动本土汽车工业的腾飞成为世所瞩目的焦点。

现状:规模小、技术含量低

虽然有政策支持，但是目前我国汽车零部件行业状况确是令人担忧的，主要有以下两点：

一是规模小。众所周知，汽车行业是一个规模化优势体现极为明显的行业，只有达到相应规模才有竞争力。在2005年评出的我国汽车零部件百强企业中位列第一位的浙江万向集团年销售收入为252亿元，而跨国零部件巨头博世公司的销售收入则为497亿美元。从图中可以看出，这百强企业中销售收入在20亿元以下的企业占据了78%的比例。而据估计我国目前有汽车零部件生产企业数量已超过8000家，与之相比的是“百强企业”中有54家是合资企业，我国零部件企业规模可见一斑。没有规模自然无法进入整车厂的配套体系，所以我国大部分零部件企业的产品都在售后市场流通，尽管这其中很多产品的质量一流，甚至超过国外产品，但是只能卖一个二流价格。规模是我国零部件企业要突破的第一个障碍。

二是技术含量低。由于当今汽车技术含量的不断提高，自动化、电子化将成为今后发展的主要方向，而这对国内绝大多数本土企业来讲恰恰是致命弱点。目前国内零部件企业的产品主要集中在转向机构、制动器等劳动密集型产品上，而几乎不涉及汽车电子产品，这无疑与当今汽车主流发展技术有很大差距，没有

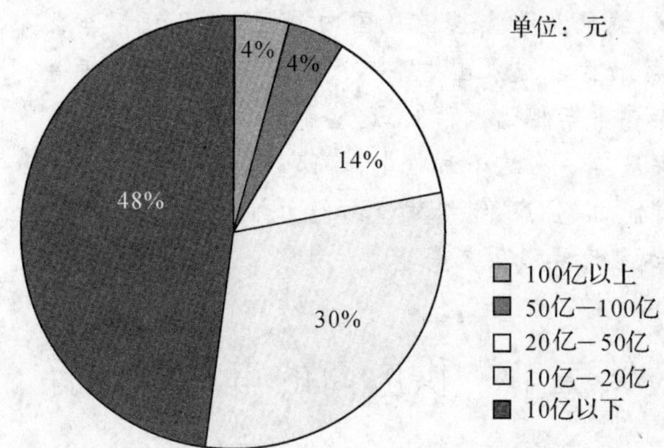

汽车电子产品支持就谈不上我国汽车零部件行业的发展。

出路:从三方着手

巨大的机会摆在面前,本土零部件企业应该如何发展？总体发展方针可以用“国内、外市场同步发展;机械类产品继续发挥优势,电子类产品努力学习;整车、零部件并行”来概括。

1. 国内外市场同步发展

国内市场的重要性不言而喻,这句话更主要的意思是说重视海外市场。与国内销售相比,出口销售具有以下优势:一是积累跨国经营的经验,全球化采购要求零部件企业在具有相应规模的同时具备跨国销售、全球组织物流和调配资源的能力,经营出口业务对本土企业参与全球采购可积累国际合作经验;二是资本积累和熟悉“国际游戏规则”,出口产品不存在退换货问题,可以为企业节省大量售后服务资金。同时在出口销售中,企业可以深刻体会“质量就是生命”这句话的含义,因为一旦产品出现问题,外商处于成本考虑是不会提出退货要求的,取而代之的是终止合作,而失去一个大客户的损失是很惊人的。

2. 机械类产品继续发挥优势,电子类产品努力学习

这是整个方针的核心,也是我国零部件行业能够取得长足发展的关键所在,尤其是后者。汽车电子产品的弱势已经成为我国汽车零部件行业的软肋。唯一的出路就是先向国外先进水平学习,然后再逐步过渡到自主发展。在这个过程中,比学习技术更重要的是保持一颗发展本土零部件产业的心,否则越多的合作就会越加快我们沦为单纯的世界零部件加工厂的境地。

3. 整车、零部件并行

随着企业分工的不断细化,零部件企业同样也存在自己的供应商,在总成件进入配套目前尚有难度的情况下,我们可以选择从为一级零部件生产商提供配套产品入手逐步进入全球采购体系。

在整车领域,我们认为应该走从国内到国外、从商用车到乘用车的配套路线。目前来看,本土企业进入国内整车汽车配套体系的难度稍低,商用车的电子产品技术含量与乘用车相比也稍低,这些都可以作为本土零部件供应商进入全球采购体系的突破口。在这个过程中,零部件企业必须做到的就是“与时俱进”,自身的技术开发能力、生产、组织物流的能力都要跟上整车企业的发展步伐,通过“水涨船高”达到世界级供应商能力。

第三节 供应商的审核与选择

一、供应商审核

供应商审核是供应商管理的一项重要内容,是发展供应商重要的一步。主要是通过对供应商进行调查,了解供应商的整体状况,对供应商的产品、价格、供货能力、服务水平、资信、质量体系的建立以及执行的有效性作充分的考察,以便确定是否与供应商进行合作。

(一)供应商审核程序

1.成立供应商评选小组

供应商审核绝不是采购员一个人的事,而是一个集体的决策,需要企业各部门有关的人员共同参与讨论、共同决定、获得各个部门的认可,包括采购部的决策者和其他部门的决策影响者。

供应商的选择涉及企业的生产、技术、计划、财务、物流、市场等部门。对于技术要求高、重要的采购项目来说,特别需要设立跨职能部门的供应商选择小组。供应商审核小组应由各部门有关人员组成,包括研究与开发部、技术支持部、采购部、物流管理部、市场部、计划部等。

2.决定全部的供应商名单

通过供应商信息数据库,以及采购人员、销售人员或行业杂志、网络等媒介渠道了解市场上能提供所需物品的供应商。

3.决定评审的项目

由于供应商之间的条件存在差异,因此,必须有客观的评分项目,作为选拔合格供应商的依据。通常包括下列各项:

(1)一般经营状况

1)公司成立的历史;

2)负责人的资历;

3)注册资本额；

4)员工人数；

5)完工记录及实绩；

6)主要客户；

7)财务状况。

(2)制造能力

1)生产设备是否新颖；

2)生产能量是否充分利用；

3)厂房空间是否足够；

4)厂房距离的远近；

5)作业员的人力是否充足。

(3)技术能力

1)技术是自行开发还是依赖外界；

2)有无与国际知名机构进行技术合作；

3)现有产品或试制样品之技术评估；

4)会计制度是否对成本计算提供良好的基础。

(4)品质能力

1)品质管理制度的推行是否落实,是否可靠；

2)有无品质管理手册；

3)是否订有品质保证的作业方案；

4)有无政府机构的评定等级。

4.确定评审项目的权重

确定代表供应商服务水平的有关因素,据此提出评估指标。评估指标和权重对于不同行业和产品的供应商是不尽相同的。

5.逐项评估每个供应商的履行能力

为了保证评估的可靠,应该对供应商进行调查。在调查时一方面听取供应商提供的情况,另一方面尽量对供应商进行实地考察。考察小组由各部门有关人员组成,技术部门进行技术考察,对企业的设备、技术人员进行分析,考虑将来质量是否能够保证,以及是否能够跟上企业所需技术的发展,满足企业变动的要求;生产部门考察生产制造系统,了解人员素质、设备配置水平、生产能力、生产稳定性等;财务部门进行财务考核,了解供应商的历史背景和发展前景,审计供应商并购、被收购的可能,了解供应商经营状况、信用状况,分析价格是否合理,以及能否获得优先权。

6.综合评分并确定供应商

在综合考虑多方面的重要因素之后,就可以给每个供应商打出综合评分,审核出合格的供应商。

(二)供应商审核方法

供应商审核的方法有许多种,要根据供应商的数量、对供应商的了解程序、采购物品的特点、采购的规模以及采购的时间性要求等进行具体确定。评出哪些供应商可以接受,哪些供应商应该避免与之交往。下面列举几种常见的选择方法。

1.直观判断法

直观判断法是指通过调查、征询意见、综合分析和判断来选择供应商的一种方法。这是一种主观性较强的判断方法,主要是倾听和采纳有经验的采购人员意见,或者直接由采购人员凭经验做出判断。这种方法的质量取决于对供应商资料掌握得是否正确、齐全,以及决策者的分析判断能力与经验。这种方法运作方式简单、快捷、方便,但是缺乏科学性,受掌握信息的详尽程度限制,常用于选择企业非主要原材料的供应商。

2.评分法

评分法是指依据供应商评价的各项指标,按供应商的优劣档次,分别对各供应商进行评分,选得分最高者为最佳供应商。

【例　题】

某采购单位列出了对供应商评选的8个项目:产品质量、服务能力、交货速度、市场信誉、产品价格、付款期限、人员才干和产品说明。每个评分标准分为5个档次并赋予不同的分值,即,极差(0分)、差(1分)、较好(2分)、良好(3分)、优

表4-3　某供应商评分表

序号	项目 \ 档次 / 分数	极差	差	较好	良好	优
		0分	1分	2分	3分	4分
1	产品质量					√
2	服务能力					√
3	交货速度			√		
4	市场信誉				√	
5	产品价格				√	
6	付款期限				√	
7	人员才干					√
8	产品说明			√		

秀(4分),满分32分,然后在表上为供应商评分,根据最后的评分情况,再对各个地区供应商存在的不足之处进行改进。如表4-3所示为对某供应商进行评分情况。表中的供应商得分为25分(4+4+2+3+3+3+4+2=25),为满分32(理想供应商)的78%(25/32),各项平均得分为3.125分。

3.采购成本比较法

对于采购商品质量与交付时间均满足要求的供应商,通常是进行采购成本比较。采购成本一般为售价、采购费用、交易费用、运输费用等各项支出的总和。采购成本比较法是通过计算分析各个供应商的采购成本,选择采购成本较低供应商的一种方法。

4.招标采购

招标采购是采购企业采用招标的方式,吸引多个有实力的供应商来投标竞争,然后经过评标小组分析评比而选择最优供应商的方法。招标采购的主要工作,一是要准备一份合适的招标书;二是要建立一个合适的评标小组和评标规则;三是要组织好整个招投标活动。

当前,公开招标和邀请招标是企业采购中选择供应商的两种主要招标形式。由于公开招标周期长,采购成本高,而且参与投标的供应商数量不易掌握,因而在日常采购中,邀请招标这种招标方式被较多的采购机构所采用。通过近年来的实践,邀请招标既较好地体现了采购的"公开、公平、公正"原则,同时在降低采购成本,提高工作效率等方面发挥了较好的作用。但是,邀请招标的选择范围较窄,且需要大量的供应商信息作支撑,因而在邀请招标中,特别是在供应商选择方面还存在着不少的困难,影响了采购工作的开展。

【小资料】

如何进入大众汽车配套体系

大众汽车集团中国质量保证部 张昊志

对于中国的供应商,在成为大众汽车集团认可的出口供应商之前,大众汽车集团会对其进行多方面的考察,包括产品开发能力、过程质量控制能力、产品的价格、物流运输能力等等。其中质量控制对于大众汽车来讲是至关重要的一个环节,大众汽车对其中国供应商的质量管理主要是由设在北京的大众汽车集团中国质量保证部来承担。根据产品的重要程度,大众汽车集团总部也会有针对性派相关技术专家对中国的供应商进行考察。

质量评审须达B级以上。在大众汽车集团采购部通过初步询价对供应商进行筛选后，大众汽车集团的质量保证部会派审核员对供应商进行审核，并对供应商的质量能力给出ABC级的判定。大众汽车对供应商进行审核所依据的标准是大众汽车集团的Formel－Q质量能力手册，通常审核分为两个阶段：阶段一，大众汽车的审核员会对一系列生产类似产品的供应商进行为期一天的“潜在供应商评审”，目的是对供应商的质量能力做定性的判断，并得到供应商是否具备为大众集团供货能力的判断。阶段二，经过阶段一筛选后的供应商(质量能力为B级以上)，在价格和其他因素仍具备竞争力的情况下，大众汽车集团会派审核员对供应商进行为期两天的“过程审核”，该审核要求对供应商的生产线、实验室、相关质量文件等进行详细的检查，并最终对供应商的质量能力做准确判断。该阶段之后，只有质量能力为B级以上的供应商才有可能最终得到大众汽车集团的采购合同。在批量投产阶段，大众汽车则要求供应商的质量能力必须达到A级。需要注意的是，要成为大众汽车集团的配套厂，供应商必须首先通过ISO /TS16949:2002质量体系认证。

首件认可要求严格。在供应商的产品价格、质量能力、开发能力等都具备优势的前提下，位于大众汽车集团德国总部的CSC (即集团采购委员会)将会通过圆桌会议确定最终的供应商。从确定供应商到最终批量供货前的阶段，大众汽车集团中会有专门的“生产准备团队” 对在此期间涉及的所有问题进行支持。

在生产准备阶段，质量部的工作是指导并协助供应商顺利完成“首批样件及相关文档” 的送样工作，并最终得到大众汽车集团用货厂的“首件认可”。在该阶段，供应商需要按照项目计划及图纸和技术说明要求，采用批量生产模具在批量生产条件下生产出“首批样件”，按照大众汽车的要求完成相关“首件认可报告”，并最终提交到大众汽车在全球的相关用货厂进行认可。大众汽车集团对供应商提交的首样要求严格，除了该样件必须是高质量的产品外，其生产必须严格按照大众汽车的图纸进行(如尺寸、材料等)，同时零件表面的“零件标识”也必须完全符合图纸的要求。大众汽车集团对供应商报告的质量要求也非常高，供应商因此需要提交数目很多的书面材料。

针对出口，大众汽车集团还要求中国的供应商在IMDS(国际材料数据系统)注册并提交正确的“材料数据页”，以保证其提供的产品完全符合环保及相关的安全要求。对于出口产品，供应商还需要满足相关的欧盟安全条例以及特殊的产品认可，如ECE机构的E(e)－Mark认证等。为确保首样提交的成功率，大众汽车集团中质保部会对供应商提交的样件及报告进行预检，以提高在大众汽车用货厂认可的成功率。成功经过预检后，大众汽车集团中质保部会将供应商提交的样品及报告寄送到相关的用货厂，并由用货厂做最终的认可。经过用货厂认可后的供应商会接到订单，在根据订单批量生产并进行第一次批量供货前，大众汽车集团中国还会派由质量工程师和物流工程师组成的考察组对供应商进行批量供货确认。

目前大众汽车集团已经开始要求中国供应商利用大众汽车全球的供应商网络管理平台进行报价、标准下载以及送样等工作。从今年下半年开始，大众汽车集团会逐渐要求供应商通过网络平台进行首件报告提交工作。

二、选择供应商应考虑的因素

供应商选择是企业的一个重要决策，一个好的供应商是指拥有制造高质量产品的加工技术，拥有足够的生产能力，以及能够在获得利润的同时提供有竞争力的产品。同一产品在市场上的供应商数目越多，供应商的多样性使得选择越变得复杂，更需要一个规范的程序来操作。选择供应商时，有许多因素值得考虑。各因素的重要性因企业而异，甚至因同一企业的不同产品或服务而异。

1.质量

质量主要是指供应商所供给的原材料、初级产品或消费品组成部分的质量。产品的质量是供应链生存之本，产品的使用价值是以产品质量为基础。如果产品的质量低劣，该产品将会缺乏市场竞争力，并很快退出市场。而供应商所供产品的质量是消费品质量关键之所在，因此，在对供应商的产品质量要求上，应该强调适合和稳定。要考察这点，关键在于供应商是否有一套有效执行的产品检验制度，即控制质量的能力。在对供应商的质量管理要求上，考虑的因素主要包括质量管理方针、政策、质量管理制度的执行及落实情况、有无质量管理制度、有无质量保证的作业方案和年度质量检验的目标、有无评价机构的评鉴等级、是否通过 ISO9000 质量体系认证。

2.价格

价格主要是指供应商所供给的原材料、初级产品或消费品组成部分的价格。供应商的产品价格决定了消费品的价格和整条供应链的投入产出比，因此会对生产商和销售商的利润产生一定程度的影响。价格往往是采购中最敏感的问题。供应商对既定商品组合报价是否合理，供应商是否愿意协商价格，供应商是否愿意联合起来共同降低成本(与价格)，还有供应商提供的各种折扣，都是需要考虑的因素。

3.交货能力

供应商的交货能力包括两个方面：一是供应商的准时交货能力；二是供应商的持续改善能力。交货准时性是指供应商按照采购方所要求的时间和地点，将指定产品准时送到指定地点。如果供应商的交货准时性较低，必然会影响生产商的生产计划和销售商的销售计划及时机。这样一来，就会引起大量的浪费和供应链的解体。因此，交货准时性也是较为重要的因素。要考虑供应商的准时交货能力，除了要了解供应商的管理制度外，还要了解供应商产品的生产周期、生产能力以及供应商的财务能力。如果供应商财务能力不够，必定会影响其正常生产。供应商的持续改善能力取决于供应商是否有改进产品的意愿及能力，即要看供应商的新产品开发计划，以及供应商的研发部门和人员的情况。持续改善能力是增强企业竞争能力的一个重要方面。

4.服务

选择供应商时，特殊服务有时显得非常重要。例如，更换残次物品、指导设备使用、修理设备以及类似的服务，在选择过程中起着关键作用。在考察这一点时，要注意两个问题：当产品或服务改变时，供应商是否给出了预先通知；如果服务变化，买方需要投入到什么程序。

5.柔性

供应商面临数量、交付时间与产品改变时，有多大灵活性；供应商是否愿意及能够回应需求改变，接受设计改变等，企业应予以重点考虑。还要注意了解供应商生产线上的柔性能力，即生产品种转变能力，其中包括最低生产批量、生产效率、存货量与生产周期的匹配。反映柔性的一个指标是交货提前期，对于企业或供应链来说，市场是外在系统，它的变化或波动都会引起企业或供应链变化或波动。由于交货提前期的存在，必然造成供应链各级库存变化的滞后性和库存的逐级放大效应。交货提前期越小，库存量的波动越小，企业对市场的反应速度越快，对市场反应的灵敏度越高。由此可见，交货提前期也是考察供应商的重要因素之一。

6.位置

供应商所处位置对送货时间、运输成本、紧急订货与加急服务的回应时间等都有影响。当地购买有助于发展地区经济，形成社区信誉。在分工日益精细化的今天，供应商位置的远近直接决定了产品生产过程中的物流成本和管理成本。供应商与生产商同处于一个区域也有利于形成产业积聚效应，增强整个产业链的竞争力。

7.供应商存货政策

如果供应商的存货政策要求自己随时持有备件存货，将有助于突发故障的解决。供应商对库存的设置以及库存地理位置的选择也影响着产品的可得性和满意度。对此，企业应予以考虑。

8.信誉与财务状况稳定性

供应商信誉及财务状况是否严重依赖其他买主，使买方承担优先满足其他买主需要的风险，这也是企业在选择供应商，即价廉物美、时间有保证的供应商。

很多企业设立了供应商的评价标准,用来帮助选择供应商或定期评价已有的供应商。这样的选择评价标准、选择评价重点随企事业而不同,同企业的竞争重点也紧密相关。但一般来说,价格、质量、服务和交货期是最关键的因素。由某学校课题组 1997 年的一次调查统计数据可知,其次是价格,92.4%的企业考虑了这个标准;69.7%的企业考虑了交货提前期;批量柔性和品种多样性也是企业考虑的因素之一。主要统计数据如图 4-1 所示。

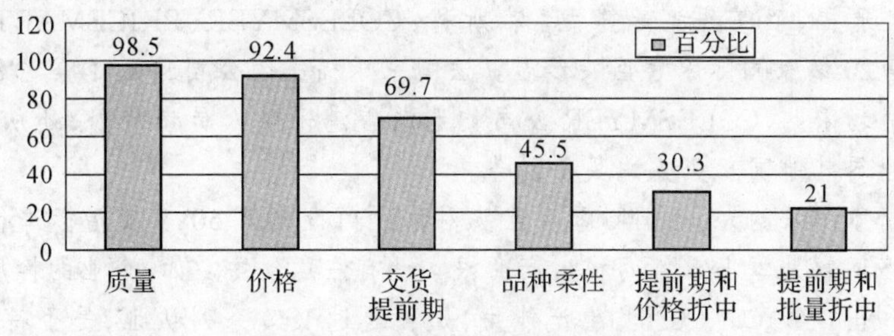

图 4-1 某课题组的一次调查统计数据

通过调查数据以及与一些企业管理人员的交谈发现,我国企业在评价选择供应商时存在较多问题;供应商选择的标准不全面,主观的成分过多,有时往往根据对供应商的印象而价格、柔性、次货准时性、提前期和批量等方面,没有形成一个全面的供应商综合评价指标体系,不能对供应商做出全面、具体、客观的评价。

【小资料】

据宁夏广电总台新闻中心报道,近日,宁夏枸杞企业集团公司与雀巢公司正式签订合同,今后每年由宁夏枸杞企业集团公司向雀巢公司提供绿色枸杞干果 80 吨,用于食品生产。

雀巢公司是世界上著名的食品公司,为了研发新的儿童食品,雀巢公司通过对宁夏枸杞市场充分的了解和调查,选中了宁夏首家农业部无公害农产品质量追溯系统试点单位的宁夏枸杞企业集团公司。并从 2003 年至 2006 年,对种植基地进行了为期近四年的质量追踪。今年雀巢公司再次通过严格的产品抽检化验,确认该集团绿色枸杞干果质量完全符合标准。为此雀巢公司正式将宁夏枸杞企业集团公司确定为枸杞供应商,同时签订了供货合同。(宁夏财经,2006-12-26)

【小资料】

国际超市巨头如何选择供应商

2002年11月29日至12月2日举行的首届深圳消费品采购大会吸引了沃尔玛、家乐福、百安居、麦德龙、塔斯科、COLESMYER、PRICEMART、OBI、IKEA等20多家国际零售巨头参展。法国家乐福集团公司选派了全球80名专业买手驻场采购,COLESMYER公司均选派香港采购人员参展外,还从总部抽调负责世界其他国家业务的买手到会。

分析本次采购大会,国际零售巨头对供应商设立了50多项指标进行描述,其中很多问题是本土零售商和生产商根本没有注意到的。如:企业的性质,历年销售额和出口额,工厂规模,生产能力,是否通过ISO系列认证,是否符合环保要求,开发新产品能力等等。他们认为,只有尊重人权、保护环境的企业,才不会因损害工人的利益引起罢工,也不会因此被政府查封,这样才能做到准时供货,才能保证零售商的利益。

国际零售商选择供应商周期一般是五个月,通常是搜集信息,如有进一步意向,会去工厂考察生产流程、质量控制、管理环节等,然后下一个小单进行试行生产,如考察合格,才会进行大单采购。零售商都会直接深入到生产厂去,对工厂生产流程、管理、环境各方面进行全面考核监督,确定合作伙伴。这样既可降低成本,又可以让厂家根据零售商的要求生产或包装产品,从而使产品具有独特性。例如宜家公司确定一家供应商的考察期都在半年以上,而一旦确定,就不会随意更改。注重生产厂家的开发设计能力,很多零售商都会要求生产厂在陈列、促销方面提供建议等支持,同时,他们十分看重企业的设计能力和企业的知识产权。

第四节　供应商的评估与管理

一、供应商的评估

供应商的评估是对已通过审核的、正在为企业提供服务的供应商进行定期监控、考核和评比。其目的是了解供应商的表现、促进供应商提升供应水平,并为供应商奖惩提出依据,确保供应商供应的质量。同时在供应商之间继续同优秀的供应商进行合作,而淘汰绩效差的供应商。供应商的绩效评估同时也是为了了解供应商存在的不足之处,将不足之处反馈给供应商,可以促进供应商改善其业绩,为日后更好地完成供应活动打下良好的基础。

1.供应商评估的范围

不同企业对供应商表现的评估要求不同,相应的评估指标也就不一样。最简单的做法是仅衡量供应商的交货质量;成熟一些的,除考核质量外,也跟踪供应商的交货表现。较先进的则进一步扩展到供应商的支持与服务、供应商参与本公司产品开发等表现,也就是由评估订单、交单实现过程延伸到产品开发过程。一些大型跨国公司对供应商进行评估时考虑的因素:

(1)评估所有供应商,并且文件规定好评估内容、时间、方法和人员。

(2)事先确定好评估指标,并通过信息系统自动计算评估结果。

(3)评估指标具体、明确、合理,与公司的大目标保持一致。

(4)评估表现反馈给供应商,并通报到公司内部相关人员。

(5)组织供应商会议,跟踪相应的改善行动,设定明确的改进目标。

2.供应商评估的准备工作

(1)成立包括采购员、质检员、企划员、仓管员在内的评估小组。

(2)制定供应商评估办法(考核指标)和工作程序,以便有关部门和人员依文件实施。

(3)选定被评估的供应商,将评估做法、标准及要求同相应的供应商进行充分沟通,并在本公司内对参与评估的部门或人员做沟通协调。

3.对供应商评估应考虑的因素

在实施评估的过程中,由于市场需求不断发生变化,所以还需要根据实际情况的变化及时修改供应商的评价标准,或选择新的评价标准。一般而言,对供应商的评估需主要考虑以下因素:

(1)价格因素。主要是指供应商供应的原材料、初级产品或消费品的价格。供应商的产品价格决定了采购方的成本、利润大小和整个企业的投入产出比。因此能否以较低的价格采购到所需要的产品对于采购方很重要。

(2)质量因素。主要是指供应商所供应的原材料、初级产品或消费品的质量。产品的质量是供应的关键,如果质量低劣,会影响采购方生产的质量,使产品缺乏市场竞争力,最终被淘汰出市场。一个企业要生存和发展,提供符合质量的产品和服务已经成为最基本的前提条件。因此,供货质量是采购方质量高低的一个重要因素。

(3)交货提前期因素。对于企业来说,由于市场的变化波动会对企业产生影响,从而导致企业间各级库存的波动。由于交货提前期的存在,必然造成各级库存变化的滞后性和产生库存的逐级放大效应。使企业的库存增加,占用大量的资金。交货提前期越短,库存量的波动就越小,企业对市场的反应速度就会越快,就越能生产出适销对路的产品,获得最好的收益。

(4)交货准时性因素。如果供应商的交货准时性差,就会影响生产商的生产计划和销售商的销售时机,由此产生大量的浪费。为了降低库存,许多企业实行即时制采购(JIT),在这种方式下,供应商交货的准时性就显得更为重要了。

(5)品种柔性因素。在全球竞争加剧、产品需求日新月异的环境下,消费者的个性化需求越来越明显,许多企业为了适应消费者多种多样的需求,实行个性化的定制和生产。企业只有提高柔性生产能力,生产多样化的产品,才能适应消费者需求的个性化,才能提高企业产品的市场竞争力,而这些都是以供应商的品牌柔性生产能力为基础的。

(6)设计能力因素。在市场竞争日益激烈的今天,企业间的合作已很重要。产品的研发和设计已不仅仅是生产商份内之事,要求供应商也要承担部分的研发和设计工作,提高供应的灵活性。因此,供应商的设计能力也应属于考虑的范畴。

(7)供应商信誉。供应商守合同、讲信誉是企业评估时要考虑的重要因素之一。一个信誉较差的供应商能否按时交货,企业自然心存疑虑。

在对现有供应商进行诸如价格、质量、交货期、设计能力和信誉等方面的综合评价后,企业对现有供应商的能力就有了清楚的了解,为企业与供应商的进一步合作确定了标准,即如符合企业要求,则继续合作;否则更换新的符合要求的供应商。

二、供应商关系管理

在供应商管理中,必须将供应商关系分为不同的类别。企业的资源是有限的,因此必须根据供应商对本公司企业经营影响的大小设定优先次序,区别对待,以利于集中精力重点改进、发展对企业最重要的供应商。

(一)供应商关系的分类

企业与供应商之间的关系大致可以分为五种,即短期目标型、长期目标型、渗透型、联盟型和纵向集成型。

1.短期目标型

这种类型最主要特征是双方之间的关系是交易关系,他们希望彼此能保持比较长期的买卖关系,获得稳定的供应,但是双方所做的努力只停留在短期的交易合同上,各自关注的是如何谈判,如何提高自己的谈判技巧,不使自己吃亏,而不是如何改善自己的工作,使双方都获利。供应一方能够提供标准化的产品或服务，保证每一笔交易的信誉。当买卖完成时，双方关系也终止了。对双方而言，只有业务人员和采购人员有联系，其他部分人员一般不参与双方的业务活动。

2.长期目标型

与供应商保持长期的关系是有好处的，双方有可能为了共同利益改进各自的工作，并在此基础上建立起超越买卖关系的合作。长期目标型的特征是建立一种合作伙伴关系，双方的工作重点是从长远利益出发，相互配合，不断改进产品质量与服务质量，共同的范围遍及各公司内的多个部门。例如，由于长期合作，可以对供应商提出新的技术要求，而如果供应商目前还没有这种能力，采购商的技术创新和发展也会促进企业产品改进，所以这样做有利于企业长远利益。

3.渗透型

这种关系形式是在长期目标型基础上发展起来的。其管理思想是把对方公司看成自己公司的延伸，是自己的一部分，因此，对对方的关心程度大大提高了。为了能够参与对方的业务活动，有时会在产权关系上采取适当的措施，如互相投资、参股等，以保证双方人员加入对方的有关业务活动。这样做的优点是可以更好地了解对方情况，供应商可以了解自己的产品在对方是怎样起作用的，因而容易发现改进的方向；而采购方也可以知道供应商是如何制造的，对此可以提出相应的改进要求。

4.联盟型

联盟型是从供应链角度提出的。它的特点是从更长的纵向链条上管理成员之间的关系。在难度提高的前提下，要求也相应提高。另外，由于成员增加，往往需要一个处于供应链上核心地位的企业出面协调成员之间的关系，它常常被称为“盟王”。

5.纵向集成型

这种形式被认为是最复杂的关系类型，即把供应链上的成员整合起来，像一个企业一样，但各成员是完全独立的企业，决策权属于成员自己。在这种关系中，要求每个企业充分了解供应链的目标、要求，以便在充分掌握信息的条件下，自觉做出有利于供应链整体利益的决策。

供应商分类管理策略具有重要的实践意义。为了保证企业的运营，企业需要对原材料、零部件、设备、办公用品以及其他产品或服务进行采购。由于采购内容的不同，供应商也相应地有不同的种类，对不同种类的供应商采取不同的管理策略才能做到有的放矢。

(二)供应商关系的管理

双赢关系已经成为供应链企业间合作的典范，因此，要在采购管理中体现供应链思想,对供应商的管理就应集中在如何和供应商建立双赢关系以及维护和保持双赢关系上。

1.信息交流与共享机制

信息交流有助于减少投机行为,有助于促进重要生产信息的自由流动。为加强供应商与制造商的信息交流,可以从以下几方面着手:

(1)在制造商与供应商之间经常进行有关成本、作业计划、质量控制信息的交流与沟通,保持信息的一致性和准确性。

(2)实施并行工程。制造商在产品设计阶段让供应商参与进来,这样供应商可以为原材料和零部件的性能和功能方面提供有关信息,为实施质量功能配置的产品开发方法创造条件,把用户的价值需求及时地转化为供应商的原材料和零部件的质量与功能需求。

(3)建立联合的任务小组解决共同关系的问题。在供应商与制造商之间应建立一种基于团队的工作小组,双方的有关人员共同解决供应过程中以及制造过程中遇到的各种问题。

(4)供应商与制造商经常互访。供应商与制造商采购部门应经常性地互访,及时发现和解决各自在合作活动中出现的问题和困难,建立良好的合作气氛。

(5)使用电子数据交换(Electronic Data Interchange,简称 EDI)和因特网技术进行快速的数据传输。

2.激励机制

要保持长期的双赢关系,对供应商的激励是非常重要的,没有有效的激励机制,就不可能维持良好的供应关系。在激励机制的设计上,要体现公平、一致的原则。给予供应商价格折扣和柔性合同,以及赠送股权等,使供应商和制造商分享成功,同时也使供应商从合作中体会到双赢机制的好处。

3.合理的评价方法和手段

要实施供应商的激励机制,就必须对供应商的合作效果进行评价,使供应商不断改进。没有合理的评价方法,就不可能对供应商的合作效果进行评价,将大大挫伤供应商的合作积极性和合作的稳定性。对供应商的评价要抓住主要指标和问题,比如交货质量是否改变了,提前期是否缩短了,交货的准时率是否提高了等。通过评价,把结果反馈给供应商,和供应商一起共同探讨问题产生的根源,并采取相应的措施予以解决。

(三)供应商的激励与控制

为了使供应商积极配合企业的生产,为企业提供高质量的生产物质,有必要采取一定的措施对供应商进行激励和控制。供应商激励和控制的目的,一是要努力充分发挥供应商的积极性和主动性,努力搞好自己承担的物资供应工作,保证本企业的生产正常进行;二是要防止供应商的不轨行为,预防一切对企业的不确定性损失。

激励和控制往往是并存而不可分割的,一些激励措施可能同时又是一种控制措施。因此对供应商的激励与控制应当注意以下一些方面的工作:

1.逐渐建立起一种稳定可靠的关系

企业应当和供应商签订一个较长时间的业务合同关系,例如1—3年。时间不宜太短,太短会让供应商不能完全放心,从而总对本企业"留一手",不能全心全意为搞好企业的物资供应工作而倾注全力。只有合同时间长,供应商才会感到放心,才会倾注全力与企业合作,搞好物资供应工作。特别是当业务量大时,供应商会把企业看作是自己生存和发展的依靠和希望,这就会更加激励其努力与企业合作,企业发展供应商也得到发展,企业垮台供应商也得不到便宜,形成一种休戚与共的关系。但是合同时间也不能太长,一方面是因为将来可能会发生变化,例如,市场变化导致产量变化,甚至产品变化、组织机构变化等;另一方面,也是为了防止供应商产生一种一劳永逸、"铁饭碗"的思想而放松对业务的竞争进取精神。为了促使供应商加强竞争进取精神,就要使供应商有危机感。所以合同时间一般以一年比较合适。如果供应商令企业满意,第二年可以再续签;如果供应商不能令企业满意,则合同终止。这样签合同,就是既要让供应商感到放心,可能有一段较长时间的稳定工作,又要让供应商感到有危机感,只有积极进取,才能保住明年的工作。

2.有意识地引入竞争机制

传统采购管理往往倾向于一种物料有多个供应商,感觉上比较保险。而现代管理的趋势是减少供应商,并建立互信、互利、互助的长期稳定合作伙伴关系。好处是:简化采购计划及调配;可以形成经济采购批量,争取优惠;减少供方的专用工艺装备费用;简化运输管理;减少库存,从而有利于控制质量,降低成本。简化同供应商建立合作伙伴关系前后的业务流程,由于环节减少,降低了采购成本,增加了响应速度。对于供应商的选择,可以独家供应,也可多家供应。独家供应易于管理,也能以大批量的优势增强自己的谈判能力,以获得更优惠的价格,但不容易把握市场动态,供应商也会因为没有竞争的压力而形成惰性,不去提升产品质量、提高自身管理。对供应商实施动态的选择、比较和淘汰机制,可从本质上提高整个供应链的能力,提升供应链的竞争优势。

有意识地在供应商之间引入竞争机制,促使供应商之间在产品质量、服务质量和价格水平方面不断优化而努力。例如,在几个供应量比较大的品种中,每个品种实AB角制或ABC角制。但变换的时间间隔不要太短,最少1个季度以上。太短了不利于稳定,也不利于偶然失误的供应商有机会纠正错误。

3.建立相应的监督控制措施

(1)对一些非常重要的供应商,或是遇到比较严重的问题时,可以向供应商单位派驻代表。常驻代表的作用,就是沟通信息、技术指导、监督检查等。常驻代表应当深入到生产线各个工序、各个管理环节,帮助发现问题,提出改进措施,确实保证把有关问题彻底解决。对于那些不太重要的供应商,或者问题不太严重的单位,则视情况分别采用定期或不定期到工厂进行监督检查或者设监督点的方法对关键工序或特殊工序进行监督检查;或者要求供应商自己报告生产条件情况、提供程序管制上的检验记录,由企业进行分析评议等办法实行监督控制。

(2)加强成品检验和进货检验,做好检验记录,退还不合格品,甚至追究赔款或罚款,督促供应商改进。

(3)组织本企业管理技术人员对供应商进行辅导,提出产品技术规范要求,使其提高产品质量水平或企业服务水平。

【小资料】

某企业对供应商的评估

1.评估项目

供应商交货实绩之评估项目及分数比例如下(满分100分):

(1)品质评估:40分。

(2)交期评估:25分。

(3)价格评估:15分。

(4)服务评估:15分。

(5)其他评估:5分。

2.评分办法

(1)品质评估

由品管部依进料验收的批次合格率评分,每个月进行一次。

1)计算:

进料批次合格率=(检验合格批数 /总交验批数)×100%

2)评分:

得分 = 40×进料批次合格率

(2)交期评估

由采购部依订单规定的交货日期进行评分,方式如下:

1)如期交货得分25分。

2)延迟1—2日每批次扣2分。

3)延迟3—4日每批次扣5分。

4)延迟5—6日每批次扣10分。

5)延迟7日以上不得分。

本项得分以0分为最低分。采购部每月将同一供应商当月各批订单交货评分进行平均,得出该月的交期评估得分。

(3)价格评估

由采购部供应高之价格水准评分,方式如下:

1)价格公平合理,报价迅速:10分。

2)价格尚属公平,报价缓慢:8分。

3)价格稍微偏高,报价迅速:6分。

4)价格稍微偏高,报价缓慢:3分。

5)价格甚不合理或报价十分低效:0分。

(4)服务评估

1)抱怨处理评分

由品管部对供应商之抱怨处理予以评分,评分如下:

① 诚意改善:8分。

② 尚能诚意改善:5分。

③ 改善诚意不足:2分。

④ 置之不理:0分。

2)退货交换行动评分

由采购部对不良退货交换行动评分:

① 按期更换:7分。

② 偶尔拖延:5分。

③ 经常拖延:2分。

④ 置之不理:0分。

(5)其他评估

由采购部汇总资材、生管、财务或其他单位对供应商之评价、抱怨,予以评分,满分5分。

3.评估办法

(1)供应商之评估每月进行一次。

(2)将各项得分汇入“供应商评估表”,并合计总得分。

(3)每半年平均一次厂商得分,计算方式为:

半年平均得分＝每月得分总和 /评估月数

4.评估分等

供应商评估等级划分如下:

(1)平均得分90.1—100分者为A等。

(2)平均得分80.1—90分者为B等。

(3)平均得分70.1—80分者为C等。

(4)平均得分60.1—70分者为D等。

(5)平均得分60分以下者为E等。

5.评估处理

(1)A等厂商为优秀厂商,予以付款、订单、检验之优惠奖励。

(2)B等厂商为良好厂商,由采购部提请厂商改善不足。

(3)C等厂商为合格厂商,由品管、采购等部门予以必要之辅导。

(4)D等厂商为辅导厂商,由品管、采购等部门予以辅导,三个月内未能达到C等以上予以淘汰。

(5)E等厂商为不合格厂商,予以淘汰。

(6)被淘汰厂商如欲再向本公司供货,需再经过供应商调查评估。

[附件]

供应商评估表

年

<table>
<tr><td colspan="2">厂商名称</td><td colspan="3"></td><td>厂商编号</td><td colspan="2"></td></tr>
<tr><td colspan="2">地　址</td><td colspan="3"></td><td>采购材料</td><td colspan="2"></td></tr>
<tr><td colspan="2">评估项目</td><td>品质评估</td><td>交期评估</td><td>价格评估</td><td>服务评估</td><td>其　他</td><td>合计得分</td></tr>
<tr><td rowspan="6">时间</td><td>月</td><td></td><td></td><td></td><td></td><td></td><td></td></tr>
<tr><td>月</td><td></td><td></td><td></td><td></td><td></td><td></td></tr>
<tr><td>月</td><td></td><td></td><td></td><td></td><td></td><td></td></tr>
<tr><td>月</td><td></td><td></td><td></td><td></td><td></td><td></td></tr>
<tr><td>月</td><td></td><td></td><td></td><td></td><td></td><td></td></tr>
<tr><td>月</td><td></td><td></td><td></td><td></td><td></td><td></td></tr>
<tr><td colspan="2">得分总和</td><td></td><td>平均得分</td><td></td><td>评估等级</td><td></td><td></td></tr>
<tr><td colspan="8">处理意见:</td></tr>
</table>

主管:__________ 采购:__________ 品管:__________

【案例分析】

Krause公司对供应商的选择

1.从该公司的情况上看,此次是属于短期供应商的选择,因此选择的标准是:①产品质量合适;②成本低;③交货及时;④整体服务水平好;⑤履行合同的承诺与能力。

选择供应商应注意的问题:①自制与“外包”采购;②单一供应商与多家供应商;③国内采购与国际采购;④直接采购与间接采购。

2.由于项目的特殊性,与一般的通行做法有所不同,表现在:①该公司与供应商的关系不是非常的稳定与长久,主要是因为它要根据自己所承接到的项目确定其所需的材料,而每次的项目可能不同。②该公司自己也具备生产项目所需材料的能力,所以必须在自制还是采购上做出选择,而选择时成本和质量将是重点考虑的因素。③公司对自制与外购进行了细致的对比分析,以期找到最佳方式。

3.①审核的层次:产品层次、工艺过程层次的审核。②审核的程序:市场调研,收集供应商信息;确定供应商审核的主要指标;成立供应商审核小组;综合评分。③审核的内容:供应商的经营状况;供应商的生产能力;技术能力;管理制度;质量管理。

【本章小结】

供应商管理是采购供应工作的重要环节,是选择优秀供应商、提高采购效率、降低供应成本的主要途径。供应商管理应抓好供应商调查、开发、审核、选择、评估及供应商关系管理等环节。供应商调查可以分成三种,第一种是对资源市场调查,第二种是对供应商进行初步调查,第三种是对供应商进行深入调查。供应商管理的一个重要任务就是开发供应商,本章对开发供应商的步骤作了简单介绍。供应商审核是供应商管理的一项重要内容,重点介绍了供应商审核的程序及审核方法。供应商的评估是对已通过审核的并正在为企业提供服务的供应商进行定期监控、考核和评比,企业与供应商之间的关系大致可以分为五种,即短期目标型、长期目标型、渗透型、联盟型和纵向集成型,供应商关系建立主要体现在如何和供应商建立双赢关系以及维护和保持双赢关系上,为了形成更好的供应商关系,同时也必须对供应商进行控制和激励。

【习　题】

一、理论题

(一)名词解释

供应商调查　供应商开发　供应商选择　供应商评估　供应商选择　供应商关系管理

(二)判断题

1.供应商的评估,是对即将为企业提供服务的供应商进行的定期考核和评比。（　）

2.对供应商进行评估时,只是衡量绩效,不必考虑外在因素带来的影响。（　）

3.不同的单位对供应商表现的评估要求不同,相应的评估指标也就不一样。（　）

4.品种柔性是指供应能否按照企业的要求改变和随时调整供应。（　）

5.供应商能否提供非常完善的安装服务是评价供应商服务水平的一个重要指标。（　）

6.售后服务是指卖方提供机器、设备等的安装或维护,操作或使用方法的教育培训,送及退换产品等。（　）

7.选择原材料的供应商时,通常要多选择几个厂,这样有利于企业进行比较和以后的商务谈判,保证企业在材料的采购上具有更大的灵活性。（　）

(三)简答题

1.如何选择供应商?

2.审核供应商的方法有哪些?

3.简述供应管理的意义?

4.如何对供应商评估?

5.供应商开发的步骤?

6.供应商评估原则?

7.供应商评估时考虑的因素?

8.供应商关系的类型?

9.如何对供应商激励与控制?

二、实践题

1.请你将属于初步调查和深入调查的内容分别归入A桶和B桶中:

(1)供应商所占的市场份额

(2)企业的生产工艺、生产技术

(3)供应商所提供商品的品种、质量

(4)企业的信用度

(5)企业的管理水平

(6)企业的质量检验环节

(7)企业的实力、规模

(8)供应商所提供商品的价格

(9)资源重组、样品试制

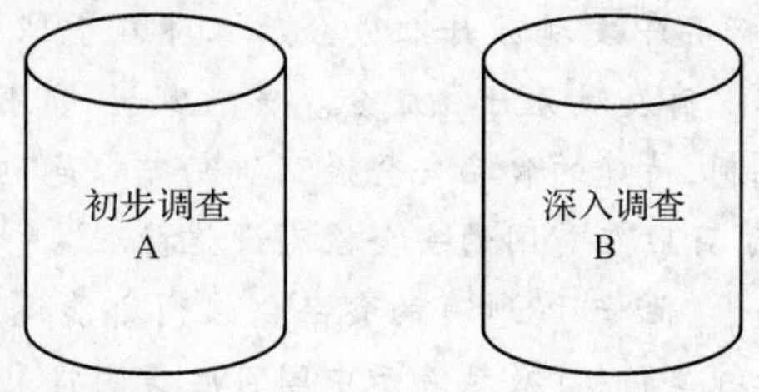

2. 如何寻找潜在供应商?

3. 一家超市因为急需要一批产品进行销售,所以未对一家自己长久合作的供应商的产品进行质量检查就直接放进卖场,结果出了质量问题。请问这是在供应商管理的哪个环节出了问题? 应如何解决?

4. 案例分析

肯德基苏丹红危机事件

2005 年 2 月 23 日,国家质检总局发出紧急通知,要求各地质检部门加强对含有苏丹红 1 号食品的检验监管,严防此类食品进入中国市场。有关研究表明,苏丹红 1 号具有致癌性,欧盟禁止将其用于食品生产,我国也禁止使用。

2005 年 2 月 18 日,英国食品标准署向消费者发出了相关警告,并在网站上公布了亨氏、联合利华、麦当劳等 30 家企业生产的可能含有苏丹红 1 号的产品清单。英国食品标准署已下令召回上述食品。联合利华在英国的分公司有 9 种食品被列入清单目录。联合利华(中国)公司公关经理王惠表示,这 9 种产品均不在中国生产,也不向国内进口。麦当劳在英国亦有多种食品牵涉其中。麦当(中国)企业关系部张紫云也表示,麦当劳在中国没有使用苏丹红 1 号这种原料。

4 月 6 日,中国卫生部发布《苏丹红危险性评估报告》。该报告通过对"苏丹红"染料系列亚型的致癌性、致敏性和遗传毒性等危险因素进行评估,最后得出结论:对人健康造成危害的可能性很小,偶然摄入含有少量苏丹红的食品,引起的致癌性危险性不大,但如果经常摄入含较高剂量苏丹红的食品就会增加其致癌的危险性。

中国百胜餐饮集团 3 月 16 日下午发表公开声明,宣布肯德基新奥尔良烤翅和新奥尔良烤鸡腿堡调料中被发现含有“苏丹红1号”，国内所有肯德基餐厅已停止出售这两种产品，同时销毁所有剩余调料。中国百胜餐饮集团表示，将严格追查相关供应商在调料中违规使用“苏丹红1号”的责任，同时就此次食品安全事件向公众致歉。

3月28日，中国百胜餐饮集团就旗下品牌肯德基的苏丹红事件召开新闻发布会，就日前其旗下品牌肯德基的几款产品被查出含有苏丹红的事件发表声明，确认所有问题调料均来自其供货商。集团总裁苏敬轼在回答现场记者提问时透露，3月16日肯德基产品中发现苏丹红成分后立即在全球范围展开了调查，除中国外的其他国家都没有发现苏丹红成分。苏敬轼说，苏丹红事件后百胜集团决定加强内部检测机制，待建的食品安全检测研究中心是“中国餐饮业史无前例的创举，它甚至超过了百胜在美国的安全检测设施标准”。此次苏丹红事件暴露了中国食品安全的隐患，他呼吁“所有的食品供应商都能遵纪守法，严把食品安全关。”鉴于此次苏丹红事件，苏敬轼表示中国百胜集团将采取三项改进措施，确保食品安全。

面对媒体的会不会为肯德基苏丹红事件负责的质疑，苏敬轼说，百胜不回避责任，如果法律判定肯德基所属的百胜应当承担责任，百胜肯定不会推脱。

问题：结合供应商管理意义，谈谈此案例对你有何启示？

第五章　采购成本分析与绩效评估

【案例学习】

众所周知,公司的根本目标是追求利润最大化。增加利润的方法之一就是增加销售额。假设某公司购进 50000 元的原材料,加工成本为 50000 元,若销售利润为 10000 元,需实现销售额 110000 元。如果将销售利润提高到 15000 元而利润率不变,那么销售额就需实现 165000 元。这意味着公司的销售能力必须提高 50%,这是非常困难的。还有一种方法也可实现,假定加工成本不变,可以通过有效的采购管理使原材料只花费 45000 元,节余的 5000 元就直接转化为利润,从而在 110000 元的销售额上把利润提高到 15000 元。

上面的案例说明了良好的采购将直接增加公司利润和价值,有利于公司在市场竞争中赢得优势。采购管理涉及内容繁杂,本章主要从采购成本分析、采购成本控制、采购绩效评估等方面对采购管理加以探讨。

【本章要点】

★ 采购成本分析
★ 降低采购成本的方法
★ 采购绩效的评价

第一节　采购成本分析

一、成本的含义

(一)成本概念

1.广义的成本概念

(1)美国会计学会(AAA)所属的成本概念与标准委员会于 1951 年所发布的“成本概念与标准委员会报告”中,对成本定义为:“成本是指为达到特定的目的而发生或应发生的价值牺牲,它可用货币单位加以衡量。”

(2)美国会计师协会(AICPA)于1957年在所发布的第4号会计名词公报中,对成本定义为:“成本系指为获取财物或劳务而支付的现金或转移的其他资产,发行股票,提供劳务或发生负债而以货币衡量的数额。成本可以分为未耗成本(Unexpired cost)和已耗成本(Expired cost)两部分,未耗成本可由未来的收入负担,例如存货、预付费用、厂房、投资、递延费用等,已耗成本不能由未来收入负担,故应列为当期收入的减项或借记保留盈余,如出售产品或其他资产的成本及当期费用等。”

(3)美国著名会计学家埃尔登·亨德里克森在《会计理论》一书中,对成本定义为:“成本就是为了取得某一财产或某种服务而付出的现金或其他等支出。”

2.狭义的成本概念

我国财政部制定的《企业会计制度》对成本所下的定义为:“成本是指企业为生产产品,提供劳务而发生的各种耗费。”广义的成本观指的是企业为获得一项资产或一项劳务而付出的代价,而狭义的成本观仅指生产产品或提供劳务而付出的代价。不管是哪种成本观,企业发生成本的目的,或是为获取一项资产,或是为获得一项服务,为了达到这一目的,企业必将发生资源的耗费(或牺牲,或付出)。因此,为了明确成本的内涵,梳理成本的外延,消除成本概念在各学科之间的矛盾,真正反映成本概念的本质特征,广义的成本概念更符合这一理念。所以,成本是为了获得一项资产或某种服务而付出的代价。

(二)采购成本概念

采购成本是指由买价、运杂费等构成的材料本身的价值。与采购数量成正比例关系。

采购成本包括三大部分:

(1)所采购的原材料费用、运杂费、保险费等原材料成本。

(2)采购过程的成本:采购部门完成采购过程所付出的成本,主要是采购部门人工和差旅费。采购过程是指从采购计划开始,到采购询价、采购合同签定,一直到采购材料进场为止的整个过程。

(3)因采购不良而造成的管理不善成本:质量成本、效率成本、资金占用成本、风险成本、其他浪费。

二、采购成本分析

本文开始的案例揭示了将采购成本降到最低对公司利润增长的重要性,但更重要的是,应该考虑项目生命周期内的最低整体采购成本。在实际采购工作中,很多招标单位通常只关注承包方的投标报价,而忽视了招标成本、建设成本和所有权损耗成本等项目整体采购成本。

1. 招标成本

首先要考虑发出招标要约前的行为，招标方需要确定目标、调查主题、编写需求建议书(RFP)、考察和认同供应商、获取内部的授权、寻求预算支持等，然后发出要约。该过程可能需要约整个合同价的2%—5%。

然后，竞标者需要对招标方的招标文件制定其投标建议书，费时又费钱，每个竞标者在竞标说明上都要花费合同价约1%—6.7%的成本。如果有五个竞标者，该成本将达到合同价的5%—30%。表面上看来，这笔款项由竞标者承担，但是，从长远看是由招标方承担，因为竞标者总是把竞标成本直接加在每次竞标的项目上。

评标程序开始后，招标方需要做包括开标、评标、定标、谈判、批准等事项。这个总成本可能占合同价的2%—5%。如果因为某种原因必须重新招标时，这部分成本将大幅增加。

因此，对于一般行业来说，竞标的总成本可能占到合同价的10%—50%。无论招标方处于何种行业，降低招标成本都是一种责任。

2. 建设成本

建设成本是投标报价的主要依据，往往是买卖双方关注的重点。一般包括如下几个方面：

前期准备、正式建设费用等、与其他系统的集成、授权、交付和保险、相关手册、对员工和管理者的培训等。

3. 所有权损耗成本

所有权损耗成本指长期损耗成本，包括项目运营成本和处置成本。项目运营成本可能会持续多年，并且可能是前期费用的许多倍；在设备濒于报废之时还需考虑其销毁或处理的处置成本。

综合考虑这些成本将有助于以正确的观点看待实际采购价，帮助买方选择最好的方案。

三、影响采购价格制定的因素

(一)采购的构成要素影响采购的价格

(1)物资的质量、品种、规格直接关系到企业产品的质量、制造成本、市场竞争力和企业经济效益，所以它是主导采购行为的第一因素，直接决定着物资采购成本。

(2)物资的数量与交货期关系到企业取得资源的可靠性和稳定性，又影响采购成本的高低。

(3)物资采购价格和费用。费用由价格、数量、批次等决定,采购附加费用包括工作人员工资、福利、差旅等费用支出,费用支出与附加费用构成采购费用。

(4)材料费用占用。物资自采购进入企业,经过验收、计量、入库、保养到出库流入生产环节,所发生的一切费用及其利息。

(二)采购的类别影响价格的制定,采购价格的制定还需要考虑采购商品的性质

1.原材料

这类商品需求弹性较高,需求量对价格的变动十分敏感。比如矿石、钢材、原油、农作物等。

对于任何商品的采购,商品价格的走势都是十分重要的因素,而对于原材料商品尤为明显。对于这些商品,掌握它们价格的变动趋势比掌握某个特定时间的价格更为重要。一般来讲,这些商品的交易都属于大宗交易,都建有秩序良好的公开交易市场,交易的价格会由有关部门及时公布。采购企业可以利用公布的价格来建立价格支付评估系统并制定价格浮动条款的价格索引。这些公布的价格一般是对市场情况比较真实的反映,而且一段时期内价格的趋势是可以被预测的。企业应该根据市场的情况来调整自己的采购需求,不必立即订货,如果价格的走势是趋降的,则更应该推迟购买,以免不必要的损失。因此,在这类商品的采购过程中,要进行必要的商品调查研究,安排合理的采购时间段。

2.个性化商品

这类商品一般是企业根据自己生产需要专门定制的商品或材料。

企业的产成品或服务有时候需要一些特殊的零部件或者特殊材质,根据企业的情况和商品的成本,企业可以自制也可以外购。在外购时,由于这种商品属于个性化商品,每一件都是独一无二的,没有现成的价格可以参考,一般都需要根据实际情况进行报价。在报价时需要考虑供应商是否具有提供生产的特殊设备、有经验的工人以及很强的生产能力。供应商的这些因素往往存在较大的差别,而且他们对于业务的需求程度也相差很大,所以不同供应商所要求的价格也是相应变化的。而对于供应商满足特殊需求的愿望和能力的详细调查,常常能给采购企业带来一个非常满意的价格。

3.标准化商品

这类商品大多有标准化的要求,如电子元器件、建筑用料、机器零部件等,它们的价格相对稳定,需求量比较大,一般都可以得到一个带有折扣的价格表。企业处理这类商品时,存货问题是更为重要的问题。当然,这种商品的价格也不是一成不变的,但是远不如原材料的价格浮动频率高,它的变化一般比较缓慢。这类商品的价格可以从价目表或网上查到,这些价目表的后面一般附有折扣期限和折扣率。

上面的分析并不表明标准化商品的采购是不重要的,不必太多关心其价格。实际上,这类商品的采购量对于企业来讲一般都是非常大的,企业本身对于其单位价格就应该给予足够的重视。当采购部门收到一份请购单时,通常第一步就是去查询过去的采购纪录,以此作为价格信息的第一个来源。如果所涉及的材料是经常性采购的或是刚刚订过货的商品,那么从交易信息中就可以得到相关信息。这些信息对于采购者来讲就足够了,不必再进行详细的调查。

了解时价和商品折扣的最新信息,最好的办法就是利用销售代表。大部分的厂商都不是仅仅依靠价格目录来进行交易。每个厂商都有一大批销售代表,通过销售代表到供应商那里上门拜访来获得更有用的信息。

4.低值易耗品

这类商品一般价值比较小,但很容易消耗,如办公用品、车间加工辅料、维修用品等,任何采购部门都会大批量购买这类产品,采购这类商品一般对其价格不需要多加考虑。

四、供应商价格的制定

(一)供应商确定价格的方法

根据商品和行业的不同,市场可以由完全竞争变化到寡头垄断,定价方法也会相应地变化。由于竞争的原因,大多数企业不愿意透露他们价格确定的方法。但是,我们可以了解到两种传统的方法,即成本法和市场法。

1.成本法

确定价格的成本法是指考虑到完全补偿直接成本和间接费用,并且能够取得一定的利润,商品的价格应该是直接成本加间接成本再加上一定的利润。就采购而言,成本法提供了一些机会,使它们可以寻求成本较低的供应商,考虑成本较低的替代品,并能够对于价格高于直接成本的部分进行分析。采用成本分析技术进行谈判是一种非常有用的方法。

2.市场法

市场法的含义是指价格由市场决定,并且可能不与成本直接相关。如果在当前的供给水平下需求仍很旺盛,价格就可能上涨;而在当前的供给水平下需求水平较低,价格就可能会下跌。这当然也是一个过于简化的方法。一些经济学家认为,大型的、生产多种产品的跨国公司对市场有很强的控制能力,以至于完全竞争的市场根本就不存在。因此,即使市场上供大于求,价格也不会下降。在市场法则下,采购商必须接受市场上现行的价格,或者找到避开这些价格的方法。如果不能直接影响价格结构,选择那些愿意提供非价格激励的供应商仍然是可能的。这些非价格激励包括保管存货、提供技术和设计服务、优良的质量、及时的交货、运输优惠、对于价格和产品变动的预警等。所以,协商成为除了价格以外各种要素的核心。

许多经济学家认为使用并不完全相同而具有相似性的替代品是防止对市场完全垄断的最有效方法。例如,铝和铜在一些电器中可以相互替代。因此,铝的市场和铜的市场就不是相互独立的。采购企业辨识这些交易,设计方案,利用替代品的能力是灵活性的决定性因素之一。自制还是外购或者利用业务外包是另一个问题。如果取得原材料、技术工序和人工技能并不十分受限制,企业降低成本的一个备选方案就是通过自己生产来满足自身的需要。

有时,采购企业为了使供应商忽视市场情况而采取长期合同的激励方法,这种方法在一定的条件下是可能成功的。但是,当市场上价格明显高于供应商的长期客户所提供的价格时,供应商采取各种方法和手段来避开长期合同约束也是很正常的现象。

(二)供应商的产品成本控制

生产质量好而价格又合适的产品在市场上取得竞争优势,是每一个供应商都在努力追求的目标。为了实现这一目标,产品的成本控制显得尤为重要。供应商为了将产品成本控制到最低,一般需要从以下四个方面做工作:采购物料项目、选择原材料供应商、采购批量和到货时间。

1.采购物料项目

供应商生产商品也需要采购物料。一个产品通常由许多物料组成。通过分解产品组成系统我们可以得到一系列所需采购的物料项目。需要特别注意的是:要对物料进行齐套性检查,任何采购物料项目的遗漏,即使是价格很低的物料,都会造成系统组装时的缺料,产生缺料成本。

2.选择原材料供应商

对于采购商来讲,供应商选择什么样的原材料也会使供应商对采购商的采购价格产生间接的影响。所以产品供应商在选择原材料供应商时,同产品采购商选择供应商一样,也要考虑原材料供应商的质量、价格,而且也要考虑供应商的实力,这种实力范围是指技术水平、生产水平、供货期、服务能力、抗风险能力、可持续发展能力、资信等。

采购商在采购物品时不要被一时的短期利益(如低廉的价格)所迷惑。原材料供应商能够持续稳定地供货是非常重要的因素,决定这一要素的是原材料供应商的实力。

3.采购批量和到货时间

这两个方面也是成本控制所必须考虑的重要因素。

第二节　降低采购成本的方法

一、建立和完善企业的采购制度

由于采购工作的特殊性，采购人员代表企业同各类供应商打交道，操作过程难以完全透明，存在暗箱操作等违规行为。因此，企业就必须制定严格的采购制度，制约企业的采购活动，这是企业有效控制采购成本的前提条件。

通过建立采购制度，并不断地加以完善，以达到规范企业的采购活动、提高工作效率、杜绝采购人员的违规行为等目的，使企业的采购成本得到有效的控制。企业的采购制度一般包括如下基本内容：采购部门内部的分工和职责；采购范围的划分；采购选型程序；采购单的批准权限和下达方式；询价、确定供应商和签订采购合同的操作程序；以及对监督到货、质检入库、采购统计的规定等。

采购制度中对成本控制起关键作用的是采购物资的价格以及供应商的确定，因此，在采购制度中应建立价格档案和价格评价体系，以及供应商档案和准入制度。同时，应建立采购人员的业绩考核标准和奖惩制度，以利于调动全体采购人员参与采购成本控制的积极性。

（一）价格档案和价格评价体系

企业采购部门应该对所有采购材料建立价格档案，对每一批采购物品的报价，应首先与归档的材料价格进行比较，分析价格差异的原因。如无特殊原因，原则上采购的价格不能超过档案中的价格水平，否则要做出详细的说明。对于重点材料的价格，要建立价格评价体系，由公司有关部门组成价格评价组，定期收集有关的供应价格信息，分析和评价现有的采购价格水平，确定最新的合理采购价格，及时更新归档的价格档案。

（二）供应商档案和准入制度

对企业的正式供应商要建立档案，并有专人负责管理。供应商档案除有编号、详细联系方式和地址外，还应有付款条件、交货条款、交货期限、品质评级、银行账号等。每一个供应商档案应经严格的审核才能归档。企业的采购必须在已归档的供应商中进行，供应商档案内容应定期核对，对于变化的内容应该及时更新。同时，要建立供应商准入制度，重点材料的供应商必须经质检、物料、财务等部门联合考核后才能进入，如有可能要实地到供应生产地考核。企业要制定严格的考核程序和指标，对考核的问题逐一评分，只有达到或超过评分标准者才能成为归档供应商。对于归档供应商也应该定期进行考核和评价，同时应储备符合准入条件的预备供应商,用于顶替考核不合格的归档供应商。

(三)利用标准采购价格考核采购人员的工作业绩

财务部门应根据市场的变化和产品标准成本,对重点监控的材料定期作出标准采购价格,促使采购人员积极寻找货源,货比三家,不断地降低采购价格。根据采购人员的采购价格偏离标准采购价格的幅度,确立奖惩比例。低于标准采购价格完成企业采购任务的采购人员按比例给与奖励,对高于标准采购价格进行采购,而无法完成成本下降任务的采购人员,若无特殊理由,应按比例给与惩罚。标准采购价格的实施可与价格评价体系结合起来进行。

二、控制和降低采购成本的主要途径

成本控制有绝对成本控制和相对成本控制之分,绝对成本控制是以预定成本限额为目标,相对成本控制是以成本最小化为目标。就采购成本而言,以成本限额为目标的成本控制是由采购制度制约的规范化行为,而实际上企业追求的是成本的最小化,即成本降低。降低采购成本的主要途径有以下几条。

(一)付款条件的选择

如果企业资金充裕,或者银行利率较低,可采用现金交易或货到付款的方式,这样往往能带来较大的价格折扣。对于进口材料,应注意外汇币种的选择,并及时掌握汇率走势。

(二)把握价格变动的时机,掌握市场行情

当今物资市场呈现出如下特点:一是供货市场大、渠道多。要充分利用这一优势,挖掘市场潜力,在降低采购成本上找规律、做文章。二是差价幅度大,变动速度快。必须把握市场脉搏,随机应变,不放过采购物资的有利时机。三是质量良莠不齐,假冒伪劣混杂其中。必须认真鉴别,严把质量关,避免不应有的损失。可见,了解市场,掌握行情,是提高物资采购效益的重要条件。

1.监测行情

要随时监测市场的直接行情(包括品名、质量、价格、数量、交货地点与期限、卖方、运输情况等),间接行情(包括政治、经济、法律、金融、技术、环境的变化等),以及同行业之间的动态(包括生产建设、物资需求与库存、资金实力等)。根据本企业的需要进行整理和传递,直到采购。

2.测定价格

价格的高低是能否降低采购成本的关键,在市场经济条件下更是如此。企业作为物资的最终消费者,采购成本降低的幅度,取决于进货价格的合理性与各项费用水平的高低,尤其是前者。

随着市场经济的发展,企业物资供应越来越关注如何运用市场机制来降低

采购成本,抑制产品成本中材料消耗的增长,增强产品的市场竞争潜力。

(三)严格计划管理,加强物资采购的计划性

计划管理是物资工作的龙头,它贯穿于整个物资工作的始终。对物资供应要实行严格的计划管理,即对物资供应全过程各环节的计划管理。

1.全过程的管理

对编制物资计划和采购计划、考察市场、选择客户、商务谈判、确定价格、支付货款、验收入库等过程有联系的各个部门、各个环节之间建立相互制约、相互监督的内部控制系统,并注意发挥财务、审计部门和使用单位的监督作用。做到职责分明、连锁制衡、减少失误,使有限资金的使用达到最大的经济效果。

首先是科学核定物资储备定额。要既能满足生产需要,又不造成库存积压。并把每种物资定额输入计算机储存,月终计算机根据定额储备与实际储备的差量,自动生成物资采购计划。其次是对难以纳入储备定额管理的物资采购,也要定期编制计划严格审核。物资采购计划一式数份,一份由物资计划部门留存;一份交采购部门或招标小组执行;一份交财务部门作报销依据。

2.重点环节的管理

对物资采购过程中的计划、价格、质量等主要环节重点控制。

(1)计划审查。有计划员、保管员、单位领导和财务进行物资计划会审。审查物资计划是否有依据,平衡是否切实,核算是否准确,资金是否落实,以提高计划的质量,确保供应,防止积压,加速周转,节约资金。同时,要加强合同管理。对订货合同签订的内容、形式、审批程序与权限加以规定,避免草率签订合同造成失误与损失。

(2)价格把关。对于价高、占用资金多的进行重点控制,在内部坚持价格公开,集体定价,防止暗吃回扣;对于价格低廉、占用资金少的进行总体控制,领导把关,对价格定期检查比较;对介于上述两者之间的要严格控制,层层把关,经常检查、对比和分析。特别注意在谈价格时,要讲明是含税价格,除少数材料外,一律要求按17%的税率计算增值税。

(3)严格验收。物资入库前要加强质量验收。凡无合格证、无厂家、无商标、无质量保证书的产品,一律不准入库,堵住假冒伪劣产品的渗透。凡没有计划的采购,仓库不准收货,财务不准付款,杜绝人情货与计划外采购。凡外购物资一律实行验收付款或使用合格后付款,严格控制预付货款,禁止曲线结算。

(四)强化采购业务内部控制

采购业务是企业以支付货币资金或形成负债为代价,换取生产经营所需物资的活动,是企业生产经营的重要组成部分。采购业务往往表现为货币流与物资流、生产与流通、企业内与企业外的相互交织、相互影响。因此,采购业务领域也是经济犯罪的重要滋生地和高发区。近年来,经济领域的犯罪,特别是采购业务领域的犯罪呈上升趋势,其中一个重要的原因,就是一些企业的经济业务处理程序、内部控制制度存在较为严重的缺陷。所以,建立、加强、完善采购业务处理程序和内部控制制度的意义极大。

1.完善企业采购业务处理程序

采购业务处理程序是指从事采购业务的当事人及相关人员在办理采购业务活动时应遵循、经历的顺序、步骤和方法。

2.采购业务中的不相容岗位必须实行"三员分开"和"三员见面"

内部控制制度的一个基本原则就是不相容岗位的工作不能由一人承担。采购业务的不相容岗位基本有三个:一是材料物资采购;二是仓库材料物资保管;三是会计付款记账。这三个岗位的业务人员分别是材料物资的采购人员、仓库材料物资的保管人员和付款记账的会计人员。这"三员"各有不同的工作岗位,在业务上不能互相混淆,在关系上要互相牵制、互相制约,这就是我们常说的"三员分开"。所谓"三员见面",就是:采购人员采购完材料物资后要办理材料物资入库,采购人员与仓库保管人员见面;采购人员办理完入库手续后拿着保管人员开具的入库单及购货发货票、运输票据等到企业财务部门冲账报销,与会计人员见面;月末,会计人员还必须拿着采购人员给他的有关单据到仓库盘点实物、核对账实,查验采购人员采购的材料物资是否真正安全运抵企业,会计人员还要与保管人员见面。在"三员见面"这一程序中,不能缺少任何一个环节,否则可能危及企业资产的安全。

3.严格执行以凭证为依据的内部监督、控制制度

运用凭证监督、控制,这种"认证不认人"的做法也是进行内部控制的一个有效手段。采购业务的凭证主要有:采购计划、采购合同或协议、请购单、借款单、发票、运单、入库单等,这些凭证在采购业务的不同阶段各自发挥着不同的重要作用。以入库单为例,采购人员只有在将采购的材料物资办理入库后,仓库保管人员才开具一式三份的入库单,并给采购人员两份。一份由采购人员带给会计人员入账用,一份采购人员自己留下,作为经办此项业务的证明。月末,会计人员拿着入库单,到仓库与保管人员手中的入库单相核对,即会计人员平时所说的"捉对"。如果核对相符,再与实物核对,凭证与实物也相符,说明采购人员与仓库保管员没有舞弊行为,否则说明采购业务可能出现问题。这种以"捉对"的方式核对凭证的行为,叫做"抽单制"。实践证明这是一种非常有效的内部控制方法。

三、选择降低成本的采购战略

成本降低可以从许多方面来实施,但同时必须了解,成本降低的主要目的是找出并减少不必要的成本部分,并且在不影响产品质量的前提下,将成本作最有效的分配。任何与此原则相违背的做法,都需要深思熟虑。

1.集中采购

集中采购是有效降低采购成本的方法之一。将各部门的需求集中起来,采购单位便可用较大的采购量作为筹码得到较好的数量折扣价格。规格标准化后,可以取得供应商标准品的优惠价格,库存量也可以相对降低。如此,行政费用的支出也会因采购统一作业而减少,采购部便可以有较多的时间将资源用于开发新的供应商。

2.整合采购数量

集中采购有时会给人一种僵化、没有弹性的感觉。此时,可以采用由使用量最多的单位来整合所有采购数量,这种比较折衷的方法降低采购成本,并主导采购议价。这种方法除了可以拥有与集中采购相同的数量优势之外,还有个更突出的优点是能促进采购部门与使用部门的紧密合作,充分掌握使用部门的需求状况。另外,其他如由各相关部门代表组成的产品委员会,联合采购,长期合约以及期货交易也都是可以交互使用的。

3.利用价值分析

利用价值分析也是降低成本的重要方法之一。它是将产品设计简单化从而降低生产成本,并使用替代性材料和相应的生产程序的方法。另外,采用提供较佳付款条件的供应商,采购二手机器设备,选择具有价格优势的运输公司或考虑改变运输方式等也可达到降低成本的目的。

任何可以节省费用的手段都是采购部门值得考虑的对象,但必须合情、合理,同时也是合法的,而且还应有利于维护与供应商的伙伴关系。至于上述何种方法应该优先采用,何种方法更好,则需要采购人员运用自己的专业技能和工作经验加以综合判断和灵活运用。

第三节 采购绩效评估

一、采购绩效衡量与评估的目的

绩效考评是一种正式的员工评估制度,它是通过系统的方法、原理来评定和测量员工在职务上的工作行为和工作效果。

绩效考评是企业管理者与员工之间的一项管理沟通活动。绩效考评的结果可以直接影响到薪酬调整、奖金发放及职务升降、辞退等诸多员工的切身利益。

美国组织行为学家约翰·伊凡斯维其认为,绩效考评可以达到以下八个方面的目的:

(1)为员工的晋升、降职、调职和离职提供依据;

(2)组织对员工的绩效考评的反馈;

(3)对员工和团队为组织的贡献进行评估;

(4)为员工的薪酬决策提供依据;

(5)对招聘选择和工作分配的决策进行评估;

(6)了解员工和团队培训和教育的需要;

(7)对培训和员工职业生涯规划效果的评估;

(8)对工作计划、预算评估和人力资源规划提供信息。

二、采购绩效衡量与指标

(一)采购绩效衡量

要想了解采购工作的绩效,进而对采购过程进行控制,就必须先了解从哪些方面去衡量采购绩效。采购工作的原则是以最少的资源消耗实现预定的采购目标,故衡量采购绩效可以从采购效果和采购效率两个方面着手。采购效果对应采购工作范围各个环节的运作状况,采购效率对应采购部门的工作能力。

1. 采购效果

采购效果是通过采购流程各个环节的工作能够实现预定目标的程度。采购工作整体目标一般是:从最合适的地方,以最合理的价格采购质量最好的相当数量的货物,并以最优质的服务,在最合适的时间运送到最佳地点;同时采购工作必须保证公司整体供应,并有助于产品的创新和生产流程的改进。根据采购目标的描述,衡量采购效果要看货物价格与成本、货物质量、采购物流等方面。

(1)采购价格与成本

采购价格与成本主要是从支付采购货物的实际价格与标准价格之间的关系角度来衡量和控制采购成本。其中,企业往往以上一年度 12 月 31 日或企业财政年度起始日的实际相关采购价格作为本年度的标准价格,也叫年度基价。采购价格与成本这个衡量尺度主要涉及两个方面:

①采购价格或成本控制。是指监控和评估采购货物的标准价格、供应商提供的价格及价格的走势等情况,主要目的是监控采购价格,据此采取适当的措施以防价格失控。

②采购成本降低。是指在对采购价格或成本进行控制的同时,通过重新分析采购货物价值、在企业内部各部门之间协调采购需求或者寻找新的供应商、替代物,以减少采购成本支出,主要目的是监控降低成本的活动。

(2)采购货物质量

采购货物的质量尤为重要,如原材料的质量对整个生产流程的质量控制都有着重大的影响。采购工作要保证订购的货物满足企业设计、销售等部门的质量要求,必要时还要参与产品质量的改进工作。

(3)采购物流

采购物流是指采购货物的订货、交货、库存控制等方面的工作。具体说来包括以下活动:

①及时、准确的订货控制;

②供应商供货可靠性控制;

③交货与库存控制。

2.采购效率

采购效率是指为了实现预定的采购目标,控制计划消耗和实际消耗之间的关系,它直接决定于采购工作的能力。这就与为实现采购目标所需的资源及相关的采购活动有关,并涉及采购工作组织和管理的各个方面,组织和管理越规范,资源的功能发挥得越充分,采购目标的实现就越有效率。实现采购目标所需的资源包括:

(1)采购人员

主要指采购人员的年龄、培训经历、工作经验、工作态度、发展前景等。

(2)采购管理

主要指采购部门的管理制度,包括采购人员的时间安排、责任分工、薪酬制度、行政管理制度、供应商管理办法等。

(3)采购程序

主要是指采购程序的合理性、采购人员的执行要求等,以保证采购工作的有效进行。

(4)采购信息系统

主要是指包括所有采购活动资料的管理系统,它有利于支持采购人员的工作,方便跟踪采购实施的过程,也方便采购部门与其他各个部门的合作与沟通,并为采购绩效的衡量与评估提供详细准确的信息。

(二)采购绩效指标

1.价格与成本指标

采购的价格与成本指标包括参考性指标和控制性指标。

参考性指标是计算采购相关指标的基础,是展示采购规模、了解采购人员及供应商工作量的指标,同时也是采购过程进行控制的依据和出发点。主要包括年采购总额、单个采购人员年采购额、年人均采购额、各供应商年采购额、供应商年平均采购额、各采购物品年度采购基价及年平均采购基价等。

控制性指标是指展示采购改进过程及其成果的指标,包括平均付款周期、采购降价比率、本地化比率等。

2. 质量指标

质量指标主要衡量供应商所提供产品的质量情况及供应商的整体质量水平。包括产品质量水平和供应商质量体系两个方面。

(1)产品质量水平(来料质量水平)

包括批次质量合格率、货物免检率、货物抽样检查缺陷率、返工率、退货率、原材料配件等在线报废率、对缺陷货物的处理时间等指标。

(2)供应商质量体系

包括通过国际质量体系认证的供应商比例、实行质量免检的货物比例、货物免检的供应商的比例、免检货物的价值比例、实施 SPC 的供应商比例、SPC 控制的货物数比例等。还包括根据本企业的产品要求进行专项质量改进的供应商数目及比例、参与本企业专项质量改进的供应商数目及比例等。

3. 采购物流指标

采购物流指标主要用来衡量采购物流各环节的工作情况,包括以下四个方面的指标:

(1)涉及订货工作的指标

包括平均订货时间、平均订货规模、最小订货数量、订单变化的接受率、季节性变化接受率、平均订单确认时间等。

(2)涉及供应商供货的指标

包括供应商供货可靠性、已交货数量/未交货数量、实行“JIT”的供应商数目与比例、供应商采用 MRP(物料需求计划)或 ERP(企业资源计划)等系统的程度等。

(3)涉及交货与货物接收的指标

包括准时交货率、首次交样周期、正常交货周期、交货频率、交货的准确率、平均交货运输时间、在途存货总量、平均报关时间、平均收货时间、平均退货时间、平均退货或补货时间等。

(4)涉及库存与周转的指标

包括原材料库存量、库存周期、存货周转率等。

4.其他采购效果指标

其他采购效果指标涉及产品技术支持与服务、供应商总体水平等方面,具体说来包括以下指标:

(1)产品技术支持与服务

采用计算机系统处理行政管理事务的供应商数量、采用电子商务处理订单等业务的供应商数量、参与企业生产工艺或产品开发的供应商数量及参与程度等。

(2)供应商综合评估

包括供应商数量、供应商平均供应的货物项目数、独家供应的供应商数目及比例、伙伴型或长期合作型的供应商数目及比例、供应商月度和年度考核指标、优秀供应商数量与比例、通过国际质量体系认证的供应商数目及比例等。

5.采购效率指标

采购效率指标是涉及采购组织与管理,与采购能力相关的指标。

(1)采购部门人员

主要包括采购部门人数、各项工作分工人数、采购人员年龄、工作年数、受教育程度、平均培训时间、培训计划与实施情况、人才流失率等。

(2)采购管理

主要包括采购人员时间结构(在办公室处理事务时间、在外访问供应商时间等及各项时间的比例)、采购部门人员的考勤、采购部门人员的薪酬制度等,还包括供应商管理的各项指标,这里不作详细介绍。

三、采购绩效的评估

(一)采购绩效评估一般遵循的基本原则

(1)绩效评估是采购工作的一部分,是与采购流程中的各项工作同步、持续进行的。采购人员要定期审查采购目标的实现程度,确保达到评估的主要目的。

(2)采购绩效评估不仅涉及采购工作,还要结合整个企业的目标,进而要求评估工作要持续长期进行。

(3)采购绩效评估的主管负责人员必须具备一定掌控全局的能力,了解整个工作的进度,审查采购人员和评估人员的工作能力和工作表现。

(二)采购绩效评估的标准

各项指标的评估可以用过去的指标做对照,也可以行业平均水平为尺度,或选择一个目标企业的指标作为评估的基础。具体说来,常见的评估标准有以下几种。

1.过去的绩效

选择公司过去的绩效作为评估当前绩效的标准，这是很自然、很有效的做法。尤其适合于那些处于起步和发展阶段的企业，但使用这种标准要求采购业务没有战略性变化，采购部门组织结构稳定，人员及其职责也没有重大变动。

2.行业平均绩效

企业往往会选择同行业企业作为目标来评估自己的业绩。作为对照的企业在采购组织结构、采购内容、采购目标等方面与本企业相似，而且往往是本企业的竞争对手，形成竞争的同时也形成相互的促进和激励。

3.标准绩效

还有一些企业，由于种种原因，过去的绩效难以获得准确数据或采购业务发生了战略性变化，又难以在同行业中找到对照的目标企业，可以使用标准绩效作为衡量基础。标准绩效的设定一般要注意以下三个方面：

(1)固定的标准。标准绩效的指标设立后不能轻易变动，至少在一段时期内，尤其是一个采购项目期内不能变动。

(2)有挑战意义的标准。标准绩效不能是一套平均水平上的指标，而要有一定的难度，要经过采购部门人员的努力才能完成。这样的标准才能激励工作热情，促进采购目标的实现。

(3)可能实现的标准。作为标准的绩效指标在当前的环境和条件下，通过积极的努力确实能够达到。如果标准设定过高，一方面会增大采购部门和人员的压力，另一方面其激励效果也会降低。

(三)参与采购绩效评估的人员

参与采购绩效评估的人员不仅包括采购部门的人员，还需要财务部门、生产部门、供应商甚至专家顾问的配合。

1.采购部门主管

采购部门的主管是整个采购工作的直接部署者和执行者，他对于所有采购工作任务和环节的情况都非常了解，包括人员的分配、员工的工作状态、各项工作的执行过程及出现的问题等。因而，采购主管是最有资格负责采购工作绩效评估的人。但是，评估自己部门的工作绩效不免会加入一些个人情感，比如一项工作虽然结果不令人满意，但是过程很艰辛，执行人员也付出了很大的努力，那么采购主管也许从主观感情上会有些倾斜。

2.财务部门

采购的成本费用占企业总支出的比例较高，如大型设备的采购、主要原材料的长期采购、项目采购等，因而采购成本控制对于企业利润意义很大。财务部门对资金的流入流出会进行全盘掌控，所以能够从资金周转方面对采购部门的工作绩效进行评估。

3.生产主管部门或工程指挥部门

对于设备采购、原材料和零配件采购及项目采购等,采购货物的质量、数量、时间对企业生产的顺利进行,最终产品的品质等都有影响,因而生产主管部门或工程指挥部门也应参与采购工作绩效的评估。

4.供应商

供应商是采购过程中与企业采购部门合作最多、最频繁的一方,对于采购部门的运作方式、工作状态自然有较为真实、详细的了解。因而,采购方的上层还可以通过正式或非正式的渠道向供应商了解本企业采购部门或人员的工作情况,间接地评估采购绩效。但是要注意,出于种种原因供应商很可能不提供真实的信息,这种方法较为适合于那些有长期合作且关系密切的供应商。

5.专家顾问

为了让评估工作更为客观、权威,可以聘请外界的采购专家或管理顾问,对企业的整个采购制度、组织结构、人员分配、流程设置、工作绩效等定期做客观的分析和评价,并提出具有可行性的建议。

(四)采购绩效评估的一般方式

采购工作绩效的评估一般有两种方式:定期和不定期评估。

首先,不定期的评估是跟踪特定的采购项目,由项目执行人自己进行的评估。一项采购任务完成以后,采购人员本身就要对该项采购任务的完成情况有一个总结和评估。采购自我评估表是针对单个业务员业绩进行的定量描述,是对整个采购工作绩效进行评估的基础和依据。填写采购评估表一般以一票业务为单位,由采购人员自己填写,再交由部门进行审查和存档。下面提供采购评估表的一种格式以供参考(表5-1)。

通过填写自我评估表一般要达到三个目的:首先是汇报采购任务的实际完成情况,填写一些任务执行细节及指标等;其次是要将实际完成情况与计划完成情况进行对比,看有哪些差异,并分析产生差异的原因,以资借鉴;第三是要评估实际完成的指标情况,评价任务完成的优劣程度。对于采购人员个人来讲,自我评估表就相当于工作日志,用以记录自己的工作状况,衡量工作效率。

表 5-1 采购评估表

姓名：

表号： 年 月 日

<table>
<tr><td rowspan="2">合同号：</td><td colspan="4">采购货物名称： 规格： 实际数量：</td></tr>
<tr><td colspan="4">其他说明：</td></tr>
<tr><td rowspan="2">实际供应商：</td><td colspan="4">计划供应商：</td></tr>
<tr><td colspan="4">变更的理由：
1.质量符合要求且价格低于计划供应商
2.距离近，方便运输
3.业务关系良好的老客户
4.其他原因</td></tr>
<tr><td>实际价格：</td><td colspan="2">计划价格：</td><td>差额：</td><td>市场最低价：</td></tr>
<tr><td>质量满意程度：
1. 好
2. 一般
3. 不满意</td><td colspan="2">有否退订：
比率：
原因</td><td colspan="2">有否补货、换货：
比率：
原因：</td></tr>
<tr><td>进货方式：
1. 火车
2. 汽车
3. 自提</td><td>运输天数：</td><td>比计划：
多 天
少 天</td><td>实际进货费用：</td><td>比计划：
多 元
少 元</td></tr>
<tr><td>实际订货费用：</td><td>比计划：
多 元
少 元</td><td colspan="2">其中差旅费：
通讯费：
手续费：
其他：</td><td>订货提前天数：
比计划
多 天
少 天</td></tr>
</table>

定期评估主要是和公司年度人事考核同步进行的对采购人员工作情况的评估，一般以采购人员的工作表现作为考核内容，包括工作态度、合作精神、工作能力、学习能力、忠诚度、积极性等。在采购人员自我评估的基础上，采购部门在月末或岁末定期对各项采购任务的完成情况进行统计汇总，完成整个部门的阶段性绩效评估。这时自我评估表就自然而然地成为各个阶段对采购人员工作绩效的定量描述，为采购人员的考核、评比、提职、加薪提供了详细的资料依据，同时汇总信息又是采购部门各个阶段工作绩效的重要资料，是控制和监督采购工作的基础。不仅采购部门要掌握其工作绩效的信息，其他相关部门，如仓储、生产、销售等部门也要参考采购部门的信息，作为供应链的一环，采购绩效评估的信息对于整个企业的决策与运作都是有参考价值的。

【案例分析】

Acreage Foods 采购的番石榴浓缩汁成本分析案例

Acreage Foods,美国一个主要的跨国食品加工企业。贝蒂是这家公司负责购进生产所需要的水果产品的老采购员。这个公司在其产品中使用各种浓缩果汁、浓汤、调味料。贝蒂的职责之一是每年与供应商就这些配料购买合同进行磋商。其中一种配料——番石榴浓缩汁在世界多个国家季节性生长和收获。

贝蒂现在正在检查一项支出。这笔支出是用于支付给一家菲律宾的番石榴种植及加工商的。该公司已经和这个高质量的供应商合作多年了。番石榴浓缩汁产于菲律宾一个偏远的地区,要运至加工厂进行浓缩、包装,然后出口海外。口味独特的番石榴系列产品以其美味著称,而其特殊口味的制成来源于供应商所采用的特殊加工过程。

番石榴浓缩汁目前 FOB 价为 0.29 美元 /磅,用银箔进行内包装,每包有产品 50 磅,配以皱纹纸箱外包装。这些纸箱堆在托板上,每个托板堆 40 个纸箱,以便装入集装箱。每个集装箱可装 20 个托板,通过海运运出。海运费用为每集装箱 2300 美元。集装箱到了美国港口后,再以每箱 250 美元的运费运至本地仓库储存。美国海关收取货物本身价格(不含运费)15%的关税。该公司每个月需要一集装箱番石榴浓缩汁。

集装箱在本地存储到需要提货加工为止。月库存费用为每托板 5.5 美元。此外,仓库收取每托板 6 美元的进出费作为管理成本。Acreage Foods 公司的资本成本为 18%。假设 1 年中番石榴浓缩汁的需求不变。

厂家需要番石榴浓缩汁时,集装箱由本地运输公司从仓库运来,每箱运价 150 美元,每托板质量控制成本约为 2 美元,公司估计由于产品的特性,购买和储存番石榴浓缩汁会有一定的损失,并入公司产品预算时,番石榴浓缩汁以 97%计,另外 3%为产品损耗,这些损耗品是不可以从生产商处兑换的。

一些事前未发现的腐坏变质的番石榴浓缩汁要从商店的货架上撤掉并回收,每次产品回收会发生的现付成本为 20000 美元,供应商不承担弥补这些损失的责任。公司记录表明,这种事件平均每 8 个月发生 1 次。此外,公司会计政策要求划出全部采购总额的 15%作为管理成本。

思考:

如果该公司的目标就是降低采购该原料的总成本,讨论公司在该原料上降低成本的具体可选方案。

【本章小结】

本章主要讲述的采购成本是指由买价、运杂费等构成的材料本身的价值。影响采购价格制定的因素:采购的构成要素影响采购的价格、采购的类别影响价格的制定,采购价格的制定还需要考虑采购商品的性质。供应商价格的制定:供应商确定价格的方法、供应商的产品成本控制。降低采购成本的方法。采购绩效衡量与评估的目的,采购绩效衡量与指标。采购绩效的评估:采购绩效评估一般遵循的基本原则、采购绩效评估的标准、参与采购绩效评估的人员、采购绩效评估的一般方式。

【习　题】

1. 影响采购价格制定的因素有哪些?
2. 结合实际谈谈采购成本的构成要素?
3. 采购绩效评估的目的是什么?
4. 采购绩效评估应遵循的基本原则。
5. 采购绩效评估的一般方式。

第六章　现代仓储与库存管理概述

【案例学习】

英迈公司中国物流运作

一、英迈公司的几个数字

一毛二分三：英迈库中所有的货品在摆放时，货品标签一律向外，而且没有一个倒置，这是在进货时就按操作规范统一摆放的，目的是为了出货和清点库存方便。运作部曾经计算过，如果货品标签向内，一个熟练的库房管理人员操作，将其恢复至标签向外，需要8分钟，这8分钟的人工成本就是一毛二分三。

3千克：英迈的每一个仓库中都有一本重达3千克的行为规范指导，细到怎么检查销售单、怎样装货、怎样包装、怎样存档、每一步骤在系统上的页面是怎么样的等，在这本指导上都有流程图和文字说明，任何受过基础教育的员工都可以从规范指导中查询和了解到每一个物流环节的操作规范，并遵照执行。在英迈的仓库中，只要有动作就有规范，操作流程清晰的观念为每一个员工所熟知。

5分钟：统计和打印出英迈上海仓库或全国各个仓库的劳动力生产指标，包括人均收货多少钱，人均收货多少行（即多少单，其中人均每小时收到或发出多少行是评估仓储系统的一个重要指标），只需要5分钟。在Impulse系统中，生产指标统计适时在线随时可调出。而如果没有系统支持，这样的一个指标统计至少得一个月时间。

10厘米：仓库空间甚至货架之间的过道都是经过精确设计和科学规划的，为尽量增大库存可使用面积，只给运货叉车留出了10厘米的空间，叉车司机的驾驶必须稳而又稳，尤其是在拐弯时。因此，英迈的叉车司机都要经过此方面的专业培训。

20分钟：在日常操作中，仓库员工从接到订单到完成取货，规定时间为20分钟。因为仓库对每一个货位都标注了货号标志并输入Impulse系统中，Impulse系统会将发货产品自动生成产品货号，货号与仓库中的货位一一对应，所有仓库员工在发货时就像邮递员寻找邮递对象的门牌号码一样方便快捷。

4小时:一次,由于库房经理的网卡出现故障,无法使用Impulse系统,结果他在库房中寻找了4小时,都没有找到他想找的网络工作站。依赖IT系统进行高效管理,已经成为库房员工根深蒂固的观念。

1个月:英迈的库房是根据中国市场的现状和生意的需求而建设的,投入要求恰如其分、目标清楚、能支持现有的生意模式并做好随时扩张的准备。每个地区的仓库经理都要求能够在1个月之内完成一个新增仓库的考察、配置与设施,这都是为了飞快地启动物流支持系统。在英迈的观念中,如果人没有准备,有钱也没用。

二、英迈公司几件小事

1.英迈库房中的很多记事本都是收集已打印一次的纸张装订而成,即使是各层经理也不例外。

2.所有进出库房的业务都须严格按照流程进行,每一个环节的责任人必须明确,违反操作流程,即使有总经理的签字也不可以。

3.货架上的货品号码标识用的都是磁条,采用的原因同样是因为节约成本,以往采用的是打印标识纸条,但因为进仓货品经常变化,占据货位的情况也不断改变,用纸条标识灵活性差,而且打印成本也很高,采用磁条后问题得到了解决。

4.英迈要求与其合作的所有货运公司在运输车辆的厢壁上必须安装薄木板,用以避免因为板壁不平而使运输货品的包装出现损伤。

5.在英迈的物流运作中,厂商的包装和特制胶带都不可再次使用。否则,视为侵害客户权益。因为包装和胶带代表着公司自身知识产权,这是法律问题。如有装卸损坏,必须运回原厂出钱请厂商再次包装。而如果由英迈自己包装散件产品,全都统一采用印有其指定国内总代理怡通公司标识的胶带进行包装,以分清责任。

2000年整整一年英迈公司全部库房只丢了一根电缆。半年一次的盘库,由公证第三方机构检验,前后统计结果只差几分线。陈仓损坏率为0.3‰,运作成本不到营业总额的1%……这些都发生在全国拥有15个仓储中心、每天库存货品上千种、价值可达5亿人民币的英迈中国身上,他们是如何做到的呢?英迈中国运作部的成本概念和服务意识给了我们什么有益的启示?

【本章要点】

★ 现代仓储业
★ 现代仓储管理的内容
★ 库存管理的内容

第一节　现代仓储业

仓储业是指从事仓储活动的经营企业的总称。仓储业是一个古老的行业，随着社会经济不断发展，仓储业已成为社会经济发展的重要力量，在国民经济体中占有重要的地位。我国的仓储业具有悠久的历史，在新中国成立后得到了极大的发展，在信息化迅速发展的今天得到了提升。目前，我国的仓储业已有了较大的规模，且形成了各种专业化、门类齐全的仓储分工，在数量上已完全能满足我国经济的发展需要，但是在服务质量和效益上还存在着明显的不足。

一、我国仓储业的特点

1.条块分割造成重复建设严重

由于我国在较长时间内实行计划经济体制，物质资源通过部门体制的方式分配，各部门为了占有和争取更多物质资源，储存所获得的分配资源，均以部门体系的纵向方式部署仓储。形成了中央、地方、物质、商业、交通、农业、铁路、电力等部门体系的仓储结构，部门之间互不发生横向交叉联系，因此整体上的仓储互不连接，互不配套，功能重复。

2.仓库过多，且仓库的宏观布局不合理

由于部门行业的分头建设，不同部门、不同层次为了满足自身需要，在经济集中地区特别是部门集中地区，广泛、集中地建造仓库。为了方便纵向联系和资源调配，仓库都集中在交通中心附近，造成在一个地区，甚至在全国的仓储布局极度不合理，即仓储集中的地区仓储能力大量剩余，而其他许多地方没有足够的仓储能力，特别是在经济落后地区，仓储能力不足严重限制了当地经济的发展。

3.仓储拥有量大，但管理水平较低

宏观上看，我国的仓储能力巨大，但是仓储管理水平比较低。一方面，主要是仓储利用率低下、物资周转率低、流通速度慢、仓储保管能力差、物品损耗严重等；另一方面，有些仓储缺乏仓储经营的能力，不能充分利用仓储资源为社会提供优质服务，也没有充分利用仓储中的巨量沉淀资本为企业和社会创造经济价值。

4.仓储技术发展不平衡

仓库建设和仓储管理源出多头，互相之间缺乏联系和合作，也没有专业性、功能性的分工，大多数仓储功能相近、用途相同。再加上仓库建设本身就是短期行为、应急式决策，只满足一时的需要，所建设的仓库普遍都是简易和货场，缺乏

应有的机械和设备。又由于仓储企业的经营管理水平低下,仓储自身发展能力极弱,大多数仓储技术水平低下,甚至于机械化程度严重不足。当然,我国也有一定数量专业化程度高,机械化、自动化程度很高的仓库(如汽车业、粮食储备业)。但从总体水平来看,技术水平处于中间层次的仓储还太少,而我国的经济发展现状正需要大量技术水平处于中间层次的仓储。

5.仓储业务人员素质低下,管理水平不能适应现代物流的需求

由于历史的原因,我国仓储部门工作人员的文化程度普遍较低。大部分人员只是中专以下的学历,学历层次不高,直接影响了管理水平的提高。

6.仓储管理方面的法律、法规不够健全

市场经济是法制经济,完善的法律制度和严格的依法管理是经济发展的重要保证。处在市场经济中的仓储业也需要全面的法律保护和依法管理。我国的仓储立法主要表现在民法通则中的物权规范,合同法的仓储合同、保管合同分则,消防法中的消防要求和消防管理以及其他一些规章制度,还没有完整的仓储法,对于仓储经营中的一些经济行为也没有足够的法律支持。仓储企业通过法律手段保护自身的利益也做的远远不够。相对而言,仓储企业内部的依法管理水平也比较低下。

二、仓储业在物流系统中的地位和作用

物流系统由众多环节所构成,如运输、仓储、装卸搬运、包装等,其中仓储是最重要的环节,也是必不可少的环节。仓储在物流体系中扮演"节点"的角色。不仅化解了供求之间在时间上的矛盾,同时也创造了新的时间效益(如时间上的差异等)。由此可见,仓储业在物流系统中有着重要地位。仓储在现代物流中主要有以下一些作用。

1.调节"供给"和"需求"

从供应链的角度看,物流过程由一系列的"供给"和"需求"组成,在供需之间既存在物的"流动",也存在物的"静止",这种"静止"是为了更好地使前后两个流动过程衔接。缺少必要的静止,会影响物的有效流动。例如,有些产品的生产具有季节性的特点,如农作物,但需求是连续不断的,这就必须靠仓储活动来调节。与之相反,有些企业的产品生产是连续的,但需求的季节性很强,如空调、电扇、皮服装等产品,同样要通过仓储来保证较短的热销季节的旺盛需求,同时也能实现全年的稳定生产,降低生产成本。还有一些商品价格随时间的波动非常大,如铜、钢材、石油等,当价格的节约可以抵消仓储的成本时,企业可以提前购买,这时也需要进行仓储。仓储环节正是在调节这些"供给"和"需求"过程中起到有效"静止"的作用。

2.保证物品在物流过程中的质量

物品在物流过程中，通过仓储环节，对进入下一环节前进行检验，可以防止伪劣品混入市场。因此，为保证物品的质量，把好仓储管理这一关，以保证物质不变质、不受损、不短缺和有效的使用价值是非常重要的。现代仓储管理的任务就要最大限度地保证物品的使用价值。通过仓储来保证物品的质量主要反映在两个关键环节，一是物品入库时的质量检验关，二是物品储存期间的保质关。对于前者，应严格检查待入库物品是否达到仓储的要求，严禁不合格物品混入库。对于后者，则是对处于相对静止状态中的物品尽可能使其不发生物理、化学变化，保证存储物品的数量和质量。

3.仓储是加快商品流通、节约流通费用的重要手段

物品在库场内的滞留，表面上是流通的停止，而实际上却恰恰促进了商品流通。一方面，仓储的发展在调配余缺、减少生产和销售部门的库存积压，在总量上减少地区内物品存储量等方面都起到非常积极的作用；另一方面，加快仓储环节的收发和出库前为流通所做的充分准备，将直接影响到物品流通的时间。

4.提高服务质量，增加企业收益

仓储通过整理、包装、质检、分拣、加标签等加工活动来提高服务质量、满足不同客户的需求。企业通过合理地布局仓库，可缩短配送时间、快速响应客户的需求、增加销售，在提高市场竞争力的同时，也增加自身收益。

5.市场信息的传感器

任何产品的生产都必须满足社会的需要，生产者都需要把握市场需求的动向。社会储量的变化是了解市场需求极为重要的途径。仓储量减少、周转量加大，社会需求旺盛；反之，则为需求不足。厂家存货增加表明其产品需求减少或者竞争力降低、或者生产规模不合适。仓储环节所获得的市场信息虽然比销售信息滞后，但更为准确和集中，信息反映快捷，且信息成本低。现代企业生产特别重视仓储环节的信息反馈，将仓储量的变化作为决定生产的依据。现代物流更重视仓储信息的收集和反应。

6.提供信用保证

在大批量货物的实物交易中，购买方必须检验货物、确定货物的存在和货物的品质后方可成交。由仓库保管人出具的货物仓单是实物交易的凭证，可以作为对购买方提供的保证。仓单本身就可作为融资工具，可以直接使用仓单进行质押。

7.现货交易的场所

存货人要转让已在仓库存放的商品时，购买人可以到仓库查验商品进行取样检验。双方可以在仓库进行转让交割。国内众多的批发交易市场就既是具有

商品存储功能的交易场所,又是具有商品交易功能的仓库。许多具有便利条件的仓库都提供现货交易服务,甚至部分已形成有影响的交易市场。我国大量发展的仓储式商店,就是仓储交易功能高度发展、仓储与商业密切结合的结果。

三、现代物流对仓储业的挑战

随着网络经济的迅速发展,消费者的需求方式出现了个性化、多样化的改变,生产方式也由原来的大量生产变为多品种、小批量的柔性生产方式。因此,传统的以被动型"储存"为基础、以提高储存效率为中心的储存型仓储方式正向现代的以主动型"流通"为基础、以提高客户物流服务水平为中心的流通型仓储方式转变。流通型仓储方式要求提高储存效率,更要求及时、准确、迅速地满足客户物流服务的需求。同时也给仓储作业带来了新的挑战,这种挑战主要表现在以下三个方面:

1.增加了仓储作业的难度和细化程度

多品种、小批量、多批次、小数量物流方式的发展使得仓储物品的种类、品种数目大量增加,也使得原来以大容量包装为单位的送货方式向以小容量包装为单位的送货方式转变。同时入库检验、分类整理、分拣挑选、配货出库等作业变得更加复杂和频繁,从而加大了仓储的难度和细化程度,需要花费大量人力和更多的时间。

2.对作业的效率和速度提出了更高的要求

及时生产方式(JIT)等先进生产方式的发展与普及使得从订货到发货的周期大大缩短。企业接到订单后在最短时间内(如 24 小时内)必须发货的情况已成为一种普遍的现象。这种及时、迅速交货的要求,必然要求物流方面作出快速反应,也对物流作业的效率和速度提出了更高的要求。

3.更深层次满足客户物流服务

从客户的角度讲,客户对物流系统的要求在不断提高,希望物流系统提供更高水平的服务,尤其是在那些采用及时生产方式(JIT)等先进生产方式企业。

【小资料】

东风汽车股份有限公司物流信息化方案

在汽车行业,东风汽车股份有限公司一直比较重视信息化建设。为更好地发挥其自身优势,实现东风汽车股份公司整车物流管理的信息化,东风汽车股份有限公司实施了中软冠群的整车物流管理解决方案。东风汽车股份有限公司对解决方案提出的目标要求是:以条码为信息载体,实现整车仓储的自动化管理,提高管理效率,充分共享和跟踪车辆信息,以满足市场的快速变化对信息准确、及时的要求。

1.方案的功能和特点

①所有车辆采用条码管理,车辆入库和出库管理全部通过条码扫描实现。

②入库扫描后依据规则设定系统自动产生和打印入库建议单,司机完全依据入库建议单指定的库位入库,无需人工干预。

③入库建议自动根据设定库位优先级来寻找库位,保证车辆放置紧凑有序。

④出库根据先进先出的原则,系统自动根据车辆入库时间先后顺序给出所要出库车型的出库建议,司机根据出库建议按顺序领取车钥匙并提车。

⑤出库时扫描出库单条码和整车的条码,自动对应收货单位和所提车辆信息。

⑥运单管理可以跟踪每辆车的在途情况,以及检查车辆实际到达目的地和返回公司的日期是否符合系统计算出的日期要求。

⑦采用适合汽车行业的重复生产模式来管理生产作业进度计划,并通过此计划自动生成车型与底盘号的对应关系,无需人工维护。

⑧管理所有放在经销商仓库的整车库存,管理所有经销商和直接客户的销售信息,使企业对市场信息了如指掌,便于经营管理者做出正确及时的生产决策。

具体流程如图 6-1 所示。

2.方案带来的效益

①储运部门实现了仓库管理的电子化和自动化。车辆入库的放置库位和取车库位由系统自动提供,准确快速,大大提高了仓库管理的工作效率。

同时仓库及其他各个部门可随时知道库存的准确情况。不仅如此,仓库通过销售数据和生产管理部门输入的作业计划,可协调销售与生产,提前进行倒车和新车准备工作的安排。这样不仅没有了对数据的重复整理,还做到了事前计划、事中控制和事后反馈。

②销售部门可以知道准确的仓库库存、近期的生产数量和库存中已在销售订单中售出但还未出货的数量。通过对库存的分析,便于销售部门进行销售工作的协调,对时间长、存货量大的车辆加强销售力度,对畅销的产品加大生产规模。

③生产部门实现生产订单的电子化管理。可以提前安排好生产计划,也可以随时更改生产计划,以及时反映销售与市场的变化情况。

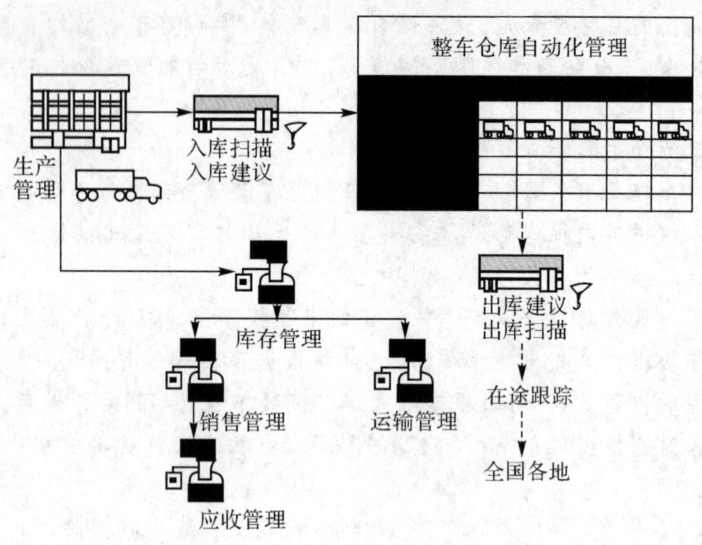

图 6-1 方案流程图

四、我国仓储业发展的方向

我国仓储业发展应朝着“社会化、专业化、标准化和现代化”的方向发展。充分利用已有的仓储资源促进仓储社会化，提高仓储业分工发展的功能专业化，满足社会生产发展和促进物流效率提高的仓储标准化，提高仓储自身效益的仓储管理现代化等。

1. 仓储社会化、功能专业化

目前我国仓储业的效率低、利用率不高、作业条件差、自身发展能力弱，根源在于其条块性的分割、处于附属地位和产权及企业体制的约束。在市场经济环境中，任何社会资源只有在市场中自由交换才能充分体现其价值，也只有在自由交换的激励之下，才会更大地创造价值。仓储业需要以“产权明晰、权责明确、政企分开、管理科学”的原则进行现代企业制度改造，建立科学、先进的管理结构，成为自主经营、自负盈亏的市场竞争主体，才能彻底改变其不良状况，真正成为社会资源，得到实质性的发展。

2. 仓储标准化

标准化是指采用法律法规规定的标准或者社会普遍实行的习惯，主要有国际标准化组织(ISO)的推荐标准、国家质量技术监督局发布的中华人民共和国国家标准(GB)、行业主管部门或者行业协会发布的行业标准、企业制订的企业标准。

仓储标准化的内容主要包括:包装标准化,标志标准化,托盘成组标准化,容器标准化,计量标准化,条码的采用、作业工具标准化,仓储信息标准化,以及服务标准、单证报表、合同格式、仓单等标准化。

3.仓储机械化、自动化

随着生产技术的发展,生产机械化已是社会生产的基本要求。机械具有承重能力强、工作时间久、效率高、损害低等诸多优势,仓储作业大都是负荷重、作业量大、时间紧、作业环境恶劣的活动,因而发展仓储机械化是客观现实的必然,通过机械化实现最少使用人力作业、加大作业集成、减少人身伤害和物品损害,同时提高作业效率的目的。另一方面,随着物品运输包装大型化、托盘化的发展,仓储也必然需要作业机械化。

仓储自动化是指仓库实现由计算机等自动化设备管理和控制。在自动化仓库中,物品仓储管理、作业控制、环境管理等仓储工作通过信息管理、条码、扫描技术、射频通信、数据处理等技术指挥仓库堆垛机、传送带、自动导引车、自动分拣系统等自动设备完成仓储作业;通过自动化设备自动控制空调、制冷设备、监控设备进行环境管理;自动化系统按程序向运输设备下达指令、安排运输等,并同时完成报表、单证的制作和传送。对于危险品仓储、粮食储藏、冷冻保鲜等特殊仓储,对自动化的要求更高。

4.仓储信息化、信息网络化

仓储信息化是指通过计算机和相关信息输入输出设备,识别、理货、入库、存放、出库,进行操作管理、账目和结算处理,提供适时查询,进行货位管理、存量控制,制作各种单证和报表,自动控制仓储环境,仓储要实现提高效率、降低损耗、降低成本就必须实现信息化。

信息网络化就是需要仓库、厂商、物流管理者、物资需求者和运输工具之间建立有效的信息网络,实现仓储信息共享。

5.仓储管理现代化

仓储管理现代化是指将现代科学成果应用于仓储管理,使仓储技术设施和现代管理水平能适应现代化大生产客观需要的发展。仓储管理现代化是综合应用自然科学和社会科学成果的产物。如果只有先进的仓储设施而无相应的管理手段和方法,仓储管理就不能实现现代化。反之,只有现代管理手段和方法,而仓储设施不符合现代化大生产的客观要求,也不能实现现代化。

实现仓储管理现代化,一方面,要求仓储企业采用高效化的组织机构,规章化的岗位责任制,建立促进生产率提高的动态奖励分配制度,实施有效和系统的职工教育培训制度,采取科学化的管理方法,培养积极向上的优秀企业文化。另一方面,要求不仅实物管理实现现代化,如现代化仓库、仓储作业现代化、保管技术的现代化、检测计量技术的现代化等，而且更重要的是信息管理现代化，因为信息是管理现代化的灵魂，实现信息管理现代化是整个仓储骨干化的基础和出发点，只有实现信息管理现代化，才能保证实物管理现代化促进现代作业设备效用的发挥。

第二节　现代仓储管理的内容

仓储管理是企业物流中一个十分重要的环节，是企业针对物品收存与产销各环节的特点，事先制定的一套相互牵制、相互验证的内部监控管理，是企业整个内控中的重点和中心。“仓”可以称为仓库，是存放物品的建筑物或场地。“储”表示收存以备使用，具有收存、保管、交付使用的意思。所谓仓储，是以改变“物”的时间状态为目的的活动，通过仓库或特定的场所对物资进行保管、控制等管理，从克服产需之间的时间差异中获得更好的效用。

一、仓储的功能

仓储企业通过仓储活动向客户提供及时、有效的物流服务，其服务的对象较广，包括上游的供应商、下游的零售商和批发商及不同生产厂商的制造工厂以及仓储企业在进行运送活动中接受货物的码头和车站等交通结点。仓储企业在为客户提供服务时所消耗的运营费用的多少，也将决定企业效益的大小。从这个角度看，仓储企业在为用户服务的同时，也是在为自己服务。仓储功能主要有基本经济利益和增值服务利益。

(一)基本经济利益

1.储存

储存是仓储的基本功能。对于生产过程而言，储存能防止因缺货造成的生产停顿；对于销售过程而言，储存尤其是季节性储存能为企业的市场营销创造良机。储存的经济利益来源于通过储存克服商品产销在时间上的间隔(如季节生产、年消费)；克服商品生产在地点上的间隔(如甲地生产、乙地销售)；克服产销量的不平衡(如供过于求)等来保证商品流通过程的连续性。

2.拼装

拼装是仓储的一项经济利益，主要通过仓库接收来自一系列制造工厂的产品或原材料，将它们拼装成单一的一票装运，满足此类需求的客户。拼装的主要利益是把小批量的几票装运任务结合起来形成规模运输。通过这种拼装方案的利用，使每一个客户都能够享受到低于其单独运输的成本的。图 6-2 说明了仓库的拼装流程。

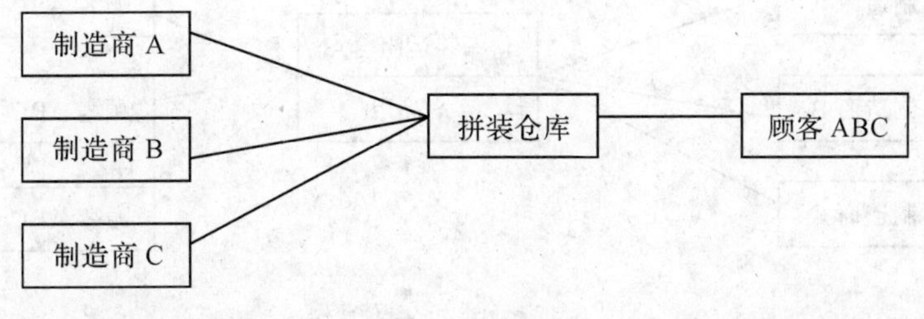

图 6-2　拼装流程

3.分类和交叉功能

分类的仓库作业与拼装仓库作业相反。分类作业接受来自制造商的客户组合订货,并把它们分类或分割成个别的订货,装运到个别的客户处去。图 6-3 说明了这种分类流程。

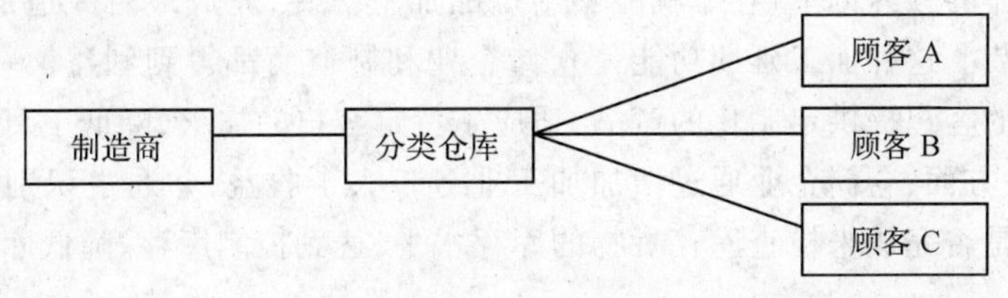

图 6-3　分类流程

分类仓库或分类站把组合订货分类或分割成个别的订货,并安排当地的运输部门负责递送。由于长距离运输转移的是大批量装运,所以运输成本相对比较低,进行跟踪也不太困难。

除涉及多个制造商外,交叉站台设施具有类似的功能。零售连锁店广泛地采用交叉站台作业来补充快速转移的商店存货。图 6-4 说明的就是零售业对交叉站台的应用。在这种情况下,交叉站台先从多个制造商处运来整车的货物;收到产品后,如果有标签的,就按顾客进行分类,如果没有标签的,则按地点进行分配;然后,产品就像"交叉"一词的意思那样穿过"站台"装上指定去适当顾客处的拖车;一旦该拖车装满了来自多个制造商的组合产品后,它就被放行运往零售店去。于是,交叉站台的经济利益中包括从制造商到仓库的拖车的满载运输,以及从仓库到顾客的满载运输。由于产品不需要储存,降低了在交叉站台设施处的搬运成本。此外,由于所有的车辆都进行了充分装载,因而更有效地利用了站台设施,使站台装载利用率达到最大限度。

4.加工延期功能

仓储企业可以通过承担少量的生产加工和制造活动来延期或延迟生产。具

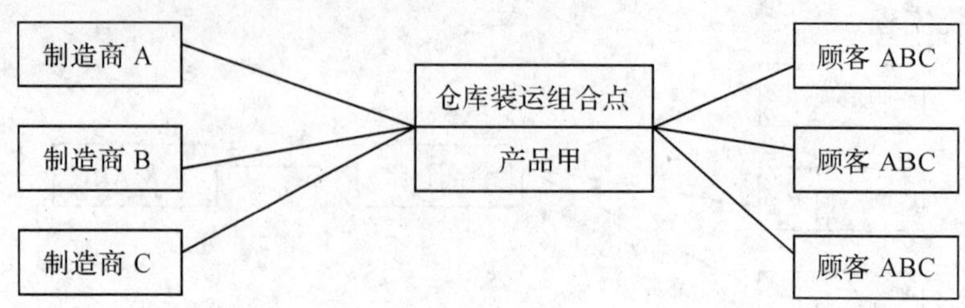

图 6-4 分类和交叉流程

有包装能力或简单加工能力的仓库可以把产品生产的最后一道工序一直推迟到该产品的需求时为止。如蔬菜可以在制造商处加工，制成罐头"上光"。上光是指还没有贴上标签的罐头产品，但它可以利用上光贴上私人标签，因此上光意味着该产品还没有被指定用于具体的顾客，或包装配价还在制造商的工厂里。一旦接到具体的顾客订单，仓库就能够给产品加上标签，完成最后一道加工，并最后敲定包装。这种加工延期功能使仓储企业和制造商都得到利益。一方面，制造为特定的客户提供定制化的产品，适应了特定客户的需求，降低了盲目带来的风险；另一方面，仓储企业通过增加加工业务扩大了收益，并通过识别产品最后一道工序是否完成来检查库存货物的库存水平，达到控制库存、降低库存成本的目的。

(二)增值服务利益

增值服务是针对特定客户或仓储活动而言，它是超出基本服务范围之外的附加的仓储活动，一般用于满足客户的特定需求，通过实现客户满意来创造企业的竞争优势。主要表现在以下几方面：

1. 以客户为核心的增值服务

以客户为核心的增值服务是向买卖双方提供利用第三方专业人员来配送产品可供选择的方式，它主要包括处理客户向制造商的订货、直接送货到商店或客户地址以及按照零售商店货架储备所需的明细货品规格持续提供递送服务。在仓储活动中，一种普遍的做法是提供"精选→定价→重新包装"服务，以便于按连锁店、平价超市、便利店等的要求独特配置，以配送生产企业的标准产品。这类专门化的增值服务可以有效地用来支持新产品的引入，以及基于当地市场的季节性送货。

2. 以促销为核心的增值服务

以促销为核心的增值服务是利用独特的销售点展销台的配置和旨在刺激销售的其他范围很广的各种服务来实现其功能。销售点展销品可以包括来自不同供应商的多种产品，以便适合特定的零售商店。以促销为核心的增值服务还对储存产品的样品提供特别介绍,甚至进行直接邮寄促销。许多以促销为核心的增值服务还包括销售点广告宣传和促销材料的仓储支持等。

3. 以制造为核心的增值服务

以制造为核心的增值服务是通过独特的产品分类和递送来支持制造活动的,为满足不同客户的需求,把产品的最后定型一直推迟到接收客户定制化订单时为止。例如,采用多种不同外观重新包装摩托车,以支持各种促销方案和各种等级的贸易要求。增值服务一般都是由专业人员承担,虽然聘请专业人员承担增值服务可能比在制造过程中直接完成的成本高,但是由专业人员提供增值服务能够大大减少生产不合适产品的预期风险。因此,以制造为核心的增值服务能适应特定的客户需求,其结果是使服务得到极大的改善和提高。

4. 以时间为核心的增值服务

在当今的市场竞争中,时间已成为获取竞争优势的关键要素。以时间为核心的增值服务,主要特征就是要消除不必要的仓库设施和重复劳动,以期最大限度地提高服务速度。典型的以时间为核心的增值服务形式是通过准时化(JIT)供给仓库不定期完成的;在准时化的概念下,供应商向位于装配工厂附近的JIT供给仓库进行日常的递送,一旦产生了需求,供给仓库就会对多家客户的零部件进行精确的组合和排序,然后递送到装配线上去。其目的是要在总量上最低限度地减少在装配工厂的搬运次数和检验次数,消除不必要的仓库设施和重复劳动。

二、仓储管理的意义

仓储管理是指对仓库和仓库中储存的货物进行的管理。仓储管理是一门经济管理科学,同时也涉及应用技术科学,故属于边缘性学科。仓储管理将仓储领域内生产力、生产关系及相应的上层建筑中的有关问题进行综合研究,以探索仓储管理的规律,不断促进仓储管理的科学化和现代化。

物品的仓储管理是由物品生产与消费之间的“时间差异”所引起的。因此仓储管理在物品由生产向消费转移的过程中有着重要的意义。

1. 仓储管理的科学化是实现社会再生产过程的必要条件

仓储是以改变物品的时间状态为目的的活动。因此,仓储管理的意义正是由于生产消费在空间、时间及品种、数量等方面存在的矛盾引起的。因此,高效率的仓储活动能保证社会再生产过程的顺利进行,可以从以下几方面来体现:

(1)衔接生产与消费的时间差。从商品生产到最终实现消费,这之间存在着时间差。大部分商品从生产到消费都需要仓储活动。如:季节性生产、常年消费的粮食,常年生产、季节性消费的冬季服装或夏季服装等。

(2)衔接生产与消费的空间差。商品生产与消费的矛盾主要表现在生产与消费地理上的差异。随着商品生产的发展,商品生产者逐渐与消费者分离,生产的商品不再是为了本人的消费,而是为了满足社会的消费需要。

(3)调节生产与消费的方式差异。同样,商品生产与消费的矛盾还表现在品种与数量方面。专业化的生产将生产的产品品种限制在比较窄的范围之内。专业化程度高,一个工厂生产的产品品种就少。而在信息化时代的今天,买方市场上消费者个性化需求的不断增长,要求更广泛的品种和更多样化的商品。因此在流通过程中,就要求不断在品种上加以组合,在数量上加以分散。

所以说,商品的仓储活动不是简单把生产和消费直接联系起来,而是需要一个复杂的组织过程。

2.科学的仓储管理可以保持商品的使用价值

商品从生产到消费的这段过程都会发生物理或化学变化,引起商品质量的变异。如粮食的陈化、商品的氧化等都会引起商品使用价值的失效。要使商品在流通过程中仍保持原有的使用价值,唯有科学合理的仓储管理才能够实现。

3.科学的仓储管理可以创造时间价值,获取“第三利润源”

商品从生产地到消费地主要由运输来完成,为了实现高效率的物资运输,物品需要在仓储活动中进行分装、包装等操作。为了满足销售的需要,商品还要在仓储活动中进行整合、分类与拆装。高效的企业管理已进入供应链的管理时代,企业间建立战略合作伙伴的关系,做到企业间库存信息共享。因此,仓储活动中库存信息反馈可以使企业把握市场需求的动向,是企业了解市场需求的重要途径。企业为此可以降低成本,满足客户需求的目的。

三、现代仓储管理的内容

仓储管理的对象是仓库及库存物资,具体包括如下几个方面:

(1)仓库的选址与建筑问题。例如,仓库的选址原则、仓库建筑面积的确定、库内运输道路与作业的布置等。

(2)仓库机械作业的选择与配置问题。例如,如何根据仓库作业特点和所储存物资的种类及其物理、化学特性,选择机械装备及应配备的数量,如何对这些机械进行管理等。

(3)仓库的业务管理问题。例如,如何组织物资出入库,如何对在库物资进行保管与养护。

(4)仓库的库存管理问题。

(5)仓储经营决策与计划。

(6)商务管理。

(7)仓库业务管理。

(8)安全管理。

(9)人事劳动管理。

(10)仓储成本核算与绩效分析。

此外,仓库业务的考核问题,新技术、新方法在仓库管理中的应用问题,都是仓储管理所涉及的内容。

四、仓储管理的发展过程

仓储管理的发展是随着生产力的发展、社会对仓储要求的不断提高、仓库结构及其技术设备的逐步科学化而不断变化发展的。概括地讲,仓储管理主要经历了简单仓储管理、复杂仓储管理和现代仓储管理三个发展阶段。

1.简单仓储管理阶段

在仓库出现的初期,以及后来相当长的时间内,由于生产力水平低下,库存数量和品种都很少,仓库结构简单、设备简陋,因此仓库管理结构就比较简单,主要负责产品出入库的计量及看管好库存物品使之不受损失,这种情况下的仓储活动,被称为简单仓储管理。

2.复杂仓储管理阶段

随着生产力水平的提高,特别是机器生产代替手工生产之后,仓储活动随之复杂化。一方面,仓库储存产品数量增多、品种复杂,产品性质各异,对储存提出了更高的要求;另一方面,由于社会分工越来越细,许多生产性活动也逐步发展到流通领域,使得仓库的职能发生了变化,仓库不仅仅是单纯进行储存的场所,还增添了产品的分类、挑选、整理、加工、包装等功能。由于储存商品复杂化和仓储职能的多样化引起了仓储建筑结构的变化以及技术设备的变化,仓储活动向复杂化方向发展。因此,这一阶段被称为复杂仓储管理阶段。

3.现代仓储管理阶段

随着科学技术的进步,特别是计算机的出现和发展,给仓储业带来了的重大变化。现代化仓库以机械化、自动化、立体化高层货架为代表,而随着计算机技术的不断应用和发展,现代化仓库将逐步发展成为由计算机控制的自动化仓库。现代化仓库的出现,要求仓储工作人员专业化、仓储管理科学化、仓储手段现代化。因此,现代仓储管理既要有现代管理的手段和方法,又要有先进的仓储设施。由此看来,现代仓储管理可以理解为仓储机构采用先进的科学技术和管理方法,充分利用所具有的仓储资源,提供高效的仓储服务所进行的计划、组织和协调的过程。目前,国际上许多先进的仓储,已经不是原来意义上的仓储了,而逐步演变成能提供多种服务的商品配送中心,我国一些有条件的仓储企业也正在向配送中心发展。

第三节　库存管理的内容

一、库存及库存管理的概念

（一）库存的概念

“库存”，在英语里面有两种表达方式：Inventory 和 Stock，它表示用于将来目的的资源暂时处于闲置状态。一般情况下，人们设置库存的目的是防止短缺，就象水库里储存的水一样。另外，它还具有保持生产过程连续性、分摊订货费用、快速满足用户订货需求的作用。在企业生产中，库存是出于种种经济考虑而存在的，是由于人们无法预测未来的需求变化，才不得已采用的应付外界变化的手段。

在库存理论中，人们一般根据物品需求的重复程度分为单周期库存和多周期库存。单周期需求也叫一次性订货，这种需求的特征是偶发性和物品生命周期短，因而很少重复订货，如报纸，没有人会订已过期的报纸来看，人们也不会在农历非八月预订中秋月饼，这些都是单周期需求。多周期需求是在长时间内需求反复发生，库存需要不断补充，在实际生活中，这种需求现象较为多见。我们将多周期需求又可以分为独立需求库存与相关需求库存两种属性。所谓独立需求是指需求变化独立于人们的主观控制能力之外，因而其数量与出现的概率是随机的、不确定的、模糊的。相关需求的需求数量和需求时间与其他的变量存在一定的相互关系，可以通过一定的数学关系推算得出。对于一个相对独立的企业而言，其产品是独立的需求变量，因为其需求的数量与需求时间对于作为系统控制主体（企业管理者）而言，一般是无法预先精确确定的，只能通过一定的预测方法得出。而生产过程中的在制品以及需要的原材料，则可以通过产品的结构关系和一定的生产比例关系准确确定。

（二）库存管理的概念

库存管理也称为库存控制是指对制造业或服务业生产、经营全过程的各种物品、产成品以及其他资源进行管理和控制，使其储备保持在经济合理的水平上。是企业根据外界对库存的要求，订购的特点，预测、计划和执行一种库存的行为，并对这种行为进行控制，重点在于确定如何订货、订购多少，何时定货等问题。过去认为仓库里的商品多，表明企业发达、兴隆，现在则认为零库存是最好的。库存多，占用资金多，利息负担加重。但是如果过分降低库存，则会加大短缺成本,造成货源短缺。

对库存管理控制不利会导致库存的不足或剩余。库存不足将会错过销货机会、失去销售额,甚至失去客户。反之,库存过剩则会加大库存的持有成本。库存管理基于两个方面:一是用户服务水平,即在正确的地点,正确的时间,有足够数量的合适商品;另一个则是订货成本与库存持有成本。

库存管理的目的是在满足顾客服务要求的前提下通过对企业的库存水平进行控制,力求尽可能降低库存水平、提高物流系统的效率,以强化企业的竞争力,库存管理的作用主要体现在企业经营中和物流管理中。

1.库存管理在企业经营中的作用

在经营过程的各个环节中存在着库存,也就是说,在采购、生产、销售的不断循环过程中,库存能使各个环节相对独立的经济活动成为可能,同时库存可以调节各个环节之间由于供求品种及数量的不协调而发生的变化。对于库存在经营中的作用,不同的部门存在不同的看法。例如,库存管理部门尽量保持最低的库存数量以减少资金积压,从而节约成本。销售部门想维持较高的库存数量和尽可能备齐各种商品来避免缺货的可能,以提高客户满意度。采购部门为了降低单位购买成本往往利用数量折扣的优惠,一次采购大量的物资来实现最低的购买单价,而这样又不可避免会增大库存数量。制造部门愿意对同一产品进行大批量生产,这样可以降低单位产品的成本费用,然而这样又往往会增加库存数量。运输部门倾向于大批量发运,利用运量折扣来降低单位运输成本,这样会增加每次运输过程中的库存数量。总之,库存管理部门和其他部门的目标存在着冲突,为了实现恰当库存管理,需要协调各部门之间的关系,使每个部门不仅以有效实现本部门的职能为目标,更要以实现企业的整体效益为目标。

高的客户满意度和低的库存投资似乎是一对矛盾,过去认为这对目标不可能同时实现。现在,通过应用新型的物流管理技术,同时伴随着改进组织内部管理和强化部门协调,经营者可同时实现这一目标。

2.库存管理在物流管理中的作用

如果把视野从一个经营实体扩大到由供应商、制造商、批发商和零售商组成的物流范围来考虑库存问题的话,就会发现有问题的库存数量将会大大增加。过去,组成整个物流各经营者之间的关系是买卖关系,相互之间不进行库存信息的交流与共享,从而形成不必要的大量库存,同时降低了客户的满意度。比如,组成供应链的各个经营者对各自供应商及时、准确交货的承诺并不能全信,因而,它们的储存往往超过实际需要库存量(1+X%),以防万一出现供应商延期交货或不能交货的情况,这种超过实际需要量的库存常常被称为“缓冲库存”。同样地,组成供应链的各个经营者相互之间缺乏必要的信息交换,从而对客户的需求,特别是最终消费者的实时需求难以把握,往往依靠预测来安排生产,从而产生库存不足或过剩的现象。另外,为了满足客户的大量突发性订货往往准备“缓冲库存”。据有关资料统计,这种缓冲库存差不多占整个零售业库存的1/3。所以说,从供应链整体来看,过去这种传统交易习惯导致的不必要库存给企业增加了持有成本,而这些成本最终将反映在销售给客户的产品价格上,从而减少顾客的满意度。因而对整个物流范围进行库存管理不仅可以降低库存水平,从而减少资金积压和库存持有成本,而且还可以提高客户的满意度。当然,实现真正意义上的零库存,在现实中是不可能的,这只是经营策略及时跟进方式下的努力目标。目前,已经出现了许多在维持或改进客户服务水平的基础上优化企业内部和整个供应链库存的方法和灵活运用技巧。

随着物流业的发展和供应链的形成,企业间的关系从过去建立在客户交易基础上的关系向基于共同利益的协作伙伴型关系的转变,供应链各个经营者间交换信息,协调进行库存管理出现可能,而先进的库存管理方法和技术的出现使之成为可能。

二、库存管理的功能

一般情况下,生产与消费者之间均有时间差,库存管理主要功能就是在供应和需求之间进行时间调整。

(1)防止断货。缩短从接受定单到送达货物的时间,以保证优质服务,同时又要防止脱销。

(2)保证适当的库存量,节约库存费用。

(3)降低物流成本。用适当的时间间隔补充与需求量相适应的合理的货物量以降低物流成本,消除或避免销售波动的影响。

(4)保证生产的计划性、平稳性以消除或避免销售波动的影响。

(5)储备功能。在价格下降时大量储存,减少损失,以应灾害等不时之需。

关于仓库(库存)放在什么地方的问题,首先要考虑数量和地点。如果是配送中心,则应尽可能根据顾客需要,设置在适当的地方;如果是存储中心,则以尽可能减少向配送中心补充为原则,地点则没有一定的要求。当代仓库据点确定之后,则要考虑在各据点里都储存什么样的商品了。

三、库存管理的成本

库存成本由以下项目构成:

(1)物料成本,指购买或生产该物料所花费的费用。

(2)订货成本,又称采购成本,用于对外订货,指每次订货或采购所发生的全部费用。

(3)作业更换成本,又称工艺、设备调整费或生产准备成本,指在批量生产方式下,加工对象发生变化(即作业更换)时所发生的费用。

(4)储存保管成本,又称储存成本,指储存、保管库存物料所发生的费用。

(5)缺货成本,指生产、经营过程中因库存不足出现缺货所造成的各项损失。

四、库存管理的未来发展趋势

库存管理是每个组织都面临的共同问题,随着计算机技术和网络通信技术的发展,全球经济一体化的推进,库存管理的发展趋势呈现计算机化、网络化、整合化和零库存方向发展。

(一) 计算机化与网络化管理

库存管理计算机化不仅能把复杂的数据处理简单化,而且能使库存管理系统化。由于计算机具有记忆、自动处理功能,因而能把复杂的库存管理工作推向更高的阶段。计算机的高效率能及时解决库存管理的临时变动、临时需要问题。

随着网络的迅速发展,库存管理网络化正成为一种新的趋势。充分利用网络渠道,可以大量节省通信和管理费用,可以及时查询公司在各地的库存资料。可以建立整个供应链下的库存管理系统,充公发挥出网络化的优势。网络化的库存管理还可以做到库存管理的实时性。

(二) 整合化管理

库存费用是企业物流管理的主要费用。因此,库存管理必须实行整合化,即把供应链上各相关的供应商、零售商、批发商、厂商等库存管理设施整合起来,实行企业库存管理的优化。

供应链管理下的库存管理是在满足顾客服务要求和前提下,力求尽可能地降低库存,提高供应链的整体效益。具体而言就是要实现以下目标:

(1)库存成本最低目标。

(2)库存保证程度最高目标。

(3)不允许缺货的目标。

(4)限定资金的目标。

(5)快捷的目标。

(二) 零库存管理

库存管理的终极点是实现零库存,当然这种零库存只是某个单位的零库存,是组织把自己的库存转移给其上游的供应商或下游的零售商,从而实现自己的零库存。如:丰田公司的准时制生产方式就是一种“零库存”。零库存应当包含两层意义:第一,库存物资的数量趋于零或等于零(即近乎于零库存物资);第二,库存设施、设备的数量及库存劳动耗费同时趋于零或等于零(即不存在着库存活动)。而后一种意义上的零库存,实际上是社会库存结构的合理调整和库存集中化的表现。就其经济意义而言,它并不来自通常意义上的仓库物资数量的合理减少。

通过以下途径可以实现零库存的库存管理:

1. 委托营业仓库存储和保管货物

所谓营业仓库是一种专业化、社会化程度比较高的仓库。它一般隶属于某个集团或集团公司,但其服务对象并不仅限于集团内部的成员企业,而是面向社会开展经营活动。我们把这种仓库称为"营业仓库"。显然,委托这样的仓库储存货物,从现象上看,就是把所有权属于用户的货物存放在专业化的仓库中,由后者代理用户保管和发送货物,用户则按一定的标准向受托方(仓库)支付服务费。在一定范围内便可以实现零库存和进行无库存式生产。

采用委托营业仓库方式来实现零库存,有利于受托方(营业仓库)充分发挥其专业化水平高的优势开展规模经营活动,从而能够做到以较低费用的库存管理提供较高水平的后勤服务。同时,也有利于委托方,可以减少大量的后勤工作,从而集中精力从事生产经营活动。当然,以上述方式实现的零库存,实质上是库存(或库存物资)位置的移动,它并没有减少社会总库存和降低库存物资总量。

2. 推行配套生产和"分包销售"的经营制度

推行配套生产和"分包销售"主要是制造业用于实现零库存的方式。在协作、配套的生产方式下,企业与企业之间的经济关系更加密切,从而在企业之间(上下游企业)能够自然地构筑起稳定的供货(或购货)渠道;供货渠道稳定,则意味着可以免除生产企业在后勤保障工作上存在着的后顾之忧,进而可促使其减少物资库存总量,甚至取消供应量库存,实现零库存。

在"分包销售"体制下,由于实行"统一组织产品销售、集中设库储存产品"的制度,并且是通过配额供货的形式将产品分包给经销商的。因此,在各个分包(销售)点上是没有库存的,也就是说,在分包销售制度下,分包者的"销售品库存"是等于零的。

3. 依靠物流企业准时而均衡供货

通常,物流企业都拥有配套的物流设施和先进的物流设备,也拥有大量的资金和物资资源。依靠物流企业准时而均衡地向需求者供货,实际上就是以集中库存的形式来保障生产经营活动的正常运转,从而实现零库存。

4. 实行"即时供货"制度

所谓"即时供货"即"看板供货"。这种供货制度就是在企业内部各工序之间，或者在建立供求关系的企业之间，采用固定格式的卡片由下一个环节根据自己的生产节奏逆方向向上一个环节提出供货要求，上一个环节则根据卡片上指定的供应数量、品种等即时组织送货。很明显，实行这样的供货办法（或供货制度），可以做到准时、同步向需求者供应货物。在这种场合下，后者自然不会另设库存。

【案例分析】

从英迈的几个数字、几件小事中我们可以获悉，英迈在分销渠道中具有的最大优势，是运作成本，而这一优势又往往被归于其采用了先进的 Impulse 系统。但从中已可看出，英迈优势的获得并非像看起来那样简单，而是对每一个操作细节不断改进、日积月累而成的。从所有的操作流程看，成本概念和以客户需求为中心的服务观念贯穿始终，这才是英迈竞争的核心所在。

作为对市场销售的后勤支持部门，英迈运作部认为，真正的物流应该是一个集中的运作体系，一个公司能不能围绕新的业务，通过一个订单把后勤部门全部调动起来，这是一个核心问题。产品的覆盖面不见得是公司物流能力的覆盖面，物流能力覆盖面的衡量标准是其经得起公司业务模式的转换，换了一种产品仍然能覆盖到原有的区域。解决这个问题的关键是建立一整套物流运作流程和规范体系，这也正是大多数国内物流企业和 IT 企业所欠缺的物流服务观念。

【本章小结】

本章首先讨论仓储业。仓储业是指从事仓储活动的经营企业的总称。我国仓储业存在着条块分割、仓库多、宏观布局不合理，仓储拥有量大，管理水平较低，仓储技术发展不平衡，仓储业务人员素质低，仓储管理方面的法律、法规不够健全等特点。仓储在物流体系中扮演“节点”的角色。不仅化解了供求之间在时间上的矛盾，同时也创造了新的时间效益（如时间上的差异等）。我国仓储业向着专业化、网络化、信息化等方向的发展。

再者讨论了现代仓储管理的内容，仓储的基本经济利益和增值服务利益，仓储管理的意义和仓储管理的三个发展过程。

最后讨论了库存及库存管理。库存管理是指对制造业或服务业生产、经营全过程的各种物品、产成品以及其他资源进行管理和控制，使其储备保持在经济合理的水平上。库存管理主要功能就是在供应和需求之间进行时间调整。未来库存管理将向着信息化、网络化、整合化方向发展，实现零库存管理将是库存管理的目标。

【习 题】

一、理论题

(一)名词解释

仓储 仓储业 仓储管理 库存管理

(二)问答题

1. 如何区分现代仓储业与传统仓储业?

2. 简述仓储业在物流系统中的地位和作用?

3. 仓储的增值服务利益有哪些? 有什么意义?

4. 现代仓储管理的内容是什么?

二、实践题

1. 选择一家地方仓储企业进行实地调研,分析一下它的主要任务是什么? 技术与管理手段体现了现代仓储业的特点了吗? 存在什么问题? 可以如何改进?

第七章　现代仓储作业管理

【案例学习】

大连恒新零部件公司配件出入库管理制度

大连恒新零部件制造公司(以下简称恒新公司),隶属于大连市政府,是大连市50家纳税大户之一。作为大连市重点企业,恒新公司原材料需求很大,每年采购额约4亿元,所以如何对库存进行管理和控制对企业的发展至关重要。

恒新公司在总结多年实践经验的基础上,制定出下述的出入库管理制度,取得了很好的效果。

配件的出、入库是仓库业务管理的重要阶段。入库是物资存储活动的开始,这一阶段主要包括接运、验收和办理入库手续等环节;而出库则是仓库业务的最后阶段,它的任务是把配件及时、迅速、准确地发放到使用对象。因此,仓库应努力做好出、入库工作。

(1)验货接运。到货接运是配件入库的第一步。它的主要任务是及时而准确地接收入库配件。在接运时,要对照货物运单认真检查,做到交接手续清楚,证件资料齐全,为验收工作创造有利条件。避免将已发生损失或差错的配件带入仓库,造成仓库的验收或保管出现困难。

(2)验收入库。凡要入库的配件,都必须经过严格的验收。物资验收是按照一定的程序和手续,对物资的数量和质量进行检查,以验证它是否符含订货合同的一项工作。验收为配件的保管和使用提供可靠依据,验收记录是仓库对外提出换、退货、索赔的重要凭证。因此,要求验收工作做到及时、准确,在规定期限内完成,要严格按照验收程序进行。

(3)办理入库手续。经验收无误后即应办理入库手续,进行登账、立卡、建立档案,妥善保管配件的各种证件、账单资料。

(4)为保证配件出库的及时、准确性,使出库工作尽量一次完成。同时,要认真实行“先进先出”的原则,减少物资的储存时间,严格按照出库程序进行。

仓库出、入库工作的好坏直接影响企业的秩序,影响配件的盈亏、损耗和周转速度,因此,仓库应努力做好出、入库工作。

【本章要点】

★ 入库作业管理
★ 储存作业管理
★ 出库作业管理
★ 盘点作业管理
★ 装卸搬运作业管理
★ 仓库安全管理

第一节　入库作业管理

物资入库作业,按照工作顺序,大致可划分为两个阶段:一是入库前的准备;二是确定物资入库的操作程序。

一、物资入库前的准备工作

做好入库前的准备工作,可以保证物资准确、迅速、安全入库;可以防止由于突然到货而造成忙乱,以至于拖延入库时间。物资入库前的准备工作,有两方面的内容:一是编制仓库的物资入库计划;二是入库前的具体准备工作。

1.编制仓库物资入库计划

物资入库计划,是仓库业务计划的重要组成部分。仓库为了有计划地安排仓位,筹集各种器材,配备作业的劳力,使仓库的存储业务最大限度地做到有准备、有秩序地进行。

物资入库计划,是根据企业物资供应业务部门提供的物资采购进货计划来编制的,企业物资采购进货计划,其主要内容包括各类物资的进库时间、品种、规格、数量等。这种计划通常也叫物资储存计划。

仓库部门根据供应计划部门提交的采购进度计划,结合仓库本身的储存能力、设备条件、劳动力情况和各种仓库业务操作过程所需要的时间,来确定仓库的入库业务计划。

企业物资供应部门的物资储存计划、进货安排会经常发生变化。为适应这种情况,仓库管理上可采取长计划、短安排的办法,按月编制作业计划。

2.入库前具体准备工作

物资入库的具体准备工作,是仓库接收物资入库的具体实施方案,这种具体方案,是根据仓库业务计划并通过日常与供应业务部门、物资运输部门的联系,在掌握入库物资的品种、数量、到货地点、到货日期等具体情况的基础上来确定,其主要内容有:

(1)组织人力。按照物资到达的时间、地点、数量等,预先做好到货接运、装卸搬运、检验、堆码等人力的组织安排。

(2)准备物力。根据入库物资的种类、包装、数量等情况以及接运方式,确定搬运、检验、计量等方法,配备好所用车辆,检验器材、度量衡器和装卸、搬运、堆码苫垫的工具,以及必要的防护用品、用具等。

(3)安排仓位。按入库物资的品种、性能、数量、存放时间等,结合物资的堆码要求,维修、核算占用仓位的面积,以及进行必要的腾仓、清场、打扫、消毒,准备好验收的场地等。

(4)备足苫垫用品。根据入库物资的性能、储存要求、数量多少以及保管场所的具体条件等,确定入库物资的堆码形式和苫盖、下垫形式,准备好苫垫物料,做到物资的堆放与苫垫工作同时间内一次性完成,以确保物资的安全和避免以后的重复工作。

二、物资入库的操作程序

物资入库工作,必须经过物资接收、搬卸、装运、检查包装、点清数量、验收质量、物资堆码、办理交接手续和登账手续等一系列的操作过程。这一仓库物资入库作业过程,要求在一定的时间内,迅速、准确地完成。除了要切实做好物资入库前的各项准备工作之外,还必须按照一定的合理的具体操作程序来组织好入库作业。这套程序是:入库物资接运、核对入库凭证、大数点收、检查包装、办理交接手续、物资验收、办理物资入库手续。

1.物资接运

物资接运人员,要熟悉交通运输部门及有关供货单位的制度和要求,根据不同的接运方式,处理接运中的各种问题。

(1)专用线接运。专用线接运是铁路部门将转运的物资直接运送到仓库内部专用线的一种接运方式。仓库接到车站到货通知后,应确定卸车货位,力求缩短场内搬运距离,准备好卸车所需的人力和机具。车皮到达后,要引导对位。

(2)车站、码头提货。到车站提货,应向车站出示“领货凭证”。如果“领货凭证”发货人未予寄到,也可凭单位证明或单位提货专用章在货票存查联上加盖,将货物提回。到码头提货稍有不同,即提货人要事先在提货单上签名并加盖公章或附单位提货证明,到港口货运码头要回货物运单,即可到指定的库房提取货物。

提货时,应根据运单和有关资料认真核对物资的名称、规格、数量、收货单位等。仔细进行外观检查,如包装是否铅封完好,有无水渍、油渍、受潮、污损、锈蚀、短件、破损等。如果有疑点,或者与运单记载不相符合,应当会同承运部门共同查清,并开具文字证明;对短缺、损坏等情况,属于承运部门责任的,作出货运记录。

货到库后,接运人员应及时将运单连同提取回的物资向保管人员当面点交清楚。然后由双方办理交接手续。

(3)自提货。仓库直接到供货单位提货,叫做自提。自提这种方式的特点,是提货与验收同时进行。仓库根据提货通知,要了解所提物资的性质、规格、数量,准备好提货所需的设备、工具和人员。到供货单位当场进行物资验收,点清数量,查看外观质量,做好验收记录。提货回仓库后,交验收员或保管员复验。

(4)送料。这是供货单位将物资直接送达仓库的一种供货方式。当货物到达后,保管员或验收员直接与送货人办理接收工作,当面验收并办理交接手续。如果有差错,立即做出记录,由送货人签章,向有关方面提出索赔或其他办法处理。

(5)差错处理。在接运过程中,有时会发现和发生差错,如错发、混装、漏装、丢失、损坏、受潮和污损等。这些差错的原因,有的属于发货单位造成的,有的属于承运单位造成的,也有的是在接运短途运输装卸中自己造成的。这些差错,除了由于人们不可抗拒的自然灾害或物资本身性质引起的以外,所有差错的损失应向责任者提出索赔。

(6)接运记录。在完成物资接运工作的同时,每一步骤应有详细的记录。接运记录(表 7-1)应详列接运物资到达、接运、交接等各环节的情况。

表 7-1 接运记录单

序号	到达记录								接运记录					交接记录			
	通知到货时间	运输方式	发货站	运单号	车号	货物名称	件数	重量	日期	件数	重量	缺损情况	接货人	日期	通货通知单编号	附件	收货人

接运工作全部完成后,所有的接运资料,如接运记录、运单、运输普通记录、货运记录、损耗报告单、交接证以及索赔单和文件、提货通知单及其他有关资料等均应分类输入电脑系统以备复查。

2. 核对凭证

物资运抵仓库后，仓库收货人员首先要检验物资入库凭证，然后按物资入库凭证所列的收货单位、货物名称、规格数量等具体内容，与物资各项标志核对。如发现送错，应拒收退回；一时无法退回的，应进行清点并另行存放，然后作好记录，待联系后再处理。经复查核对无误后，即可进行下一道工序。

3. 大数点收

大数点收，是按照物资的大件包装（即运输包装）进行数量清点。点收的方法有两种：一是逐件点数计总；二是集中堆码点数。

逐件点数，如靠人工点记则费力易错，可采用简易计算器，计数累计以得总数。对于花色品种单一、包装大小一致、数量大或体积较小的物资，适于用集中堆码点数法，即入库的商品堆成固定的垛形（或置于固定容量的货架），排列整齐，每层、每行件数一致，一批商品进库完毕，货位每层（横列）的件数其顶层的件数往往是零头，与以下各层的数不一样，这是特别要注意的地方，以免由于统一统计而产生差错。大数点收应注意以下事项：

(1)件数不符。接货大数点收中，如发生件数与通知单所列不符，数量短少，经复点确认后，应立即在送货单各联上批注清楚，应按实数签收，同时，由收货人员与承运人共同签章。经验收核对确实，由保管人员将查明短少物资的品名、规格、数量通知运输部门、发货单位和货主。

(2)包装异状。收货中如发现物资包装有异状时，收货人员应会同送货人员开箱、拆包检查，查明确有残损或细数短少情况，由送货人员出具入库物资异状记录，或在送货单上注明。同时，应通知保管人员另行堆放，勿与以前入库的同种物资混堆在一起，以待处理。

如入库物资包装损坏十分严重，仓库不能修复。加上由此而无法保证储存安全时，应联系货主或供货单位派人员协助整理，然后再验收入库。未正式办理入库手续的物资，仓库要另行堆存。

(3)物资串库。在点收入库物资时，如发现货与单不符，有部分物资错送来库的情况（俗称串库），收货人员应将这部分与单不符的物资另行堆放，待应收的商品点收完毕后，交由送货人员带回，并在签收时如数减除。如在验收、堆码时才发现串库物资，收货人员应及时通知送货员办理退货更正手续，不符的物资交送货人员或运输人员提回。

(4)物资异状损失。指接货时发现物资异状和损失的问题。设有铁路专用线的仓库，在接收物资时如发现短少、水渍、玷污、损坏等情况时，由仓库收货人员直接向交通运输部门交涉。如遇车皮或船舱铅封损坏，经双方会同清查点验，确有异状、损失情况，应向交通运输部门按章索赔。如该批商品在托运之时，发货方另有附言，损失责任不属交通运输部门者，亦应请其作普通记录，以明责任，并作为必要时向供货单位要求赔偿损失的凭证。

4.检查包装

在大数点收的同时，对每件物资的包装和标志要进行认真的查看。检查包装是否完整、牢固，有无破损、受潮、水渍、油污等异状。物资包装的异状，往往是物资受到损害的一种外在现象。如果发现异状包装，必须单独存放，并打开包装详细检查内部物资有无短缺、破损和变质。逐一查看包装标志，目的在于防止不同物资混入，避免差错，并根据标志指示操作，确保入库储存安全。

5.办理交接手续

入库物资经过上述工序，就可以与接货人员办理物资交接手续。交接手续通常由仓库收货人员在送货回单上签名盖章表示物资收讫。如果上述程序中发现差错、破损等情形，必须在送货单上详细注明或由接货人员出具差错、异状记录，详细写明差错的数量、破损情况等，以便与运输部门分清责任，并作为查询处理的依据。

6.物资验收

在办完交接手续后，仓库要对入库的物资做全面的认真细致的验收，包括开箱、拆包、检验物资的质量和细数。物资验收应注意以下问题：

(1)细数不符。在开箱、拆包核点物资细数时，如发现有多余情况，应在入库通知单上按实签收，并通知发货方及货主，不能作溢余处理，如发现数量减少，也应按实际数量签收，同时联系发货方和货主，不能以其他规格的公余物资作抵充数，或以其他批次余额抵补。

(2)质量问题。开箱、拆包验收而发现商品有残损、变质情况，保管员或验收人员将残损物资另列，好坏分开。签收的单据则根据货主的规定办理，可同时在一份物资入库单上分完好物资、残损物资签收，也可另设残损商品入库单。残损商品签收后，也应及时通知货主和发货方，并分开堆存，保持原状(如玻璃制品的破损原件等)，以便货主检查和处理。

(3)查询处理。这是仓库将物资验收中的具体问题，用书面形式通知货主或发货方要求查明情况进行处理的一种方式。一般分别按溢收、短缺、残损、质差等情况用不同表式填送给货主并抄送发货方。

有时仓库只提供验收中存在问题的记录材料，由货主填送表式给发货方。一般采用的表式有来货残损、“变质商品查询处理表”和“收货清点溢余、短少表”(表7-2)两种，其联数多少视业务需要而定。查询单不可作入库原始凭证用于登记物资账。

表 7-2 物资溢余、短缺、破损查询单

到货时间　　年　月　日　　　　车单编号　　字　号

验收日期　　年　月　日　　　　材料单编号　　字　号

发货单位		合同号		运次		车号		凭证号		质量证明书	
运输方式		发站		运单号		到站		承付日期		发货件数	

目录编号	原始凭证记录				实收数	溢收		短缺		残损		质差		规格不符		备注
	器材名称及规格	单位	数量	总价		数量	金额	数量	金额	数量	金额	数量	金额	数量	金额	

收料部门验收及处理意见：

发料部门复查及处理意见：

收料单位：　　审核：　　经办人：　　发料单位：　　签复人：　　年　月　日

7.办理物资入库手续

物资验收后，由保管员或收货员根据验收结果，在商品入库单上签收。同时将物资存放的库房(货场)、货物编号批注在入库单上，以便记账、查货和发货。经过复核签收的多联入库单，除保管人员存一联备查，账务员留一联登记物资账外，其余各联退送货主，作为存货的凭证。

物资入库手续包括：登账、立卡、建档。

(1)登账。登账，即建立物资明细料账。物资明细料账，即根据物资入库验收单和有关凭证建立的物资保管明细账，并按照入库物资的类别、品名、规格、批次等，分别立账。它是反映在库存物资进出、储存动态的账目。按照账目管理分工，企业的财务部门负责总账的管理，一般只分物资大类记账，并凭此进行财务核算。物资保管部门负责物资明细大类记账，并凭此进行财务核算。物资保管部门负责物资明细账目的管理，凭此进行物资进、出业务活动。明细账除有物资的品名、规格、批次之外，还要标明物资存放的具体位置、物资单价和金额等。它是物资账目管理的“总账”，是企业对账的基础，应当准确无误。

(2)立卡。立卡，即填制物资的保管卡片，也称料卡。料卡，是用以直接标明物资的品名、规格、单价、进出动态和结存数量的卡片，是由负责该种物资保管的人员负责填制，是保管进行业务活动的“耳目”。

料卡的管理办法，一是由保管员集中保存管理。这种方法有利于责任制的贯彻,即专人专责管理。但是如果有进出业务而该保管员缺勤时就难以及时进行。二是将填制的料卡直接挂在物资垛位上。挂放位置要明显、牢固。这种方法的优点是便于随时与实物核对,有利于物资进、出业务的及时进行,可以提高保管人员作业活动的工作效率。

(3)建档。建档,是将物资入库业务作业全过程的有关资料证件进行整理、核对,建立资料档案,为物资的保管、出库业务活动创立良好的条件。

第二节 储存作业管理

一、储存作业管理的原则

在储存作业管理中,有几个重要原则必须特别注意,否则作业效率与库存商品的保管质量都要受到严重的影响。

(1)先进先出原则。在仓库保管中,先进先出是一项非常重要的原则,尤其是有时间性的产品,如果不以先进先出的原则进行处理,可能会造成储存货物的过期或者变质,以致于影响整个仓库的保管效益。

(2)零数先出原则。在仓库中,时常会有拆箱零星出货的情形发展。因此,在出货时,必须考虑以零数或者已经拆箱的产品优先考虑出货。

(3)重下轻上原则。在储存规划时,如果是多层楼房时,应该考虑较重的产品存放在楼下,而较轻的产品存放在楼上。如果是使用料架堆叠或者是直接平放地面时,则应该考虑较重的产品存放在下层容易进出的地方,而较轻的产品则应该存放在上层的位置。如此规划布置,才能避免较轻的产品被较重的产品压坏,同时,也可以提高仓库作业的效率。

(4)A、B、C分类布置原则。在产品规划布置上,首先应该以产品畅销排行,将产品进行A、B、C分类。在平面布置时,把畅销的A类产品规划靠近门口或者是走道旁,把最不畅销的C类产品规划在角落或者是靠门口较远的地方,而B类产品则堆放在A类与C类产品之间。如果是使用托盘式料架时,则必须考虑A类产品存放于料架第一层容易存取的地方,而B类产品存放在第二层,C类产品则存放于最上层比较不容易存取的地方。如果使用箱式料架时,则必须考虑人体学,即A类产品存放于人站立时两手很容易存取的中层位置,而B类产品则存放于需要蹲下时才能存取的位置,C类产品则存放于需要使用梯子或者是椅子才能存取得到的上层存储位置。如果能够考虑以上原则,不需要提供硬件设备,就能够提高仓储作业效率。

(5)特性相同的产品存放在一起。在仓库保管中,往往会有许多种类的产品存放在一起,但是每一种产品的特性大都不一样,有时存放在一起会产生变质的情形。例如,有些产品会散发气味(香皂、香水等),有些产品则会吸收气味(茶叶等产品),甚至有些产品散发、吸收气味都有(香烟等产品)。若是把会散发气味与吸收气味的产品存放在一起,则会使产品的质量产生变化,甚至造成退货的情形。因此在仓库保管中,一定要特别注意此项原则。

二、储存作业管理的措施

(一)通风

通风是指采取措施,加大空气流通的保管手段。利用干燥空气的大量流通,能降低货物的含水量;利用低温空气降低货物温度;通风还具有消除货物散发出的有害气体的作用,如造成窒息的二氧化碳、使金属生锈的二氧化硫、酸气等;能增加空气氧分的含量。当然通风也会将空气中的水分、尘埃、海边空气的盐分等带入仓库,影响货物。

仓库通风有自然通风、机械自然通风、机械循环通风、制冷通风等方式。普通仓库只采用前两者通风方式。

(二)温度控制

除了冷库外,仓库的温度直接受天气温度的影响,库存货物的温度也就随天气温度同步变化。货物温度高时,会发生融化、膨胀、软化,容易发生腐烂变质、挥发、老化、自燃,甚至发生物理爆炸。温度太低时,会变脆、冻裂、液体膨胀等损害货物。一般来说,绝大多数货物在常温下都能保持正常的状态。

普通仓库的温度控制主要是避免阳光直接照射货物,因为在阳光直接照射的地表温度要比气温高很多,午间甚至高近一倍。仓库遮阳采用仓库建筑遮阳和苫盖遮阳。不同建筑材料的遮阳效果不同,混凝土结构遮阳效果较佳。对怕热货物应存放在仓库内阳光不能直接照射的货位。

对温度较敏感的货物,在气温高时可以采用洒水降温,包括采取直接对货物洒水,对怕水货物可以对苫盖、仓库屋顶洒水降温。在傍晚或夜间,可将堆场货物的苫盖适当揭开通风,也是对露天堆场货物降温保管的有效方法。

货物自热是货物升温损坏的一个重要原因,对容易自热的货物,应经常检查货物温度,当发现升温时,可以采取加大通风、洒水等方式降温,翻动货物散热降温。必要时,可以在货垛内存放冰块、释放干冰等措施降温。

此外,仓库里的热源也会造成温度升高,应避开热源,或者在高温季节遮免使用仓库内的热源。

在严寒季节,气温极低时,可以采用加温设备对货物加温防冻。在突至的寒潮到达前对货物进行保暖苫盖,也具有短期保暖效果。

(三)湿度控制

湿度分为货物湿度、空气湿度(大气湿度)。笼统来说,湿度表示含水量的多少,但在不同场合又有不同的表示方式。对货物采用含水量指标,用百分比表示;对空气湿度则又分为绝对湿度和相对湿度两种方式表示;对空气中的水汽结露成水珠采用露点来表示。

1.货物湿度

货物湿度指货物的含水量。货物的含水量对货物有直接的影响,含水量高,则容易发生霉变、锈蚀、溶解、发热甚至化学反应等;含水量太低,则会发生干裂、干涸、挥发、容易燃烧等危害。控制货物的含水量是货物保管的重要工作。对于大多数货物要求较低的含水量,具体可根据货物资料确定合适的含水量标准(见表7-3)。

表7-3 几种货物的温湿度要求

种　类	温度/℃	相对湿度(%)	种　类	温度/℃	相对湿度(%)
金属及其制品	5—30	≤75	重质油、润滑油	5—35	≤75
碎末合金	0—30	≤75	轮胎	5—35	45—65
塑料制品	5—30	50—70	布电线	0—30	45—60
压层纤维塑料	0—35	45—75	工具	10—25	50—60
树脂、油漆	0—30	≤75	仪表、电器	10—30	70
汽油、煤油、轻油	≤30	≤75	轴承、钢珠、滚针	5—35	60

2.空气湿度

空气的湿度用绝对湿度和相对湿度两种方式表示。绝对湿度是指空气中含水汽量的绝对数,用帕(Pa)或克/立方米(g/m^3)表示,如25℃时,空气最高绝对湿度(也称为饱和湿度)为31.7×10^2Pa或者22.80g/m^3。温度越高,空气中水分子的动能越大,空气含水汽的能力就越高,空气的绝对湿度就会越高。相对湿度则是空气中的含水汽量与相同温度空气能容纳下的最大水汽量的百分比,最大时为100%。相对湿度越大,表明空气中的水汽量距离饱和状态越接近,表示空气越潮湿;相反,相对湿度越小,表明空气越干燥。

露点是指在一定温度下含有一定水汽量(未饱和)的空气,将温度下降,直到空气达到饱和状态,并开始出现水珠时的温度为露点。露点用温度表示。如果气温下降到露点以下,空气中的水汽就会在物体表面凝结成水滴,俗称“汗水”,会造成货物的湿损。

空气湿度可以采用干湿球温度计(表)测定和经过换算得出。干湿球温度计(表)由干球温度计(表)和湿球温度计(表)组成。干球温度计(表)直接测量空气温度;湿球温度计(表)下端裹缠纱布,纱布部分浸泡在水中,测量得到湿球温度,由于纱布的水分蒸发吸热,湿球温度计(表)的测量温度一般比干球温度计(表)低,当空气中水汽达到饱和时,两者相同。

3.湿度控制

(1)湿度监测。仓库应经常进行湿度监测,包括空气湿度和仓内湿度监测。一般每天早、晚各监测一次,并做好记录。

(2)空气湿度太低时的处理措施。空气湿度太低,意味着空气太干燥,应减少仓内空气流通,采取洒水、喷水雾等方式增加仓内空气湿度,或者对货物采取加湿处理,直接在货物表面洒水。

(3)空气湿度太高时的处理措施。封闭仓库或者密封货垛,避免空气流入仓库或货垛;或者在有条件的仓库采用干燥式通风、制冷除湿;在仓库或货垛内摆放吸湿材料,如生石灰、氯化钙、木炭、硅胶等;及时擦干、排除出现的水汽;特殊货仓可采取升温措施。

(四)特殊情况下的保管

为了保证保管质量,除了温度、湿度、通风控制外,仓库应根据货物的特性采取相应的保管措施。如对货物进行油漆,涂刷保护涂料,除锈、加固、封包、密封等,发现虫害及时杀虫,释放防霉药剂等针对性保护措施。必要时采取转仓处理,将货物转入具有特殊保护条件的仓库,如冷藏。

第三节　出库作业管理

物资出库业务管理,是仓库根据出库凭证,将所需物资发放给需用单位所进行的各项业务管理。物资出库作业的开始,标志着物资保管养护业务的结束。物资出库业务管理有两方面的工作:一是用料单位方面,按规定填写领料凭证,如领料单、提货单、调拨单等,并且所领物资的品种、规格、型号、数量等项目及提取货物的方式等必须书写清楚、准确;二是仓库方面,必须核查领料凭证的正误,按所列物资的品种、规格、型号、数量等项目组织备料,并保证把物资及时、准确、完好的发放出去。

一、物资出库作业管理的原则

1.按程序作业

物资发料出库必须按规定程序进行,领料提货单据必须符合要求。对于非正式凭证或白条一律不得发料出库。

2.坚持“先进先出”原则

在保证物资使用价值不变的前提下,坚持“先进先出”的原则。同时要做到保管条件差的先出,包装简易的先出,容易变质的先出,有保管期限的先出,回收复用的先出。

3.做好发放准备

为使物资得到合理使用、及时投产,必须快速、准确发放。为此,必须做好一起发放的各项准备工作。如“化整为零”、备好包装、复印资料、组织搬运人力、准备好设备工具,等等。

4.及时记账

物资发出后,应随即在物资保管账上核销,并保存好发料凭证,同时调整卡吊牌。

5.保证安全

物资出库作业,要注意安全操作,防止损坏包装和震坏、压坏、摔坏物品。同时,还要保证运输安全,做到物品包装完整,捆扎牢固,标志正确清楚,性能不互相抵触,避免发生运输差错和损坏物品的事故。同时也要保障物品质量安全。仓库作业人员必须经常注意物品的安全保管期限等,对已变质、过期失效、失去原使用价值的物品不允许分发出库。

二、物资出库作业程序

企业自用库和中转库在物资出库业务上有些不同。一般来说,企业自用库比较简单,对于中转库,它的物资出库程序是:物资出库前准备→核对出库凭证→备料→复核→出库交接→销账存档等。

1.物资出库前准备

物资出库前的准备工作分为两方面:一方面是计划工作,就是根据需货方提出的出库计划或要求,事先做好物资出库的安排,包括货场货位、机械搬运设备、工具和作业人员等的计划组织,另一方面要做好出库物资的包装和涂写标志工作。

出库发运外地的物资,包装要符合运输部门的规定和适合物资的特点,大小和形状适宜、牢固,便于搬运装卸。

出库物资大多数是原件分发的，由于经过运输，多次中转装卸、堆码及翻仓倒垛或拆件验收，部分物品包装不能再适应运输的要求，所以仓库必须根据情况事先进行整理加固或改换包装。

对经常需要拆件发零的物品，应事先备好一定的数量和不同品种的物品，发货付出后，要及时补充，避免临时再拆整取零，延缓付货。

有装箱、拼箱、改装等业务的仓库，在发货前应根据物品的性质和运输部门的要求，准备各种包装材料及相应的衬垫物。还要准备刷写包装标志的用具、标签、颜料等。

出库商品从办理托运到出库的付运过程中，需要安排一定的仓容或站台等理货场所，需要调配必要的装卸机具。提前集中付运的物品，应按物品运输流向分堆，以便于运输人员提货发运，及时装载物品，加快发货速度。

由于出库作业比较细致复杂，工作量较大，事先对出库作业合理加以组织，安排好作业人力，保证各个环节的紧密衔接，也是十分必要。

2. 核对出库凭证

物资出库凭证，不论是领(发)料单或调拨单(表 7-4、7-5)，均应由主管分配的业务部门签章。出库凭证应包括以下内容：收货单位名称(用料单位名称)，发料方式：自提、送料、代运、物资名称、规格、数量、单价、总价、用途或调拨原因，调拨单编号，有关部门和人员签章，付款方式及银行账号。

表 7-4 器材领(送)料单

用料单位：　　　　　　　　　　　　编号：
项目或用途：　　　　　　　　　　　登记日期：
领料日期：　　　　　　　　　　　　年　月　日

器材编号	品名规格	单　位	数　量		单价	金额
			分配	实发		

表 7-5 物资调拨单

用料单位：　　　　　运输方式：　　　　编号：
地　　址：　　　　　结账方式：
到　　站：　　　　　银行账号：
收货人：　　　　　　开单日期：　　年　月　日

品名规格	单位	数量	单价	总价	调拨原因

主管：　　　财务：　　　保管：　　　制单：

仓库接到出库凭证后，由业务部门审核证件上的印签是否齐全相符，有无涂改。审核无误后，按照出库单证上所列的物资品名规格、数量与仓库料账再做全面核对。无误后，在料账上填写预拔数后，将出库凭证移交给仓库保管人员。保管员复核料卡无误后，即可做物资出库的准备工作，包括准备随货出库的物资技术证件、合格证、使用说明书、质量检验证书等。

凡在证件核对中，有物资名称、规格型号不对的，印签不齐全、数量有涂改、手续不符合要求的，均不能发料出库。

3.备料出库

仓库接到提货通知时，应及时进行备货工作，以保证提货人可以按时完整提取货物。备货时要认真核对货物资料，核实货物，避免出错。在部分货物出库时，应按照先进先出、易坏先出、不利保管先出的原则，安排出货。已损害的货物应动员提货人先行提货，然后根据与提货人达成的协商安排出货，没有协商安排的，暂不出货。

备货工作主要有：

(1)包装整理、标志重刷。仓库应清理原货包装，清除积尘、沾物。对包装已残损的，要更换包装。提货人要求重新包装或者灌包的，要及时安排包装作业。对原包装标志脱落、标志不清的进行补刷补贴；提货人要求标注新标志，应在提货日之前进行。

(2)零星货物组合。为了作业方便，对零星货物进行配装，使用大型容量收集或者堆装在托盘上，以免提货时遗漏。

(3)根据要求装托盘或成组。若提货人要求装托盘或者成组，及时进行相应作业，保证作业质量。

(4)转到备货区备运。将要出库的货物预先搬运到备货区，以便能及时装运。

4.复核

货物备好后，为了避免和防止备料过程中可能出现的差错，应再做一次全面的复核查对。核查的具体内容是：

(1)能否承受装载物的重量，能否保证在物资运输装卸中不致破损，保障物资的完整。

(2)是否便于装卸搬运作业。

(3)怕震怕潮等物资，衬垫是否稳妥，密封是否严密。

(4)收货人、到站、箱号、危险品或防震防潮等标志是否正确、明显。

(5)每件包装是否有装箱单，装箱单上所列各项目是否和实物、凭证等相符合(表7-6)。

表 7-6　装箱单

毛重：　　　　　　净重：　　　　　　箱号：

发货凭证号	品名规格	单　位	数　量	备　注

装箱日期　　　　　年　　月　　日　　　　　　　　装箱人：

物资出库的复核查对形式应视具体情况而定，可以由保管员自行复核，也可以由保管员相互复核，还可以设专职出库物资复核员进行复核或由其他人员复核等。

如经反复核对确实不符时，应立即调换，并将原错备物品上刷的标记除掉，退回原库房；复核结余物品数量或重量是否与保管账目、商品保管卡片结余数相符，发现不符应立即查明原因。

5. 出库交接

备料出库物资，经过全面复核查对无误之后，即可办理清点交接手续。如果是用户自提方式，即将物资和证件向提货人当面点清，办理交接手续。如果是代运方式，则应办理内部交接手续。即由物资保管人员向运输人员或包装部门的人员点清交接，由接收人签章，以划清责任。

运输人员根据物资的性质、重量、包装、收货人地址和其他情况选择运输方式后，应将箱件清点，做好标记，整理好发货凭证、装箱单等运输资料，向承运单位办理委托代运手续。对于超高、超长、超宽和超重的物资，必须在委托前说明，以便承运部门计划安排。

承运单位同意承运后，运输人员应及时组织力量，将物资从仓库安全无误地点交给承运单位，并办理结算手续。运输人员应向承运部门提供发货凭证样本、装箱单，以便和运单一起交收货人。运单总体应由运输人员交财务部门作物资结算资料。

如果是专用线装车，运输人员应于装车后检查装车质量，并向车站监装人员作为交接手续。

6. 销账存档

物资点交清楚，出库发运之后，该物资的仓库保管业务即告结束，物资仓库保管人员应做好清理工作，及时注销账目、料卡，调整货位上的吊牌，以保持物资的账、卡、物一致，将已空出的货位标注在货位图上，及时准确地反映物资的进出、存取的动态。

第四节　盘点作业管理

一、仓储货物盘点的概念

盘点是指在规定的时间内,仓库保管员对其所保管的货物及其账目进行查验,也就是说,对其所保管的货物进行实物清点,并核对货、账的作业。

根据盘点时仓库与外界隔离的程度,可将盘点分为封闭式盘点和半封闭式盘点两种。

1.封闭式盘点

封闭式盘点是指在盘点期间,仓库与外界处于隔离的情况下所进行的盘点。

2.半封闭式盘点

半封闭式盘点是指在盘点期间,仓库与外界处于局部隔离的情况下所进行的盘点。

二、仓储货物盘点的作用

盘点是仓储货物管理的重要内容,盘点绝不仅仅是点点数而已,它实际上是另一种形式的检查确认。通过盘点,既可以发现仓储作业中的失误,有可以确认工作的效果和效率,并为下一步保管、保养工作的决策提供依据。其具体的作用概述如下:

1.督促作用

督促货物保管人员认真工作。

2.检查作用

检查收发货物和搬运过程中产生的错误。

3.确认作用

确认账、物的一致性和准确性。

4.订货依据

作为仓储客户服务的重要项目,及时提供准确的盘点数据成为货主订货的依据。

5.衡量效率

利用盘点的结果评价货物管理作业的有效性,为新决策提供证据。

三、仓储货物盘点的步骤

货物盘点一般应在仓库主管的领导下按规定或计划实施。货物盘点的实施步骤如图 7-1 所示。

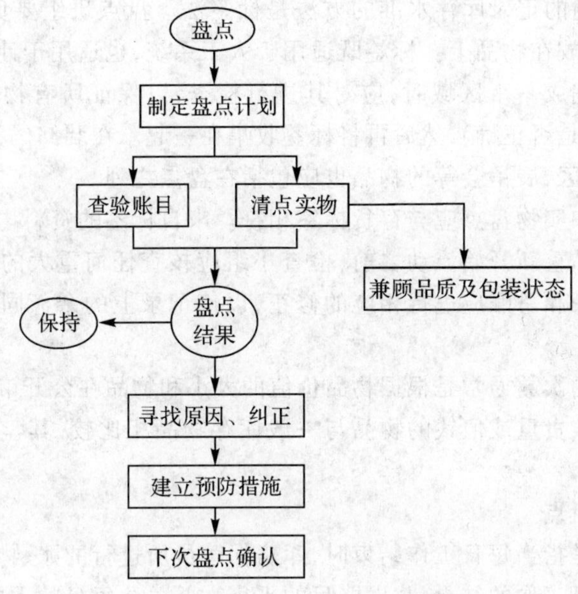

图 7-1　盘点工作步骤示意图

四、定期盘点

定期盘点记录法就是定期检查在库的存货余额,以核对和保持准确库存记录的方法。库存记录可以以人工过账,机器过账,或者保存在计算机内。定期盘点法要求在一个短暂的时期内对各种存货进行全面盘点。对大多数企业而言,一年或半年核查一次便足够了。假如一年只作一次实物盘点,则它通常安排在每年生产和库存水准处于最低点时进行。进行一年一度的实物盘点,其准备工作的耗时在很大程度上能从最终结局中得到补偿。

实物盘存的准备工作应包括以下几个方面:

(1)加以整理。把物品放置在它固有的位置,以便易于盘存。

(2)进行核对。按物品的编号和名称正式核对所有物品。

(3)订出细则。有关人员的盘存之前都要重新学习盘存的方式和方法。

(4)搞好培训。教会有关人员正确使用秤、计数器和计量方法。

(5)建立班组。建立两人或两人以上的盘存班组,并规定有关盘点、核对和记录库存数量的职责。

在盘点日,应停止仓库区的作业。应指定一个储存场所来存放盘点期间内到达的所有物品,因为它们不在盘点之列。在这整个非常时期内,除非紧急情况，所有内部的移动和搬运均应暂停。

使用较普遍的记录库存水准的方法是标签法。盘点班组要负责盘点，填好标签，并将标签放在物品上。标签既适用于人工系统，也适用于计算机系统。当某个盘点班组完成一个区域时，应对其进行检查，以保证所有物品都加有标签(检查放的位置是否正确)，然后再将标签收集在一起。在装卸码头，出口货物储存区，退回货物区，展销会等的物品也应包括在盘点之列。

库存记录和实物盘点应与存货标签相符。来自标签的资料均要整理成存货一览表。在物品重新开始流动之前，检查小组应核查任何重大的变异和调整误差。对库存记录和总账应进行相应的修正，以使记录上的余额同实际存货数量相一致。

实物盘点的次数通常是根据物品价值的大小和物品在公开市场上处理的难易程度来确定。贵重或值钱的物品与一般库存物品相比较，其盘点次数就可能要更多些。

(一)日常盘点

日常盘点是指当每日工作结束时，库房保管员所进行的账、物自我确认。其目的是确认一天工作的结果(收发账目的平衡)，并关注每日的重要事项。

日常盘点的工作要素包括：

(1)盘点计划。盘点计划要符合企业作业规定，不需要单独计划。

(2)盘点责任者。盘点责任者一般是库房保管员。

(3)盘点内容。盘点内容仅限当日接收、发出和移动部分(转库)的货物。

(4)盘点时间。盘点时间应在每天工作结束后实施。

(5)盘点方式。盘点方式一般没有严格限制，可根据实际情况确定。

(6)盘点速度。盘点速度要快，时间长度不宜超过10分钟。

(7)盘点确认者。盘点确认者是仓库当班保管组长。

(8)盘点记录。日常盘点一般不需要盘点记录。

(二)月度盘点

月度盘点是指当每月工作结束时所进行的账、物检查和确认。其目的是对当月的工作结果进行一次全面检查，对发现的问题及时纠正。与月度盘点类似的还有周盘点、旬盘点、季度盘点等，它们的区别只不过是盘点周期有差异而已，其性质则基本相同。

1.月度盘点的工作要素

月度盘点的工作要素主要包括：

(1)盘点计划。盘点计划是根据仓库货物管理制度实施的月度盘点计划。

(2)盘点责任者。盘点责任者由库房保管员担任。

(3)盘点内容。盘点内容的重点是当月的接收、发货和移动部分(转库)的货物,但须兼顾全面。

(4)盘点时间。盘点时间应选择当月月末适当时间,一般选择夜班进行。

(5)盘点方式。盘点方式可采用封闭式盘点和半封闭式盘点两种。

(6)盘点确认者。盘点确认者一般由仓库主任担任。

(7)盘点记录。盘点记录按表单格式记录。

2.月度盘点的工作内容

月度盘点的工作内容如图 7-2 所示。

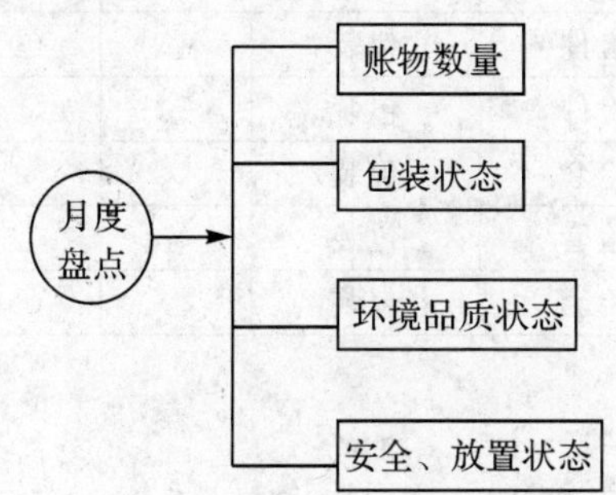

图 7-2　月度盘点工作内容示意图

3.盘点计划表示例

表 7-7 是某电子公司盘点计划表示例。

表 7-7　某电子公司盘点计划表

序号	物料类别	盘点内容	兼顾项目	盘点周期			备注
				日常	月度	年度	
1	IC 类	检件	包装	√	√	√	
2	贵重类	检件、斤	包装	√	√	√	
3	PCB 类	检件	有效期	√	√	√	
4	线材类	检包	包装	√	○	√	
5	电池类	检粒	有效期	√	○	√	
6	电器类	检件	包装	○	○	√	
7	电子元件	检件	包装	○	○	√	
8	机心类	检件	包装	√	√	√	
9	五金件	检件	包装	√	○	√	
10	塑料件	检件	包装	√	○	√	
11	玻璃品	检件	包装	√	○	√	

续表

序号	物料类别	盘点内容	兼顾项目	盘点周期			备注
				日常	月度	年度	
12	胶水类	检件、斤	有效期	×	√	√	
13	液体类	检件、斤	有效期	×	√	√	
14	辅助料	检件、斤	有效期	○	√	√	
15	包装料	检件	包装	○	√	√	
16	不良材料	检件	包装	○	√	√	
17	在制品	检件	包装	○	○	√	
18	半成品	检件	包装	○	○	√	
19	成品	检套	包装	√	√	√	
20	储备品	检套	包装	×	○	√	
21	不良品	检套	包装	○	○	√	

说明：

√:表示必须实施；

○:表示可以选择实施；

×:表示可以不实施

(三)年度盘点

年度盘点是指当每年工作结束时所进行的账、物全面检查和确认。其目的是对当年度的工作结果进行一次全面检查,以便及时发现问题,实施预防和纠正措施,并为决策提供依据。

1.年度盘点的工作要素

(1)盘点计划。仓库货物管理部门必须明确盘点目标,制定详细的盘点计划,在盘点计划中应该将盘点的工作重点一一列举清楚,按计划进行。

(2)盘点责任者。盘点责任者由库房保管员担任。

(3)盘点内容。盘点内容包括当年在库货物的总数目和所处状态。

(4)盘点时间。盘点时间一般选择当年年底适当的时间,一般选在年末一周内进行,并与企业财务轧账同步。

(5)盘点方式。盘点方式采用封闭式盘点。

(6)盘点确认者。盘点确认者是仓库主管。

(7)盘点记录。盘点记录要按表单格式记录。

(8)年度盘点参与者。库房保管员、货物接运员、物管部主管、仓库财务人员和仓库主任等均需参加在库货物的年度盘点。

2. 年度盘点的工作内容

年度盘点的工作内容如图 7-3 所示。

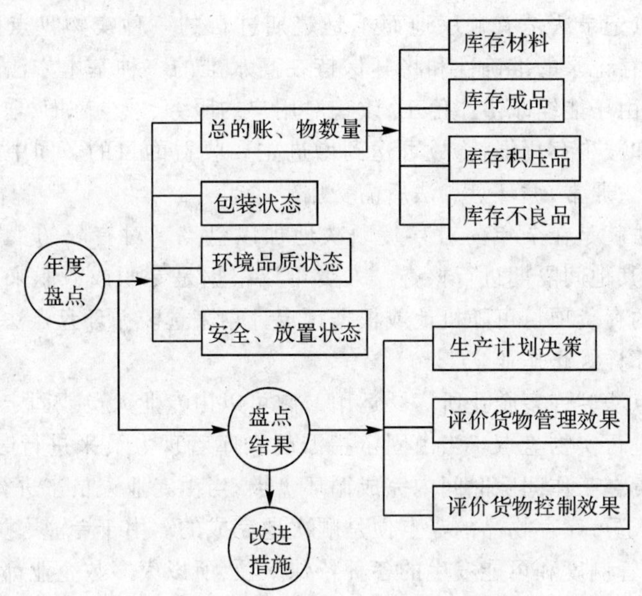

图 7-3　年度盘点工作内容示意图

3. 年度盘点记录表格式

年度盘点记录表的格式如表 7-8 所示。

表 7-8　盘点记录表

盘点周期：　　盘点日期：　　页数：

序号	品名	规格	编号	账数	实数	差异数	状态	备注

主要事项说明：	盘点结果评价：	
负责人：	核对人：	确认

五、循环盘点

循环盘点记录法是有顺序地而不是定期进行的一种实物盘点的库存记录法，是控制库存记录的准确性和将其保持在高水准的一种基本方法。通过有效的循环盘点，由于能缩减生产停工，改善对用户的服务，减少陈旧，取消一年一次的实物盘存和减少存货损耗，故可达到增进主要收益的目的。同中断生产的定期盘点法相比，通常，循环盘点法所需费用较少。

这种方法就是在全年内对存货顺次地加以盘点。对有限的少数物品则每天，或按某一其他间隔期进行核查。人员可以根据是专职或兼职来分派循环盘点。要核查的存货项目可随机地或根据预定计划来选。循环盘点法并不需要像定期盘点法那样终止作业。

循环盘点法为许多企业所广泛运用。它可以由专业人员或固定指派的仓库管理人员来进行实物盘点。当由固定指派的仓库管理人员来进行时，他们可根据各自的职责在工作间隙时间内完成循环盘点；当由专业人员来进行时，由于他们都是专职人员，库存物品的盘点便是顺次地完成的。由于专业人员熟悉物品、存放次序、保管制度和可能发生的各种特殊事项，所以大多数企业都乐于使用他们。

循环盘点能检查库存记录的状况和得出记录准确程度的高低。记录准确程度可由有误差物品的百分率和误差的相对值来度量，误差的显著性与物品的相对价值有关。一单位贵重物品的误差是显著的，而对廉价物品而言，或许上下2%的误差就是可接受的。

循环盘点可以把重点放在年耗用金额高的库存物品上（ABC 原则）。“A”类物品（年耗用金额最高的物品）应最经常地盘点，而“C”类物品则相反。“A”类物品可每一个月或两个月盘点一次，“B”类物品每三个月或四个月盘点一次，“C”类物品每年盘点一次。由于“C”类物品占存货清单中的大部分，但所占投资比较小，故不值得把力量花费在它们上面。每个企业都必须根据自身的特点来安排循环盘点。

已开发出多种程序来变化循环盘点的频率。其中最为流行的系统如下：

（1）ABC 系统。物品按 ABC 原则划分层次，其中“A”类物品的频率最高，“C”类物品最低。

（2）再订货系统。在再订货时盘点物品。

（3）收货系统。在收到补充订货时盘点物品。

（4）无余额系统。在库存余额为零或为负值（延期付货）时盘点物品。

（5）交易系统。在完成某一确定的交易数量后盘点物品。

当然,也可运用上述系统的不同组合。

使用循环盘点时,在一定时间内,整个存货中只有一小部分被审查。这就大大地缩减了问题的数量。每日的盘点可立即得到协调。循环盘点可以是为了使所有库存物品在一年至少盘点一次,或按某种统计抽样来建立。使用统计方法时,是盘点给定类别中随机抽取的那些物品,并要将其结果推广到全体物品。

六、其他盘点

盘点的种类除前面所述外,在一些特殊情况下也需要进行盘点,比如停业、整顿、结账等盘点。这些盘点往往是随工作进行状态而出现的,可以预见但不便于计划,一般需要在领导的批示下实施。其具体的情况如下:

(1)停业盘点。停业盘点是指在终止某项业务时,对与该项业务关联的货物进行盘点,以便完全消除存在的影响。

(2)整顿盘点。整顿盘点是指在日常工作中因某项业务出了问题,领导者为了彻底理清头绪而批示的盘点。

(3)突击盘点。突击盘点一般是针对贵重货物所进行的突击检查,目的是为了确保贵重货物的安全。

七、货物清账

清账,顾名思义,就是清理账目。清账的清就是清楚、明晰的意思,一定不能做假账,非特殊情况,不可以推测和估量。

所谓货物清账其实也是管理效果的象征,是衡量物管部门工作水平的一个标准。对货物清账的要求会因不同的货物性质而有所差异,但基本要求是大同小异的。清账的基本要求如图 7-4 所示。

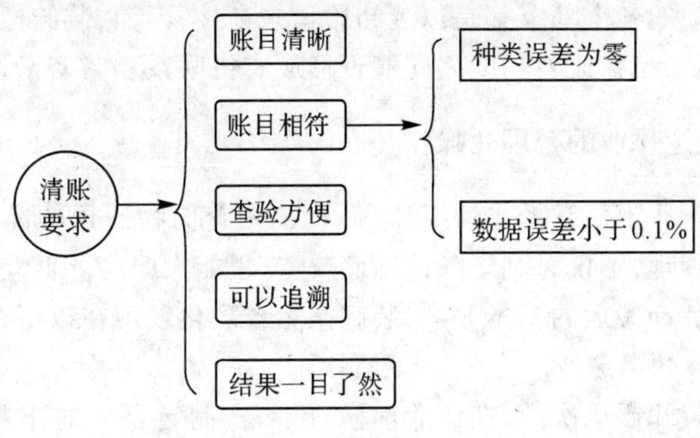

图 7-4　清账基本要求

第五节　装卸搬运作业管理

装卸是指在指定地点以人力或机械设备装入或卸下货物的作业过程。搬运是指在同一场所内,对货物进行水平移动为主的作业过程。在整个物流过程中,装卸搬运是不断出现和反复进行的活动,它的出现频率高于其他各种物流活动,同时每次装卸搬运都要占用很多的时间和消耗很多的劳动。在仓库管理中,物品装卸搬运是一项重要的活动。物品必须有人接收、分拣、组装,以满足顾客的订货需要。

一、装卸搬运的特点

1.装卸搬运是附属性、伴生性的活动

装卸搬运是物流每一项活动开始及结束时必然发生的活动,因而有时常被人忽视,装卸搬运是其他操作活动不可缺少的组成部分。例如,一般而言的"汽车运输",就包含了相随的装卸搬运,仓库中泛指的保管活动,也含有装卸搬运活动。

2.装卸搬运是支持、保障性活动

装卸搬运的附属性不能理解成被动的活动,实际上,装卸搬运对其他物流活动有一定的决定性。装卸搬运会影响其他物流活动的质量和速度。例如,装车不当,会引起运输过程中的损失;卸放不当,会引起货物转换的困难。只有在有效的装卸搬运支持下,物流活动才能实现高水平管理。

3.装卸搬运是衔接性的活动

在物流活动的各个环节都是以装卸搬运来衔接,因而,装卸搬运往往成为整个物流的"瓶颈",是物流各功能之间能否形成有机联系和紧密衔接的关键。

二、装卸搬运作业的合理化操作

装卸搬运作业不仅是繁重的工作,而且也是仓储物残损的高发环节。做好装卸搬运作业管理,不仅有利于降低仓储成本,也能大幅度降低仓储风险。装卸搬运合理化是装卸搬运的基本原则,装卸搬运合理化表现在以下几个方面:

1.装卸搬运次数最少

尽量减少装卸搬运次数,在作业前做好准备,制定合理的作业方案,避免货物多次搬运,使作业尽量一次到位。

2.装卸搬运移动距离最短

选择最短的路线完成这一活动,就可避免无效劳动。尽可能使运载车辆、搬运工具接近货物存放的位置,或装卸作业设备能直接进行作业的位置。尽可能消除完全采用人力的水平搬运。

3.装卸搬运作业衔接流畅

装卸搬运是伴随进行的,如果装卸搬运脱节,会使作业量大幅增加。比如,搬运到装车场地的货物,先要卸下,在地面堆放,然后再从地面装上车辆,这就意味着增加了一次落地和离地的作业。相反,直接从车辆、船舶卸到搬运设备上,运到堆场堆垛,装卸搬运作业量就会减小。

4.机械化作业

装卸搬运是高强度、大负荷的作业,采用人力作业不仅效率低下,而且容易产生差损。利用装卸搬运设备能提高仓库作业机械化、自动化程度,能降低劳动强度,节省人力物力,降低仓储成本,提高劳动生产率,在仓库中得到广泛的应用。

5.托盘化、集成化等成组作业

托盘化作业是指将货物直接堆放在托盘上,进行必要的固定,连同托盘一起进行装卸搬运和堆垛的仓库作业方式,托盘化就是使用机械进行高效率的作业。成组化作业不仅提高效率,还减少货物在作业中的耗损和散失。在成组作业时要注意使用标准化的成组设备。

6.省力化作业

在装卸作业中应尽可能地利用重力作用。如采用滑板、自上而下滚运作业等;避免重物提升,重货放在货架下层的齐腰高度,建造与车厢同样高度的车辆作业平台等。

7.系统化作业

装卸搬运作业是仓库作业的必然过程,不可缺少,同时又是提高仓库效率、仓储质量的重要环节,必须把装卸搬运与仓储经营、仓库管理合并成一个完整的系统来处理。通过系统化、全局化的组织和协调,实现仓储装卸搬运的合理化。

第六节　仓库安全管理

一、库场治安

(一)治安保卫管理的内容

治安保卫管理是仓库管理的重要组成部分,是仓库为了防范、制止恶性侵权行为的发生,意外事故对仓库及仓储财产造成的破坏和侵害,维护稳定安全的仓库环境,保证仓储生产经营顺利开展所进行的管理工作。它不仅涉及财产安全、人身安全,执行国家的治安保卫管理法规和政策,同时也涉及仓库能否按照合同如约履行各项义务,降低和防止经营风险等。

仓库的治安保卫管理和治安保卫工作的具体内容包括执行国家治安保卫规章制度,防盗、防抢、防破坏、防骗以及防止财产侵害、防火,维持仓库内秩序,防止意外事故等仓库治安灾难事故,协调与外部的治安保卫关系,保证库内人员生命安全与物资安全等。仓库治安保卫管理的原则是:坚持预防为主、严格管理、确保重点、保障安全和主管负责制。

(二)治安保卫管理组织

治安保卫的管理机构由仓库的整个管理机构组成,高层领导对整个仓库的安全负全责;各部门、机构的领导是本部门治安责任人,负责本部门的治安保卫管理工作,对本部门的治安保卫工作负责;治安保卫的职能是协助领导做好管理工作,指导各部门开展工作,领导其执行机构。仓库治安保卫执行机构采用由专职保卫机构和兼职安全员相结合的组织方式。

专职保卫机构既执行整个仓库的保卫工作,同时也负责治安管理。专职保卫机构根据仓库规模的大小、人员的多少、任务的繁重程度、仓库所在地的社会环境确定机构设置、人员配备。一般设置保卫部、保卫队、门卫队等。专职保卫机构在仓库高层领导的领导下,制订仓库治安保卫规章制度、工作计划;督促各部门负责的治安保卫工作,组织全员的治安保卫学习和宣传,做好仓库内的治安保卫工作;与当地公安部门保持密切联系,协助公安部门在仓库内的治安管理活动,管理治安保卫的器具,管理专职保卫员工。

治安保卫的兼职制度是实行治安保卫群众管理制度的体现,兼职保安员主要承担所在部门和组织的治安保卫工作,协助部门领导的管理工作,督促部门执行仓库治安保卫管理制度,组织治安保卫学习、组织各项检查工作。

(三)治安保卫工作的内容

仓库的治安保卫工作主要有防盗、防火、防抢、防破坏、防骗以及员工人身安全保护、保密等工作。治安保卫工作不仅有专职保安员承担的工作(如门卫管理、治安巡查、安全值班等),还有大量的治安工作可由在岗的员工负责(办公室防火防盗、财务防骗、商务保密、仓库员防火、锁门关窗等)。仓库主要的治安保卫工作及要求:

1.守卫大门和要害部门

大门守卫是维持仓库治安的第一道防线。大门守卫除了要负责开关大门,限制无关人员进入、接待入库办事人员,并及时审核身份与登记以外,还要检查入库人员是否携带火源、易燃易爆物品,检查入库车辆的防火条件,指挥车辆安全行使、停放,登记入库车辆,检查出库车辆,核对出库货物与放行条内容是否相符,收留放行条,查问和登记出库人员随身携带的物品,特殊情况下有权查扣物品、封闭大门。对于危险品仓、贵重品仓、特殊品仓等要害部位,需要安排专职守卫看守,限制无关人员接近,防止危害、破坏和失窃。

2.治安检查

治安责任人应按规章准则经常检查治安保卫工作。治安检查实行定期检查与不定期检查相结合的制度。班组每日检查、部门每周检查、仓库每月检查,及时发现治安保卫漏洞、不安全隐患,通过有效手段消除各种隐患。

3.巡逻检查

巡逻检查一般由两名保安员共同进行,携带保安器械和强力手电筒不定时、不定线、经常地巡视整个仓库的安全保卫工作。保安员应查问可疑人员,检查各部门的防卫工作,关闭无人逗留的办公室、关好仓库门窗、关闭电源,禁止挪用消防器材,检查仓库内有无异常现象,停留在仓库内过夜的车辆是否符合规定等。巡逻检查中发现不符合治安保卫制度要求的情况,应采取相应的措施处理或者告知主管部门处理。

4.防盗设施、设备的使用

仓库的防盗设施大至围墙、大门、防盗门,小到门锁、窗,仓库应该根据法规规定和治安保管的需要设置和安装这些设施。仓库使用的防盗设备除了专职保安员的警械外,主要有视频监控设备、自动警报设备,仓库应按照规定合理利用配置的设备,由专人负责操作和管理,确保其有效运作。

5.治安应急

治安应急是指仓库发生治安事件时,采取紧急措施,防止和减少事件造成损失的制度。治安应急需要通过制订应急方案,明确确定应急人员的职责,规定发生事件时的信息(信号)发布和传递方法。这些应急方案要在平时经常进行演习。

(四)治安保卫管理制度

仓库应通过规章制度明确工作规范、工作行为、划分岗位责任;通过制度建立管理系统,及时畅通地交流信息,随时堵塞保卫漏洞,确保工作及时有效进行。仓库治安规章制度有安全防火责任制度,安全设施设备保管使用制度,门卫值班制度,人员、车辆进出库管理制度,保卫人员值班巡查制度等。

为了使得治安保卫规章制度得以有效执行,规章制度需要有相对的稳定性,使每一位员工都清楚,以便依照规章制度严格行事。但是随着形势的发展、技术的革新、环境的变化,规章制度也要适应新的需要进行相应修改。

仓库需要依据国家法律、法规,结合仓库治安保卫的实际需要,以保证仓储生产高效率进行,确保仓储安全,防止治安事故的发生为目的,科学地制订治安保卫规章制度。仓库的规章制度不得违反法律规定,不能侵害公民人身权或者其他合法权益,避免或者最低限度地减少对社会秩序造成的妨碍。

二、库场消防

从仓库不安全的因素及危害程度来看,火灾造成的损失最大,它可以在很短的时间内,使整个仓库变成一片废墟,对国家财产和人民生命安全造成极大的损失。对于火灾要防患于未然。仓库必须认真贯彻"预防为主,防消结合"的消防方针,坚决执行《消防法》和公安部制定的《仓库防火安全管理规则》。

(一)仓库防火的工作要点

(1)仓库的防火工作要依法办事,根据企业法人是第一责任人的规定,遵循"谁主管谁负责"的原则,成立防火灭火安全委员会(领导小组),全面负责仓库的消防安全工作。

(2)建立以岗位责任制为中心的三级防火责任制,把防火安全工作具体落实到各级组织和责任人。

(3)建立健全各工种的安全操作制度和安全操作规程,特别是各种用电设备的安全作业规程,经常进行安全教育,坚持做到职工考核合格持证上岗的制度。

(4)定期开展防火灭火的消防安全检查,消除各种火灾隐患,落实各项消防措施,及时处理各类事故,做到"三不放过"。

(二)防火工作的措施

1.普及防火知识

坚持经常性的防火宣传教育,普及消防知识,不断提高全体仓库职工防火的警惕性,让每个职工都学会基本的防火灭火方法。

2.遵守“建筑设计防火规范”

新建改建的仓库要严格遵照“建筑设计防火规范”的规定,不得擅自搭建违章建筑,也不得随意改变建筑的使用性质。仓库的防火间距内不得堆放可燃物品,不得破坏建筑物内已有的消防安全设施、消防通道、安全门、疏散楼梯、走道,要经常保持畅通。

3.易燃、易爆的危险品仓库必须符合防火防爆要求

凡是储存易燃、易爆物品的危险品仓库,进出的车辆和人员必须严禁烟火;储存危险品应专库专储,性能相抵触的商品必须严格分开储存和运输,专库须由专人管理,防止剧烈震动和撞击。易燃、易爆危险品仓库内,应选用不会产生电火花的电器开关。

4.电气设备应始终符合规范的要求

仓库中的电气设备不仅安装时要符合规定要求,而且要经常检查,一旦发现绝缘损坏要及时更换,不应超负荷,不应使用不合规格的保险装置。电气设备附近不能堆放可燃物品,工作结束应及时切断电源。

5.明火作业须经消防部门批准,方可动火

若需电焊、气割、烘烤取暖、炉灶、安装锅炉等,要有防火安全措施,并需有关的消防部门批准,才能动火工作。

6.配备适量的消防设备和火灾报警装置

根据仓库的规模、性质、特点,配备一定数量的防火灭火设备及火灾报警器,按防火灭火的要求,分别布置在明显和便于使用的地点,并定期进行维护和保养,使之始终保持完好状态。

7.遇火警或爆炸应立即报警

如遇仓库发生火情或爆炸事故,必须立即向当地的公安消防部门报警。事故过后,应根据“三不放过”的原则,认真追查原因,严肃处理事故责任者,并以此教育广大职工。

(三)常用的灭火器材、设备及使用范围

灭火器材主要有灭火器、水和砂等,还有消防栓、消防泵、消防车等。

1.常用的灭火器

干粉、二氧化碳、卤代烷、泡沫和1211灭火器。干粉灭火器不导电、不腐蚀、毒性低,可用于扑救易燃液体、有机溶剂、可燃气体和电气设备的初起火灾;二氧化碳灭火器不导电、不含水分、不污损仪器和设备,可用于扑灭贵重仪器、电气设备及其他忌水物资的初起火灾,但不能用于含碳商品的灭火,如木材、棉、毛、纸张;卤代烷灭火器不导电、不腐蚀、不污损仪器和设备;1211灭火器主要用于扑救可燃气体、可燃液体、带电设备及一般物资的初起火灾;泡沫灭火器可导电,不

能用于电器设备灭火,可用于扑救汽油、煤油等油类、香蕉水、松香水等易燃液体、木材及一般货物的初起火灾。

2.水是仓库消防的主要灭火剂

仓库中应有足以保证消防用水的给水、蓄水、泵水的设备以及水塔、消防供水管道、消防车等。当库场中无自来水设备、距自然水源又远时,则必须修建水池,以储备消防用水。有自来水设备的仓库,按面积大小,合理设置消火栓,应保证在每一个可能着火点上,有不少于两个水龙头可进行灭火。但不能用水对反应剧烈的化学危险品,如电石、金属钾、保险粉等进行灭火,也不能用于比水轻、不溶于水的易燃液体,如汽油、苯类物品的灭火。

3.砂土

砂土可用以扑救电气设备及液体燃料的初起火灾,也可用于扑灭酸碱性物质的火灾和过氧化剂及遇水燃烧的液体和化学危险品的火灾。因此,仓库中应备有砂箱。但须注意的是,爆炸性物品(如硫酸氨等)不可用砂土灰火,而应用冷却法灭火,可用水浸湿的旧棉絮、旧麻袋,覆盖在燃烧物上,防止火势蔓延。

4.自动消防设备

常见的自动消防设备有离子烟感火灾探测报警器、光电烟感报警器、温感报警器、紫外火焰光感报警器、红外火焰光感报警器和自动喷洒灭火装置等。

三、仓储生产安全管理

(一)安全作业基本要求

1.人力作业安全

(1)人力作业仅限制在轻负荷的作业。男工人力搬举货物每件不超过80kg,距离不大于60m;集体搬运时每个人负荷不超过40kg;女工不超过25kg。

(2)尽可能采用人力机械作业。人力机械承重也应在限定的范围内,如人力绞车、滑车、拖车、手推车等不超过500kg。

(3)只在适合作业的安全环境里进行作业。作业前应使作业员工清楚明白作业要求,让员工了解作业环境,指明危险因素和危险位置。

(4)作业人员按要求穿戴相应的安全防护用具,使用合适的作业工具进行作业。采用安全的作业方法,不采用自然滑动和滚动、推倒垛、挖角、挖井、超高等不安全作业,人员在滚动货物的侧面作业。注意人员与操作机械的配合,在机械移动作业时人员需避开。

(5)合适安排工间休息。每作业2h至少有10min休息时间,每4h有1h休息时间,并合理安排生理需要时间。

(6)必须有专人在现场指挥和安全指导,严格按照安全规范进行作业指挥。

人员避开不稳定货垛的正面、塌陷、散落的位置，运行设备的下方等不安全位置作业；在作业设备调位时暂停作业；发现安全隐患时及时停止作业，消除安全隐患后方可恢复作业。

2.机械安全作业

(1)使用合适的机械、设备进行作业。尽可能采用专用设备作业，或者使用专用工具。使用通用设备，必须满足作业需要，并进行必要的防护，如货物绑扎、限位等。

(2)所使用的设备应无损坏。设备不得带“病”作业，特别是设备的承重机件，更应无损坏，符合使用的要求。应在设备的许用负荷范围内进行作业，决不超负荷运行。危险品作业时还需减低负荷25%作业。

(3)设备作业要有专人进行指挥。采用规定的指挥信号，按作业规范进行作业指挥。

(4)汽车装卸时，注意保持安全间距。汽车与堆物距离不小于2m，与滚动物品距离不得小于3m。多辆汽车同时进行装卸时，直线停放的前后车距不得小于2m，并排停放的两车侧板距离不得小于1.5m。汽车装载应固定妥当、绑扎牢固。

(5)移动吊车必须在停放稳定后方可作业。叉车不得直接托运压力容器和未包装货物；移动设备在载货时需控制行驶速度，不可高速行驶。货物不能超出车辆两侧0.2m，禁止两车共载一物。

(6)载货移动设备上不得载人运行。除了连续运转设备外如自动输送线，其他设备需停止稳定后方可作业，不得在运行中作业。

(二)安全作业管理内容

仓储作业安全管理就是经济效益管理的组成部分，作业安全涉及货物的安全、作业人员人身安全、作业设备和仓库设施的安全。仓库的作业安全管理工作应包括以下内容：

1.安全操作管理制度化

安全作业管理应成为仓库日常管理的重要项目，通过制度化的管理保证管理的效果，制定科学合理的各种作业安全制度、操作规程和安全责任制度，并通过严格的监督，确保管理制度得以有效和充分的执行。

2.加强劳动安全保护

劳动安全保护包括直接和间接施行于员工人身的保护措施。仓库要遵守《劳动法》的劳动时间和休息规定，每日8h、每周不超过44h的工时制，依法安排加班，保证员工有足够的休息时间，包括合适的工间休息。提供合适和足够的劳动防护用品，如高强度工作鞋、安全帽、手套、工作服等，并督促作业人员使用和穿戴。

采用具有较高安全系数的作业设备、作业机械，作业工具应适合作业要求，作业场地必须具有合适的通风、照明、防滑、保暖等适合作业的条件。不进行冒险作业和不安全环境的作业，在大风、雨雪影响作业时暂缓作业。避免人员带伤病作业。

3.重视作业人员资质管理和业务培训、安全教育

新参加仓库工作和转岗的员工，应进行仓库安全作业教育，对所从事的作业进行安全作业和操作培训，确保熟练掌握岗位的安全作业技能和规范。从事特种作业的员工必须经过专门培训并取得特种作业资格，方可进行作业，且仅能从事其资格证书限定的作业项目操作，不能混岗作业。安全作业宣传和教育是仓库的长期性工作，作业安全检查是仓库安全作业管理的日常性工作，通过不断的宣传、严格的检查，严厉地对违章和忽视安全行为的惩罚，强化作业人员的安全责任心。

四、抗台风、防雨汛

(一)防台工作管理组织

在华南、华东沿海地区的仓库，都会受到台风的危害。处在这些地区的仓库要高度重视防台工作，避免这种灾难性天气对仓储造成严重危害。仓库应设置专门的防台办公室或专门人员，负责研究仓库的防台工作、制定防范工作计划、接收天气预报和台风警报、与当地气象部门保持联系、组织防台检查、管理相关文件，承担台汛期间防台联络组织工作。

仓库主要领导亲自承担仓库防台工作的领导指挥责任，主要部门的负责人为防台指挥部成员。在台汛期到来之前，防台指挥部要组织检查全库的防台准备工作，对仓库的抗台隐患及时予以消除或者制订消除措施，督促各部门准备各种防台工具、制订抗台措施，组织购置抗台物料并落实保管责任。

在台汛期间，建立通信联络、物资供应、紧急抢救、机修、排水、堵漏、消防等临时专业小组，确定各小组成员，并明确责任。

(二)防台、抗台工作

1.积极防范，有备无患

由于台风并不是年年都在同一个地区登陆，防台工作是一项防范未然、有备无患的工作。要对员工、特别是对领导干部进行防台宣传和教育，促使其保持警惕、不麻痹。

防台办公室应与当地气象部门保持密切联系，及时掌握台风动向。在中央气象台发布台风消息时，密切跟踪台风动向，收集各类资料，根据专业部门预测

的台风路径,判定是否会对本地区和本企业造成影响,随时向仓库领导和各主要部门通报消息。当台风进入仓库抗台警戒区时(一般为300km),启动仓库抗台应急程序,抗台指挥部开始运作。当确定台风将在本地区登陆,或者对仓库会造成影响时,仓库立即转入抗台工作。

2.全员参与,防范损害

台风不仅损害仓储物质,还对仓库建筑、设备、设施、场地、树木,以及物料备料、办公设施等一切财产和人身安全造成损害,还会造成环境污染危害。防台抗台工作是所有员工的工作,需要全员参与,人人有责。

台风不以人的意志和行为为转移,仓库防台抗台工作的核心是防止和降低台风对仓库财产的损害、避免造成人身伤害。抗台工作就是在台风到达之前,将可能会被狂风暴雨、积水、落物损害的财产进行妥善处理、转移、加固、保护,疏通排水和被堵塞的仓库入水口通道等。在台风到达时,切断非必要的电源,人员转入安全环境庇护,避免受到伤害。

3.不断改善仓库条件

为了使防台抗台取得胜利,需要有较好的硬件设施和条件,提高仓库设备的抗风、防雨、排水、防水浸的能力。减少使用简易建筑,及时拆除危险建筑并及时维修加固老旧建筑、围墙,提高仓库、货场的排水能力,注意协调仓库外围,避免对排水的阻碍。购置和妥善维护水泵等排水设备,备置堵水物料。牢固设置仓库、场地的绑扎固定绳桩。

4.仓库抗台

仓库在得到抗台指挥部的抗台通知后,应迅速将工作中心转移到抗台之上。动员和召集员工,分工协作开展抗台准备。

(1)全面检查仓库和货物,确定抗台准备方案。仓库管理者召集各班组长、专岗人员,对仓库设施、仓储货物、场地等进行全面检查,按照抗台指挥部的要求、仓库抗台的制度和实际需要制订抗台措施,并迅速组织执行。

(2)将存放在可能被风和雨水损害位置的货物、设备转移到安全位置。将散放的货物及时堆垛收存。将在简易建筑、移动式苫盖棚中的怕水货物移到合适的仓库中。临江、河、水沟的货物内移。

(3)加固仓库的门窗、屋顶、雨棚等,防止漏水和被风吹落,必要时对使用的仓库建筑本身进行加固。收整雨棚或者遮阳棚。

(4)对会被风吹动,被雨淋湿的货物、设备、设施,进行苫盖、固定绑扎,并与地面固定绳桩系固牢靠。将不使用的设备收妥,如吊杆等放下固定好。

(5)对仓库、建筑、场地、下水道等排水系统、管系进行疏通,确保畅通。清理泄水口附近的物品、杂物,防止散落堵塞泄水口。对于年久失修或者一时无法疏通的排水通道,应采用临时措施确保排水。

(6)台风到来时,停止生产作业,及时关闭门窗、拴锁妥当,关闭迎风开口,必要时钉固封闭,关闭照明等非必要电源,关闭仓库一切火源、热源,将排水泵等所有应急设备启动运行,收整固定作业设备。

(7)在风力达到8级以上时,或者抗台指挥部发出通知时,所有人员按照安排进入预定的安全场所躲避,进行人员清点登记。选择的安全场所要注意避开树木旁、电缆下、高空设备下、临水边、挡土墙旁,不能躲在货垛旁、集装箱内、车辆及车旁,同时要避免单人随处躲避。注意保持与外界联系。

(8)在确定风力减弱时,在保证人员安全的前提下,以两人及以上为一小组,迅速进行排水,检查和加固封闭仓库门窗;检查和加固货物苫盖,可能的话稳固会倒塌的货物。感觉风力加强时,迅速返回安全处所。

(9)台风过后,或者台风警报解除后,仓库人员迅速返回工作岗位。及时排除仓库、货场的积水;详细检查货物情况,将货物受损情况进行详细记录;发现损失严重时,通报商务部门摄影取证;视天气情况进行通风散热、除湿保管作业。尽快消除台风的影响,恢复正常仓储生产。

(三)防雨湿

下雨水湿是造成仓储货物损害的一个重要原因,在我国的南方地区、东南地区、长江流域,雨水较为充沛,洪水也主要发生在长江、珠江水系,防雨水危害是一项长年的安全工作。华北东北和西南地区雨水较少,发生水灾的次数也较少,但也不能放松对雨水危害的预防,北方地区正因为雨水少,防水能力差,发生水灾后的危害更大。

仓储防雨湿工作主要有以下几个方面:

1.仓库有足够的防雨建筑

仓库规划建设时,就要根据仓库经营的定位、预计储存货物的防雨需要,建设足够的室内仓库、货棚等防雨建筑。保证怕水湿货物都能在室内仓储。

2.仓库具有良好的排水能力

仓库建筑、货场场地都具有良好的排水能力,不会积水。整个库区有良好的、足够能力的排水沟渠网络,能保证具有一定余量的正常排水需要。并且加强日常管理,随时保证排水沟渠不堵塞、不淤积;暗渠的入水口附近一定范围内不能堆放货物和杂物。

3.做好货垛衬垫

货场堆放货物、低洼地的仓库或者地面较低的仓库室内,雨季时仓库入口的货位,都要采用防水湿垫垛。垫垛有足够的高度,场地垫垛30—50cm,仓库防水湿垫垛10—30cm。尽可能将货场建设成平台货位,高出地面30—50cm。

4.及时苫盖货物

在货场存放需防湿的货物,在入库作业开始就要在现场准备好苫盖物料。在作业过程中若因下雨、天气不稳定而停工休息或作业人员离开,都要用苫盖材料盖好。天气不好时,已堆好的货垛端头也要及时苫盖。货垛堆好后,必须苫盖妥当,堆垛作业人员才能离开。无论天气怎样,怕水湿货物都不能露天过夜。

【案例分析】

大连恒新零部件公司配件出入库管理

大连恒新零部件公司在总结多年实践经验的基础上,在制定出入库管理制度的基础上,还应强化以下程序:

1.验收作业程序

验收准备→核对资料→检验实物→作出验收记录

验收准备。搜集和熟悉验收凭证及有关订货资料,准备并校验相应的验收工具,准备装卸搬运设备、工具及材料;配备相应的人力,根据配件数量及保管要求,确定存放地点和保管方法等。

核对资料。凡要入库的零配件,应具备下列资料:入库通知单;供货单位提供的质量证明书、发货明细表、装箱单;承运部门提供的运单及必要的证件。仓库需对上述各种资料进行整理和核对,无误后即可进行实物检验。

实物检验。主要包括对零配件的数量和质量两个方面的检验。数量验收是查对所到配件的名称、规格、型号、件数等是否与入库通知单、运单、发货明细表一致。需进行技术检验来确定其质量的,则应通知企业技术检验部门检验。

2.入库作业程序

登账→立卡→建立档案

登账。仓库对每一品种规格及不同级别的物资都必须建立收、发、存明细账,它是及时、准确地反映物资储存动态的基础资料。登账时必须以正式收发凭证为依据。

立卡。料卡是一种活动的实物标签,它反映库存配件的名称、规格、型号、级别、储备定额和实存数量。一般是直接挂在货位上。

建立档案。历年来的技术资料及出入库有关资料应存入档案,以备查阅,积累零配件保管经验。档案应一物一档,统一编号,以便查找。

3.出库程序

出库前准备→核对出库凭证→备料→复核→发料和清理

配件出库前的准备。仓库要深入实际,掌握用料规律,并根据出库任务量安排所需的设备、人员及场地等。

核对出库凭证。仓库发出的配件,主要是车间所领用,有少部分对外销售、委托外单位加工或为基建工程所领用。为了确定出库配件的用途,计算新产品成本,防止配件被盗,出库时必须有一定的凭证手续。严禁无单或白条发料。配件出库凭证主要有:"领料单"、"外加工发料单"等。保管员接到发料通知单,必须仔细核对,无误后才能备料。

备料。按照出库凭证进行备料。同时变动料卡的余存数量,填写实发数量和日期等。

复核。为防止差错,备料后必须进行复核。复核的主要内容:出库凭证与配件的名称、规格、质量、数量是否相符。

发料和清理。复核无误后即可发料。发料完毕,当日登销料账、清理单据、证件,并清理现场。

【本章小结】

仓储作业在整个货物的物流作业中具有关键性的连接功能,因此仓库的功能与效率的提升常常成为产销平衡的关键性因素。货物由入库作业、储存作业、出库作业、盘点作业、装卸搬运作业直至送达客户的过程中,还包括仓库的安全管理。如何对货物进行有效的放置和规划,影响到整个物流作业的顺畅与否。因此,运用现代物流理念确定仓储部门的职责,规范仓储业务运作,将有利于提升仓储作业的整体管理水平。本章紧紧围绕着货物入库、储存、出库等作业,主要讨论入库、出库作业的操作程序,储存作业管理的措施,盘点的方法,装卸搬运作业的合理化操作及仓库安全管理的几个方面。

【习　题】

一、理论题

(一)名词解释

通风　绝对湿度　相对湿度　盘点　装卸

(二)问答题

1.货物入库仓库需进行哪些准备工作?

2.储存作业管理有哪些措施?

3.简述安全作业有哪些基本要求?

4.货物出库的基本流程?

5.盘点的概念及它的实施步骤?

二、实践题

1.2006年12月6日,某A仓库接收的一份送货单如下(表7-9),验收时发现发现少5件,请签单。并编制相应的入库单、进销存卡、物资库存日报表(见表7-10)、出库单。

表7-9　送货单

NO.035623

单位:　　　　日期:2006年12月6日

品名	规格	单位	数量	单价	金额	备注
螺帽	20	个	100	1.00	100.00	
螺栓	20	个	100	2.00	200.00	
漏电保护器	3型	盒	20	10.00	200.00	

收货单位:(盖章)　　制单:吴刚　　送货单位:(盖章)

经手人:李红

表7-10　物资库存日报表

日期:200　年　月　日

物资编号	品名	规格	昨日结存	今日入库	今日出库	今日结存	安全存量	备注

制表人:________

2.某时仓库外测得干球温度为30℃,湿球温度为28℃,该仓库的货物要求保管在70%—80%的湿度范围内,仓库应采取怎样的保管措施?

3.火灾事故:1981年到1990年的10年中,某市共发生经济损失在1万元以上的仓库重大火灾24起,损失568万多元。这24起火灾中,自燃10宗,违章用火8宗,电气4宗,外来烟花和原因不明各1宗。其中18宗发生在节假日和夜间,大多无人值班,6宗发生在上班时间,损失相对较小。

从以上案例中,你认为该从哪些方面着手预防火灾?

第八章　现代仓储库存管理

【案例学习】

案例:神州商店的库存控制

神州摩托车、自行车专营商店,是一家批发和零售各种型号摩托车、自行车及其零配件的商店,每年销售各种类型摩托车约7000辆,自行车30000辆,年销售额近5000万元。过去几年产品畅销,商店效益好,但是管理比较粗放,主要靠经验管理。由于商店所在地离生产厂家距离较远,前几年铁路运输比较紧张,为避免缺货,神州商店经常保持较高的库存量。近两年来,经营同类业务的商店增加,市场竞争十分激烈。神州商店摩托车经销部新聘任徐先生担任主管,徐先生具有大学本科管理专业学历,又有几年在百货商店实际工作的经验。他上任以后,就着手了解情况,寻求提高经济效益的途径。摩托车、自行车采购的具体方式是,参加生产厂家每年一次的定货会议,签订下年度的定货合同,然后按期到生产厂家办理提货手续,组织进货。徐先生认为摩托车经营部应当按照库存控制理论,在保证市场供应的前提下,尽量降低库存,是提高经济效益的主要途径。

思考:徐先生按照库存理论应如何进行控制呢?有哪些方法呢?理论依据呢?

【本章要点】

★ 库存管理的方法

★ 如何利用传统方法来开展库存管理

★ JIT生产方式下的库存管理

★ 供应链环境下的库存控制方法

第一节　库存管理的方法

库存管理方法是相对于 MRP、JIT 等生产库存管理而言的，它是以单个企业为对象，主要的目的是对企业库存进行分类及重点管理，同时确定订货时点以及订货使企业的库存总成本最少。

主要解决三个主要问题：①库存检查周期；②确定订货量；③确定订货点。

主要采用的方法：ABC 类管理法、定量订货管理法、定期订货管理法以及经济订货法(EOQ)等。

一、ABC 管理法

一般来说，企业的库存物资种类繁多，每个品种的价格且库存数量也不等，有的物资品种不多，但价值很高；有的物资品种很多，但价值不高。由于企业的资源有限，对所有库存品种均给予相同程度的重视和管理是不可能的，也是不切实际的。为了使有限的时间、资金、人力等企业资源能得到更有效的利用，应对库存物资进行分类，将管理的重点放在重要的库存物资上，进行分类管理，即依据库存物资重要程度的不同，分别进行不同管理，这就是 ABC 分类方法的基本思想。

ABC 管理法又叫 ABC 分析法，它简单易行，效果显著，在现代库存管理中已被广泛运用。所谓的 ABC 管理法，就是以某类库存物资品种数占物资品种数的百分数和该类物资金额占库存物资总金额的百分数大小为标准，将库存物资分为 A、B、C 三类，进行分级管理。

ABC 管理法的基本原理：对企业库存(物料、在制品、产成品)按其重要程度、价值高低、资金占用或消耗数量等进行分类、排序，一般 A 类物资数目占全部库存物资的 10%左右，而其金额占总金额的 70%左右；B 类物资数目占全部库存物资的 20%左右，而其金额占总金额的 20%左右；C 类物资数目占全部库存物资的 70%左右，而其金额占总金额的 10%左右。从而分清主次、抓住重点、并分别采用不同的控制方法。其要点是从中找出关键的少数(A 类)和次要的多数(B 类和 C 类)，并对关键的少数进行重点管理。

(一)ABC 分类的标准

ABC 分类的标准采用库存中各品种物资每年消耗的金额，即该品种年消耗量×单价＝每年消耗的金额。将年消耗金额高的划归 A 级，次高的划归 B 级，低的划归 C 级。具体划分标准及各级物资在总消耗金额中应占的比重并没有统一的规定,可以根据各企业、各仓库的库存品种的具体情况和企业经营者的意图来确定。目前,一般可按各级物资在总消耗金额中所占的比重来划分,参考数字如表 8-1 所示。

表 8-1 库存物资 ABC 分级比重

级 别	年消耗金额(%)	品种数
A	60—80	10—20
B	15—35	20—30
C	5—15	50—70

如何确定 ABC 三种物资的区分标准呢?

第一,分析本仓库所存货物的特征。主要包括:货物的价值、重要性以及保管要求上的差异等。

第二,搜集有关库存物资资料,确定每种库存物资在一定期间内的供应金额。

第三,按供应金额的大小顺序进行排序。供应金额最大的品种为第一位,以此类推。然后计算各品种的供应金额占总供应金额的百分比。

第四,按供应金额的大小的品种序列计算供应额的累计百分比,把占总供应金额累计 70%左右的各种物资确定为 A 类;占总供应金额累计 20%左右的各种物资确定为 B 类;其余的各种物资确定为 C 类。

(二)ABC 分类库存管理方法

1.A 类库存物资

A 类库存物资是库存控制的重点,具有品种较少,价格较高,并且多为生产(经营)关键、常用物料。对 A 类的库存物资一般采用现代化技术措施和设备进行重点精心管理,将库存压到最低水平,人员配备质量要高,设备先进,采用较少的安全库存或不设安全库存。大型企业一般可采用供应商联合库存管理、JIT 生产方式下的库存管理方法。小型企业可采用定期订货方式,随时检查库存情况,一旦库存量下降到一定水平(订货点),就要及时订货。

2.B 类库存物资

B 类库存物资介于 A 类和 C 类物料之间。保持一定的库存,可采用定期订货方式为主,定期定量为辅的方式,并按经济订货批量进行订货。

3.C 类库存物资

C 类库存物资由于库存品种多,价值低或年需用量较少,可按其库存总金额控制库存水平。对于 C 类物料可保持相对较高的库存。一般采用比较粗放的定量控制方式，可以采用较大的订货批量或经济订货批量进行订货。

二、定量订货管理法

（一）定量订货管理法的原理

所谓定量订货方式是指当库存量下降到预定的最低库存数量（订货点）时，按规定数量（一般以经济批量 EOQ 为标准）进行订货补充的一种库存管理方式，如图 8-1 所示。

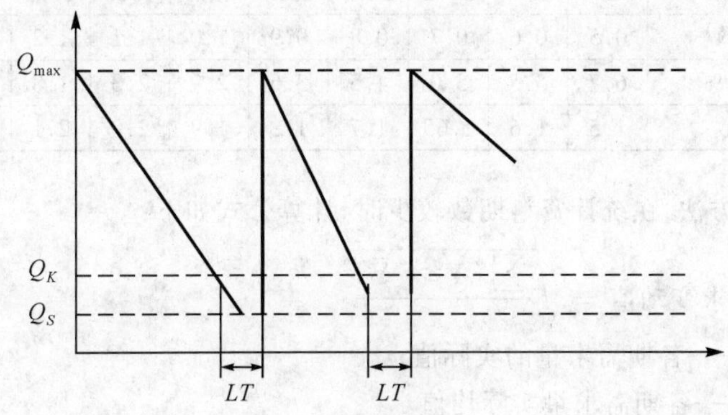

图 8-1　定量订货方式

当库存量下降到订货点 Q_K（也称为再订货点）时马上按预先确定的订货量 Q 发出货物定单，经过交纳周期 LT，收到订货，库存数量上升。采用定量订货管理法需要确定两个参数：一个是订货点，即订货点库存量，一个是订货数量，即经济批量 EOQ。

（二）定量订货管理法参数的确定

1. 订货点的确定

影响订货点的因素有三个，订货提前期（LT），平均需求量和安全库存 Q_S。根据这三个因素我们就可以简单地确定订货点。

（1）在需求和订货提前期确定的情况下，不需设置安全库存，订货点由下式确定：

订货点 = 订货提前期（天）× 全年需求量/360　　(8-1)

$$R = LT \times D/360$$

【例 8-1】　某仓库每年出库商品业务量为 36000 箱，提前期为 15 天，试计算订货点。

解：订货点 = 15 ×（36000/360）= 1500（箱）

（2）在需求和订货提前期都不确定的情况下需要设置安全库存，可采用下式确定：

$$订货点=(平均需求量\times最大订货提前期)+安全库存 \tag{8-2}$$

$$安全库存=安全系数\times\sqrt{最大订货提前量}\times需求变动值 \tag{8-3}$$

公式中：安全系数可根据缺货概率查表8-2得到；最大订货提前期是指超过正常的订货提前时间；需求变动值可以用下列两种方法计算得到。

表8-2 安全系数表

缺货概率%	30.6	27.4	24.2	21.2	18.4	15.9	13.6	11.5	9.7	8.1
安全系数	0.5	0.6	0.7	0.8	0.9	1.0	1.1	1.2	1.3	1.4
缺货概率%	6.7	5.5	5.0	4.5	3.6	2.9	2.3	1.8	1.4	0.8
安全系数	1.5	1.6	1.65	1.7	1.8	1.9	2.0	2.1	2.2	2.3

第一种方法，在统计资料期数较少时，计算公式如下：

$$需求变动值=\sqrt{\frac{\sum(Y_i-\overline{Y})^2}{n}} \tag{8-4}$$

公式中：Y_i——各期需求量的实际值；

$\overline{Y}$——各期需求量实际均值。

【例8-2】 某服装在过去三个月中的实际需求量分别为：一月份126箱，二月份110箱，三月份127箱，求该服装需求变动值。

解：$\overline{Y}=(126+110+127)\div3=121$（箱）

$$需求变动值=\sqrt{\frac{(126-121)^2+(110-121)^2+(127-121)^2}{3}}=7.79$$

第二种方法，在统计资料期数较多的情况下，计算公式如下：

$$需求变动值=\frac{R}{d_2} \tag{8-5}$$

公式中：R——全距，即资料中最大需求量与最小需求量的差；

d_2——随样本多少而变动的常数，可以查表8-3得到相应的值。

表8-3 随资料期数而变动的 d_2 的值

n	2	3	4	5	6	7	8	9	10	11	12	13
d_2	1.128	1.693	2.059	2.326	2.534	2.704	2.847	2.970	3.078	3.173	3.258	3.336
$1/d_2$	0.8865	0.5907	0.4857	0.4299	0.3946	0.3098	0.3512	0.3367	0.3249	0.3152	0.3069	0.2998
n	14	15	16	17	18	19	20	21	22	23	24	
d_2	3.407	3.472	3.532	3.588	3.640	3.689	3.735	3.778	3.820	3.858	3.896	
$1/d_2$	0.2935	0.2880	0.2831	0.2787	0.2747	0.2711	0.2677	0.2647	0.2618	0.2592	0.2567	

【例 8-3】　某仓库中 A 商品去年各月份需求量见表 8-4,最大订货提前期为 2 个月,缺货概率根据经验统计为 5%,求 A 商品的订货点。

表 8-4　月需求量资料表

月份	1	2	3	4	5	6	7	8	9	10	11	12	合计
需求量/箱	162	172	167	180	180	172	170	168	174	168	163	165	2052

解:平均月需求量 = (2052/12)箱 = 171 箱

缺货概率为 5%,查表 8-2 得:安全系数 = 1.65

需求变动值 = R/d_2

$R = (181 - 162)$箱 = 19 箱

d_2 通过 n 为 12,查表 8-3 得:$1/d_2 = 0.3069$

则需求变动值 = 19×0.3069 箱 = 5.831 箱

订货点 = $171 \times 2 + 1.65 \times \sqrt{2} \times 5.831$ 箱 = 356 箱

即当 A 商品的库存量下降到 356 箱时就应该订货。

2. 订货批量的确定

在定量订货中,对每一个具体的商品而言,每次订货批量都是相同的,所以对每种商品都要制定一个订货批量,通常是以经济批量来确定订货批量。

所谓经济批量就是使库存总成本达到最低的订货数量,它是通过平衡订货成本和持有成本两方面得到。其计算公式为:

$$Q^* = \sqrt{\frac{2dc}{c_i}} \tag{8-6}$$

公式中:Q^*——经济订货批量(EOQ);

D——商品年需求总量;

S——每次订货成本;

C_i——单位商品年保管费。

【例 8-4】　某仓库 A 商品年需求量为 24000 箱,单位商品年保管费为 6 元,每次订货成本为 8 元,求经济批量。

$$Q^* = \sqrt{\frac{2 \times 2400 \times 80}{6}}\text{箱} = 800\text{ 箱}$$

当然采用经济批量法来确定订货量,实际操作时还需调整,使其尽可能地接近一个包装单元,或者是它们的倍数,这样便于发货和配货运输。

(三)定量订货法的优缺点

1. 优点

(1)手续简单、管理方便。控制参数一经确定,则实际操作就变得非常简单了。实际中经常采用“双堆法”来处理。所谓双堆法,就是将某商品库存分为两堆,一堆为经济库存,另一堆为订货点库存,当消耗完就开始订货,并使用经济库存,不断重复操作。这样可减少经济盘点库存的次数,方便可靠。

(2)当订货量确定后,商品的验收、入库、保管和出库业务可以利用现有规格化器具和计算方式,有效地节约搬运、包装等方面的作业量。

(3)充分发挥了经济批量的作用,可降低库存成本,节约费用,提高经济效益。

2.缺点

(1)物资储备量控制不够严格。

(2)要随时掌握库存动态,严格控制安全库存和订货点库存,占用了一定的人力和物力。

(3)订货模式灵活性小。

(3)订货时间难以预先确定,对于人员、奖金、工作业务的计划安排不利。

(4)受单一订货的限制,不适应实行多品种联合订货的方式。

三、定期订货法

(一)定期订货法的原理

定期订货法是按预先确定的订货时间间隔进行订货补充的一种库存管理方法。企业根据过去的经验或经营目标预先确定一个订货间隔时间。如每间隔三天订货一次,或每间隔一个月订货一次,而每次订货数量根据实际需要都有所不同。因此,我们认为定期订货法是一种基于时间的订货控制方法,它通过设定订货周期和最高库存量,来达到控制库存量的目的。只要订货间隔期和最高库存量控制合理,就能实现既保障需求、合理存货,又可以节省库存费用的目标。

定期订货法的原理:预先确定一个订货周期和最高库存量周期性地检查库存,根据最高库存量、实际库存、在途订货量和待出库商品数量,计算出每次订批量,发出订货指令,组织订货。其库存的变化见图8-2。

图8-2中表示的是定期订货法一般情况下的库存量变化:$R_1 \neq R_2 \neq R_3$,$T_{K1} \neq T_{K2} \neq T_{K3}$。在第一个周期,库存以 R_1 的速率下降,因预先确定了订货周期 T,也就是规定了订货的时间,到了订货时间,不论库存还有多少,都要发出订货,所以当到了第一次订货的时间即库存下降到 A 点时,检查库存,求出实际库存量 Q_{K1},结合在途货物和待出货物,发出一个订货批量 Q_1,使名义库存上升到 $Q_{\max}$。然后进入第二周期,经过 T 时间再次检查库存得到此时的库存量 Q_{K2},并发出一个订货批量 Q_2,使名义库存又回到 $Q_{\max}$。

采用定期订货法来保证库存需求与定量订货法不同。定量订货法是以订货

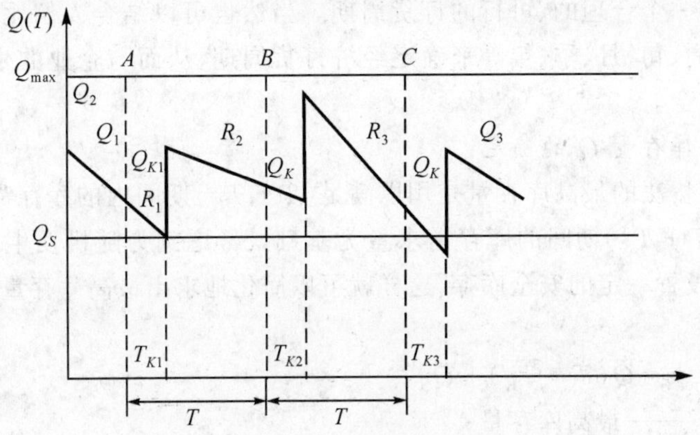

图 8-2　定期订货法

期提前来满足需求的，其控制参数 Q（订货量）是用于满足订货提前期内库存的需求。而定期订货法是以整个订货提前周期内的库存需求，即从本次发出订货指令到下次订货到达即（$T+T_K$）这一期间的库存需求为目的。由于在 $T+T_K$ 这个期间的库存需求量是随机变化的，因此根据 $T+T_K$ 期间的库存需求量确定 Q_{max}（最高库存量）也是随机变量，它包括 $T+T_K$ 期间的库存平均需求量和防止需求波动或不确定因素而设置的 Q_S（安全库存）。因此，定期订货法的实施需要解决订货周期、最高库存量和每次订货批量三个参数。

（二）定期订货法的控制参数

1. 订货周期 T 的确定

订货周期实际上就是定期订货的订货点，其间隔时间总是相等的。订货间隔期的长短直接决定最高库存量的大小，即库存水平的高低，从而也决定了库存成本的多少。所以，订货周期不能太长，否则会使库存成本上升；也不能太短，太短会增加订货次数，使得订货费用增加，进而增加库存总成本。从费用角度出发，如果要使总费用达到最小，我们可以采用经济订货周期的方法来确定订货周期，其公式是：

$$T^*=\sqrt{\frac{2S}{C_iR}} \tag{8-7}$$

公式中：T——经济订货周期；

S——单次订货成本；

C_i——单位商品年储存成本；

R——单位时间内库存商品需求量（销售量）。

在实际操作中，经常结合供应商的生产周期或供应周期来调整经济订货期，从而确定了一个合理的、可行的订货周期。当然也可以结合人们比较习惯的时间单位，如周、旬、月、季、年等来确定经济订货周期，从而与企业的生产计划、工作计划相吻合。

2. 最高库存量 Q 的确定

定期订货法的最高库存量是用以满足 $(T+T_K)$ 期间内的库存需求，所以我们可以用 $(T+T_K)$ 期间的库存需求量为基础。考虑到为随机发生的不确定库存需求，再设置一定的安全库存，这样就可以简化地求出最高库存量。公式一般为：

$$Q_{\max}=\overline{Q}(T+\overline{T_K})+Q_S \tag{8-8}$$

公式中：$Q_{\max}$——最高库存量；

$\overline{R}$——$(T+T_K)$ 期间的库存需求量平均值；

T——订货周期；

$\overline{T_K}$——平均订货提前期；

Q_S——安全库存量。

3. 订货量的确定

定期订货法每次的订货数量是不固定的，订货批量的多少都是由当时实际库存量大小决定的，考虑到订货点时的在途到货量和已发出出货指令但尚未出货的待出货数量，每次订货的订货量计算公式为：

$$Q_i=Q_{\max}+Q_{Ni}-Q_{Ki}-Q_{Mi} \tag{8-9}$$

公式中：Q_i——第 i 次订货的订货量；

$Q_{\max}$——最高库存量；

Q_{Ni}——第 i 次订货点的在途到货量；

Q_{Ki}——第 i 次订货点的实际库存量；

Q_{Mi}——第 i 次订货点的待出库货数量。

（三）定期订货法的优缺点

1. 优点

(1)可以降低订货成本，因为许多货物都可以在一次订货中办理。

(2)周期盘点比较彻底、精确，避免了定量订货法每天盘存的做法，减少了工作量，提高了工作效率。

(3)库存管理的计划性强，有利于工作计划的安全，实际计划管理。

2. 缺点

(1)安全库存量设置较大。由于它的保险周期 $(T+T_K)$ 较长，$(T+T_K)$ 期间的需求量较大，需求标准偏差也较大，需要较大的安全库存来保证库存需求。

(2)每次订货的批量不固定,无法制定出经济订货批量,因而运营成本较高,经济性较差。只适合于ABC物资分类中A类,即重点物资的库存控制。

四、EOQ库存管理方法

库存管理策略研究的内容涉及四项:决定进货项目、选择供应单位、决定进货时间和决定进货批量。即在什么时间、以多少数量、从什么来源补充库存,使得库存的总成本最低。EOQ(Economic Order Quality)称为经济订购批量,即通过库存成本分析求得在库存总成本为最低时的每次订购批量,用以解决独立需求物品的库存管理问题。

在EOQ库存管理策略中认为,库存物资是一种用来使供、产、销系统免受过度摩擦的润滑剂,它使各环节分离并独立工作,可以吸收预测误差的冲击,并在需求量发生波动时,使资源得到有效的利用。

EOQ库存管理模型中的费用主要包括:

取得费:取得费是指为取得某种库存物资而支出的费用,通常用 T_{Ca} 表示。包括订货费和购置成本。订货费是指取得订单的费用,包括手续费、电信往来、派人员外出采购等费用。订货费用中有一部分与订货次数无关的费用,如采购机构的办公费等。另一部分与订货次数有关的,如差旅费、邮资等。购置费用是指库存物资本身的价值,经常用数量与单价的乘积来确定。

储存费:是指为保持库存而发生的费用,包括库存占用资金应付的利息以及使用仓库、保管货物、货物损坏变质等支出的各项费用,通常用 T_{Cc} 来表示。储存费也分为固定费用和变动费用。固定费用与存货数量无关,如仓库折旧、仓库职工的工资等。变动费用与存货数量有关,如存货资金的应计利息、存货的破损、保险等费用。

缺货费:是指由于存货供应不足造成供应中断而造成的损失,如失去销售机会的损失、停工待料的损失以及不能履行合同而缴纳罚款等。通常用 T_{Cs} 来表示。

EOQ库存管理的原理就在于控制订购批量,使总库存成本最小。

(一)经济订货量的基本模型

经济订货量基本模型需要设立的假设条件是:

(1)企业能及时补充库存,即需要订货时便可立即取得库存。

(2)能集中到货,而不是陆续到货。

(3)不允许缺货,即缺货成本 T_{Cs} 为零。

(4)需求量稳定,并且能预测。

(5)存货单价不变,不考虑现金折扣。

(6)企业现金充足,不会因为短缺现金而影响进货。

(7)所需存货市场供应充足,不会因买不到需要的存货而影响其他。

按照库存管理的目的,需要通过合理的进货批量和进货时间,使库存的总成本最低,这个批量就叫做经济订货量或经济批量。其计算公式为:(根据假设读者可以自己推导)

$$Q=\sqrt{\frac{2KD}{K_C}} \tag{8-10}$$

公式中:Q——经济批量;

K——每次订货费用;

D——所需用量;

K_C——单位储存成本。

每年最佳订货次数公式:

$$N=\frac{D}{Q}=\frac{D}{\sqrt{\frac{2KD}{K_C}}}=\sqrt{\frac{DK_C}{2K}} \tag{8-11}$$

最佳订货周期公式:

$$T=\frac{360}{N} \tag{8-12}$$

存货总成本公式:

$$TC=\sqrt{2KDK_C} \tag{8-13}$$

【例 8-5】 某企业每年耗用某种材料 3600 千克,该材料单位成本 10 元,单位存储成本为 2 元,一次订货成本 25 元。求经济批量、最佳订货周期、最佳订货次数。

解: $Q=\sqrt{\frac{2KD}{K_C}}=\sqrt{\frac{2\times3600\times25}{2}}=300$(千克)

$N=\frac{D}{Q}=\frac{3600}{300}=12$(次)

$T=\frac{360}{12}=30$(天)

(二)基本模型的扩展

经济订货量的基本模型是在前述各个假设条件下建立的,但现实生活中能够满足这些假设条件的非常的稀少。为使模型更接近于实际,具有较高的可用性,需要改进模型。

1.订货提前期

一般情况下,企业的存货不能做到随用随时补充,因此不能等存货用完后再去订货,而需要在没有用完时提前订货。提前订货的情况下,企业再次发出订货单时，尚有存货的库存量，称为再订货点，用 R 来表示。它的数量等于交货时间（L）和每日平均需用量（d）的乘积：

$$R = L \times d \tag{8-14}$$

续前例，企业订货日至到货期有时间为 10 天，每日存货需用量 10 千克，那么：

$$R = L \times d = 10 \times 10 = 100(\text{千克})$$

即企业在尚存 100 千克存货时，就应当再次订货，等到下批货物到达时，原有库存刚好用完。其他参数与基本模型相同。订货提前期的情形如图 8-3 所示。

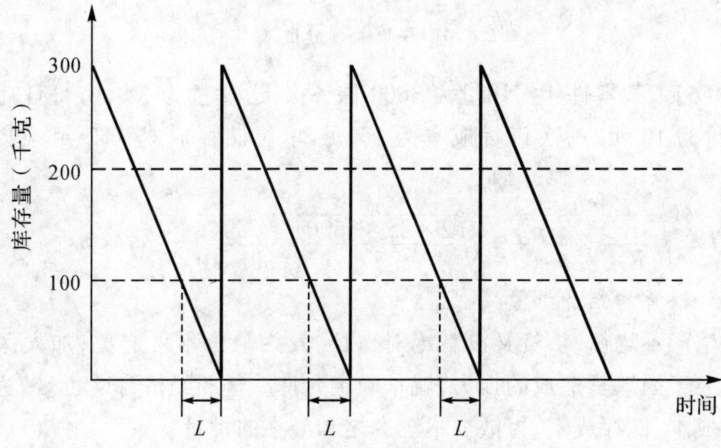

图 8-3　订货提前期

2. 存货陆续供应和使用

企业在经营过程中，往往有不少物料是一次订货分批进货的。这样就形成了一边进货入库，一边耗用出库的状态，入库速度大于出库速度，一批订货全部进库后，库存只出不进，经常储备降到零时，下一批订货又陆续分批入库，如图 8-4 所示。

假设每批订货数为 Q，每日送货量为 p，那么该批货全部送达后所需日则为 Q/p，称之为送货期。设每日耗用量为 d。那么送货期内全部耗用量为 $\frac{Q}{p} \times d$。由于货物是边送边用，所以每批货送完后的最高库存量为：$Q - \frac{Q}{p} \times d$。所以平均库存量为 $\frac{1}{2} - \left(Q - \frac{Q}{p} \times d\right)$。因此，我们可以得出在存货陆续供应和使用的经济订货量公式为：

$$Q = \sqrt{\frac{2KD}{K_C} \times \frac{p}{(p - d)}} \tag{8-15}$$

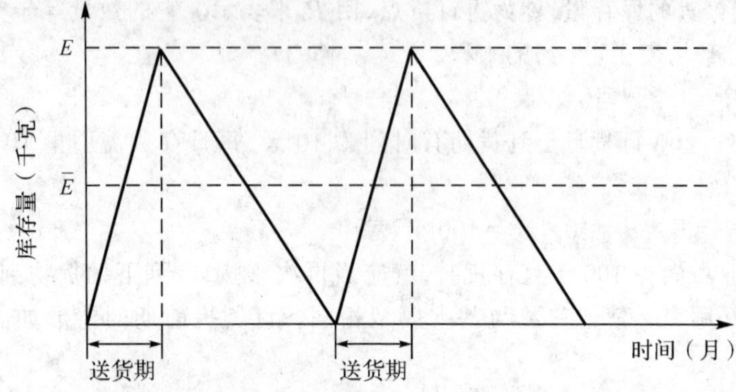

图 8-4 存货陆续分批入库

【例 8-6】 某零件年需用量为 3600 件，每日送货量为 30 件，每日耗用量为 10 件，单价为 10 元，一次订货成本为 25 元，单位储存成本为 2 元。求经济批量。

解：$Q=\sqrt{\frac{2KD}{K_C}\times\frac{p}{p-d}}=\sqrt{\frac{2\times25\times3600}{2}\times\frac{30}{30-10}}=367$(件)

3. 允许缺货的经济批量

如果生产不均衡，供货又没有绝对保证，发生缺货不可避免；加大保险储备的代价又大于因缺货造成的损失，就是确定允许缺货的经济订购批量，这种批量是指取得成本、储存成本、短缺成本三者之和最小的批量。

（三）EOQ 库存管理模型与现代存货管理的需求

EOQ 模型曾经广泛地应用于国外企业的库存管理，且收到良好的经济效果。目前，我国广大的管理者也早已熟悉的 EOQ 理论，并且也尽可能地采用 EOQ 模型帮助其提高制定库存管理有关决策的质量。

EOQ 模型的运用虽可帮助企业控制其存货成本，加强资金的规划，从而进一步增强了企业在市场上的竞争力量。但是，随着企业所面临的经济环境变化，EOQ 模型的一些假设与市场环境已不符合，比如模型中假设物料需求是稳定连续的，因此，每次物料的需求量都小于订货总数。在传统的生产方式下，企业按计划生产，生产数量一般不会有大的波动，因而，对物料的需求量是均匀的。而在现代制造业中，企业面向市场、面向客户，生产数量是变化多端的，对物料的需求就是一个未知数，是不均匀、不稳定的，对库存的需求是间断性发生。实际上，采用传统订货法的系统下达订货的时间常常偏早，从而造成物料积压，既导致资金被大量无效地占用，又引起库存费用的增加。另一方面，又由于生产需求的不均衡，会造成库存短缺，从而给企业生产造成严重损失。

在EOQ库存管理中,库存一旦低于订货点时,就立即发出订货,以保证一定的存货。这种不依需求而定的做法非但没有必要,也很不合理,在需求间断的条件下,必然造成大量的库存积压。

总之,任何一个因素的变化都会影响EOQ模型确定的最佳批量的结果,仍然采用EOQ模型不仅不能帮助企业提供可靠的数据,相反会使企业的管理出现许多问题。例如:原材料不能及时供应,零部件不能正确配备,库存积压,资金周转期长等问题。因此,一些新的库存管理方法又产生了,如MRP和JIT库存管理方法。

【小资料】

某公司钢材库的管理

某研究组对某公司钢材库的库存管理策略进行研究。结果为:

1. ABC分级

A级:占品种数的8.6%,占消耗金额60%;

B级:占品种数的16.5%,占消耗金额25%;

C级:占品种数的74.9%,占消耗金额15%。

2. 历史资料统计

各品种钢材的月消费量均值$\overline{D}$及标准差σ_D,由36个月的消耗记录进行统计。

延迟到货期的均值$\overline{L_1}=0.1191$月与标准差$\sigma_{L1}=1.7486$月。

每订货一次的订货费$A=8.9$元/次,根据订货人员工资、差旅费等统计得到。

每元物资存储一年所耗存储费$r=0.0604$元/年,根据保管人员工资、库房办公、修理、搬运等费用及资金利息统计。

3. 管理策略及参数的计算

由于钢材是国家控制物资。因此采用(T、Q、ss、s)制库存管理策略。并计算管理参数如下:

(1)经济进货间隔期T

按公式计算:

$$T=\sqrt{\frac{24A}{rDC}}=60\sqrt{\frac{1}{DC}}(\text{月}) \tag{8-16}$$

式中C为钢材单价,吨/元。

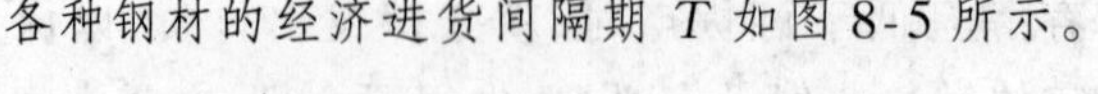
各种钢材的经济进货间隔期 T 如图 8-5 所示。

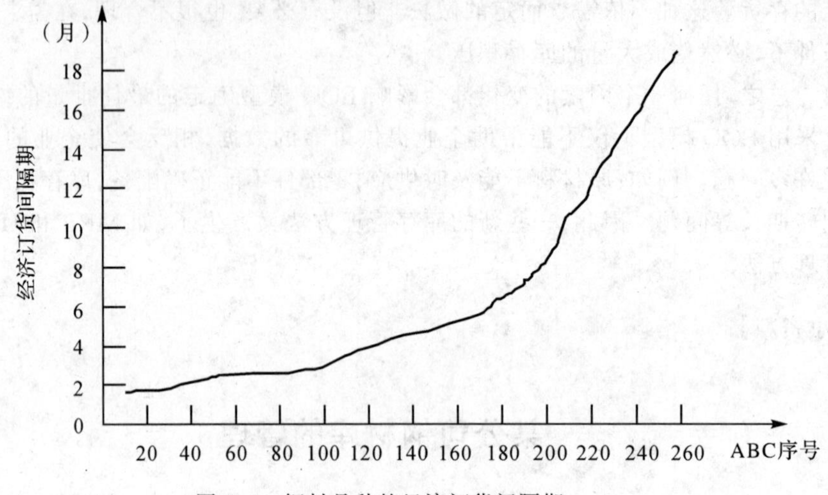

图 8-5 钢材品种的经济订货间隔期

由于国家控制物资的订货间隔期只能有1、2、3、6、12月数种。因此，确定 T 如表 8-5 所示。

表 8-5 确定的进货间隔周期 T

月消耗量均值$\overline{D}$	>5	3—5	1—3	0.1—1	<0.1
进货间隔期 T	1	2	3	6	12

(2)进货批量 Q

$$Q = T\overline{D}$$

Q 要取整。

(3)安全库存量 ss

ss 由公式计算，

$$ss = \overline{DL_1} + k_{\sigma D(T+L_1)}$$

$$= \overline{DL_1} + \sqrt{(T+\overline{L_1})\sigma^2 D + \overline{D^2}\sigma_{L_1}^2}$$

式中的 K 按正态分布查得。

$$P(\mu_0 \geqslant K) = 1 - P_1$$

式中 $1-P_1$ 为允许缺货概率，由主管人员确定如表 8-6。

K 求出后，用公式求得数量缺货概率 $1-P_2$。

$$1 - P_2 = \frac{\sigma D(T+L_1)}{Q} G(\mu \geqslant K)$$

式中 $G(\mu \geqslant K)$ 由附表一查得。求出的 $1-P_2$ 大致如下：A 级为 0.05—

0.06,B 级为 0.04—0.06,C 级为 0.03—0.06,均满足主管人员要求。

(4)报警点 s

s 按公式求得,

$$s = \overline{D}\ \overline{L_2} + K_{\sigma DL2}$$

$$= \overline{D}\ \overline{L_2} + K\sqrt{\overline{L_2}\sigma^2 D + \overline{D}^2\sigma^2 L}$$

与主管人员商定,$\overline{L_2} = 1$ 月,$\sigma L_2 = 0$,于是,

$$s = \overline{D} + K_{\sigma D}$$

(5)预期效果

如钢材库按建议的管理策略与参数执行,则库存占用金额可下降 24%,可节省利息 30%。

上述效果经计算机模拟检验。检验时,每个品种各模拟十年,取平均值,均在规定的缺货概率与周转率范围内。

表 8-6　确定的允许缺货概率 $1-P_1$

级别	进货间隔期(月)	$1-P_1$	
		一般钢材	重要钢材
A	1 3 6	0.065 0.13 0.10	0.05 0.09 0.09
B	1 2 3 6	0.065 0.09 0.13 0.10	0.05 0.065 0.09
C	3 6 12	0.13 0.10 0.17	0.09 0.065 0.10

第二节　JIT 库存控制

当今市场正由过去的封闭型市场转变为没有国界与地域限制的全球开放型市场,市场的这种变化必然引起企业管理模式、生产组织方式和生产技术的变

革。JIT 生产方式下的管理思想、管理模式正在成为新一代企业发展的热点,渗透到企业管理的各个方面,包括库存管理。

一、JIT 的原理

JIT(Just In Time)意为及时或准时,也有译为精练管理。它是 20 世纪 70 年代日本创造的一种库存管理和控制的现代管理思想,在日本丰田集团得到广泛实施,并取得巨大的成效。

众所周知,传统的生产系统采用的是由前向后推动式的生产方式,即由原材料仓库向第一道生产工序供应原材料,进行加工和生产,由此向后推,直到制成成品转入产成品仓库,等待销售,在这种生产系统中,大量原材料、在制品、产成品的存在,必然导致大量生产费用的占用和浪费。而 JIT 的基本思想正好与传统生产系统相反,它是以顾客(市场)为中心,根据市场需求来组织生产。JIT 是一种倒拉式管理,即逆着生产工序,由顾客需求开始,订单→产成品→组件→配件→零件和原材料,最后到供应商。具体说,就是企业根据顾客的订单组织生产,根据订单要求的产品数量,上道工序就应该提供相应数量的组件,更前一道工序就应该提供相应的配件,再前一道工序提供需要的零件或原材料,由供应商保证供应。整个生产是动态的,逐个向前逼进的。上道工序提供的正好是下道工序所需要的,且时间上正好(准时,Just In Time),数量上正好。JIT 系统要求企业的供、产、销各环节紧密配合,大大降低库存,从而降低成本,提高了生产效率和效益。为保证 JIT 这种拉动过程的平稳工作,要求其全过程都要具有高水平质量,要具备下列的条件:

(1)完善的市场经济环境,信息技术发达。

(2)可靠的供应商,按时、按质、按量地供应,通过电话、传真、网络即可完成采购。

(3)生产区域的合理组织,制定符合逻辑、易于产品流动的生产线。

(4)生产系统要有很强的灵活性,为改变产品品种而进行的生产设备调整时间接近于零。

(5)要求平时注重设备维修、检修和保养,使设备失灵为零。

(6)完善的质量保证体系,无返工,次品、不合格品为零。

(7)人员生产高度集中,各类事故发生率为零。

零库存和零缺陷是 JIT 生产追求的目标。JIT 认为,一个企业中所有的活动只有当需要进行的时候才进行,才不致于造成浪费,它认为库存是万恶之源,库存将许多矛盾掩盖起来,使问题不被发现而得不到及时解决。“彻底杜绝浪费”,“只在需要时候,按需要的量,生产所需要的产品”,这是 JIT 的基本含义也是它的基本思想。这种生产方式的核心是追求一种无库存的生产系统,或者库存达到最小的生产系统。总结一下,JIT具有下列特点:

(1)它把物流、商流、信息流合理组织到一起,成为一个高度统一、高度集中的整体。

(2)体现了以市场为中心,以销定产,牢牢抓住市场的营销观念,而不是产品先生产出来再设法向外推销的销售观念。

(3)生产活动组织严密,平滑畅谈,没有多余的库存,也没有多余的人员。

(4)实现库存成本大幅度下降。

二、JIT在库存管理中的应用

(一)JIT的目标及特点

JIT的中心思想是消除一切无效劳动和浪费。

1.JIT的目标

(1)实现零废品。传统的生产管理中,一般企业只提出可允许的不合格品的百分数和可接受的质量水平,其基本假设是:不合格品达到一定数量是不可避免的。而JIT的目标是消除各种引起不合格品质的因素,在加工过程中,每一道工序都力求达到最好水平。

(2)实现零库存。传统的生产系统中,在制品库存和产成品库存被重视为资产,表明生产系统中已累计的增值。在期末时,期末库存与期初库存之差代表这一周期增值的部分,用以指示该部门效益的提高。当由不确定的供应者供应原材料和外构件时,原材料和外构件的库存可视为缓冲器,即是作为供应商不按期供货或顾客订货量增加时的缓冲。而JIT则认为,任何库存都是浪费。库存是生产系统设分理、生产过程不协调、生产操作不规范的产物,必须予以清除。

(3)实现订货时间最少。订货时间长短与批量选择相关。如果订货时间接近于零就意味着批量生产的优越性不复存在。确定经济批量的目的是使库存总费用最小,而库存总费用是由仓库保管费与订货费所决定的,批量大意味着库存量仓库保管费高;而批量小则库存量低,仓库保管费也低。但批量小必然增多订货次数,一般情况下订货费用也随之增加。如果订货时间趋于零,则订货成本趋于零,就有可能采用极小批量。

2.JIT的特点

(1)JIT技术具有普遍意义。它既可以适用任何类型的制造业,也可应用于服中的各种组织。JIT能够以有效、可靠的方式消除生产经营过程中的浪费,改量,提高用户需求的满意度。

(2)JIT的核心是消除无效劳动和浪费。在市场竞争环境下,获取更多利润的途径是降低成本,而降低成本的关键就在于杜绝浪费,JIT 技术凡是对产品不起增值作用或不增加产品附加值但增加成本的劳动加以控制。例如,多余的库存、多余的搬运和操作,造成返修品、次品和废品的作业,停工待料,没有销路的超产都是 JIT 技术控制的对象。

(3)JIT 非常重视人的因素,强调全员授权参与管理。JIT 把企业员工看成是主动创新的主力,认为最了解管理中存在问题的是企业的一线员工,因而应当首先由他们提出解决问题的办法。为此,一般由上级提出目标和处理问题的原则,提供信息和培训,并对员工进行授权,各级员工在自己的权限内处理工作范围中的各件问题。

(4)JIT 重视员工多种技能的培训。员工必须是多面手,能在不同设备上操作与维护,因而减少因人员缺勤造成的停工,同时增加工人对职业的荣誉感,在 JIT 的实施过程中,要成立合理化小组和质量控制小组,提供合理化建议,体力与脑力劳动相互结合起来。

(5)JIT 追求尽善尽美。JIT 认为,不懈进取与一个组织的整体效果提高有着密切的关系,必须被组织内的每一个员工所接受,遇到问题,就一定要找出问题发生的根源,并运用工业工程和其他方法,将问题彻底解决,使之有效、连续地改进其生产操作和为用户服务。

(6)JIT 着重对物流的控制。JIT 管理采用组成单元,压缩准备时间,减少批量;组织标准化生产,采用拉式作业,保持产单元之间的物流平衡。

(7)JIT 强调全面质量管理 JIT 认为仅靠检验只能发现而不能防止,即使补救,也已造成浪费。因此,必须建立质量保证体系,从根本上保证产品质量。同时,坚持预防性设备维护制度,一旦出现设备故障就全线停工,群策群力查明事故根源,一次性彻底解决问题。

(8)JIT 追求最优的质量成本比。JIT 致力于开发旨在实现零缺陷的产品,表面上看起来,这似乎是个不切现实的目标。但是,从长远的角度看,去除一些多余的功能,可使企业大大降低成本费用,实现最优的质量成本比。

(二)JIT 生产方式是减少库存、改善物流的关键

1.生产准备耗费与储存成本的控制

传统观念是接受生产时准备耗费或订购成本与储存成本为必然存在发生的。因而控制的方法是找到一个理想的储量,其成本之和为最低,与此相反,JIT 的观念认为这两类成本并不为既定的,可以寻求方法和采取措施使之下降或者趋于零。主要通过以下方式实现:

(1)引进先进的机器设备,采用计算机化的控制与操作使得生产准备阶段变得很短,从而使准备耗费大幅度下降。

(2)选择几个可靠的供应商,且与他们建立起长期的订购关系,业务以传真、网络的方式进行即可,采购费用可大幅度下降。

(3)选定的供应商可按时、按量、按质将材料运到,因此企业的库存可以降到极限,储存成本也可降低到最低水平。

2.保证交货期

能否按期交货是衡量企业是否有能力满足顾客需求的关键标准之一。传统方式储存一定量的产成品来达到。然而,JIT 采用改善企业内部机制,"提前期"的方式实现,这里的提前期是顾客提出要货至拿到货所需时间。提前期缩短,企业面临市场变化的需求的能力也将得到提高。JIT 在这方面改革包括:

(1)降低生产准备时间以缩短提前期。

(2)提高材料、零部件和产成品的质量,消除生产废品及事后检验的时间耗费。

(3)改革生产过程的布局方式,由部门型或职能型转化为以产品为中心,由此缩短了由原材料→零部件→产品转移过程的路途。

(4)库存方式由集中型转化为小而分散型,减少了库存空间和资金的占用。

3.避免事故损失

JIT 观念认为正是由于允许存货的存在而掩盖了急需管理的问题,如同大海中的一座冰山,在海水深处是看不见的,要解决问题,必须让冰山露出水面。JIT 的解决方法是:

(1)追求设备失灵为零的目标,强调全员参与设备的日常保养与维修。

(2)从采购到内部生产进行全过程的全面质量控制。

(3)利用看板管理保证生产过程物流畅通。

看板管理,把工厂中潜在的问题或需要做的工作写在一块显示板或表示板上,让任何工人一看板就知道出了何种问题或应采取何种措施解决。看板管理需要借助一系列的手段来进行,比如告示板、带颜色的灯、带颜色的标记等,不同的方法表示不同的含义。

第三节 MRP 库存控制

一、物料需求计划(MRP)的原理

EOQ 系统解决了独立需求物品的库存控制问题,而 MRP 则是为了更有效地适应相关需求物品而发展起来的。MRP 是物料需求计划(Matcrial Reqirement Planning System)的简称,这种方法是由美国著名生产管理和计算机应用专家欧·威特和乔·伯劳士在20世纪50年代对多家企业进行研究后提出的。MRP被看作是以计算机为基础的生产计划与库存控制系统。

相关需求的物品(物料),指这些物品的需求与其他物品的需求有着直接的关系,即按产品结构,一个低层次物料的需求取决于上一层部件的需求,部件的需求又取决于其上一层次组装件的需求,依此类推直至最终产品的需求。对相关需求的物品,由于其需求取决于最终产品的生产数量和交货期,要采用MRP对其进行控制,按最终产品的需求量和需求时间。同时,可以来确定各种物资的需求数量和订购时间。因此,MRP既是一种精确的排产(优先次序)系统,又是一种有效的物料控制系统,它的目标是将库存量保持在最低限度,而又能保证及时供应所需数量的物料。

MRP依据最终产品的总生产进度计划,并按照产品结构确定所需零件的总需求量,然后根据已有的库存资源及各种零件的前置时间与最终产品的交货期限展开成零件的生产进度日程和材料及外购件的订购时间和订购数量。在情况发生变化后,MRP能根据新的情况调整生产的优先次序,重新排产,它保证在需要的时间供应所需的物料,并同时使库存保持在最低水平。

二、MRP系统的运行步骤

MRP系统运行需要借助于电子计算机,其运行步骤大致如下:

(1)根据市场预测和客户订单,正确编制可靠的生产:计划和生产作业计划。在计划中规定生产的品种、规格、数量和交货日期,同时,生产计划必须是同现有生产能力相适应的计划。

(2)正确编制产品结构图和各种物料、零件的用料明细表。产品结构图是从最终产品出发,把产品作为一个系统,其中包括多少个零部件所组成,每个产品从总装—部装—部件—零件可划分为几个等级层次,而每一层次的零部件又有多少个小零件所组成。

(3)正确掌握各种物料和零件的实际库存量,以及最高储备量和保险储备量等有关资料。

(4)正确规定各种物料和零件的采购交货日期,以及订货周期和订购批量。

(5)根据上述资料,通过MRP的逻辑运算确定各种物料和零件的总需要量(按产品结构图和明细表逐一计算)以及实际需要量。

(6)按照各种物料和零件的实际需要量,以及规定的订购批量和订货周期,向采购部门发出采购通知单或向本企业生产车间发出生产指令。

三、MRP的计算方法

1. 产品结构与零件分解

产品结构是将组成最终产品的组件、部件、零件，按组装成品顺序合理地分解为若干个等级层次，从而构成产品的完整系统。产品结构越复杂，等级层次越多，零部件和材料明细表也就越复杂。以一个简单产品为例，其产品结构图如图8-6所示。

从图8-6可以看出，A是最终产品，共有四个等级层次。第一层次，A产品是由三个B和一个F部件组成；第二层次，B是由四个C和一个D零件组成；F部件是由六个G零件和一个H零件组成；第三、第四层次可依次类推，其中的E零件是G和H零件的通用件。零件分解是指根据企业在规定时期内应生产的产品种类和数量，分析计算这些产品所需各种零部件的种类和数量，并计算出每一种零部件所需准备、加工及采购过程的全部时间。

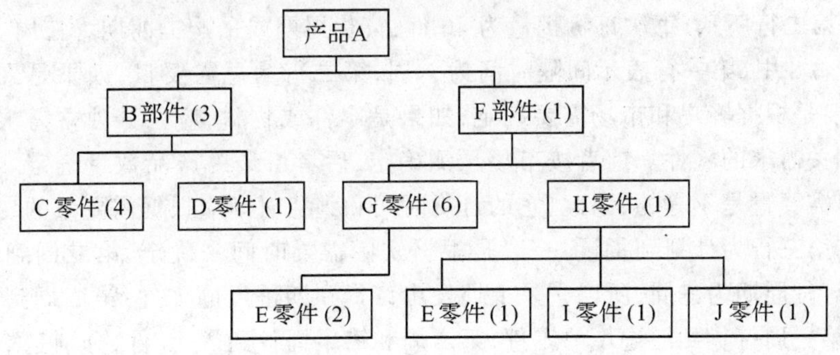

图8-6　A产品结构示意图

2. 零部件需要量的计算方法

以图8-6的产品结构为例，已知A是最终产品，属于独立需求，其需求量是由客户或市场所决定。若已知其需求量为100个，而其他各种零部件都属于相关需求，其需求量受A产品的数量影响，根据所有产品及零部件的库存量，可以计算出他们的实际需求量，计算结果如表8-7所示。

3. MRP采购订货的确定方法

当需求量计算确定之后，就要进一步明确各种货物的进货总需要量，每次订货批量是多少，以及订货周期是多长，一般可用表格法计算确定。

表 8-7 A 产品及其零部件需求量计算表

名称	库存量	总需求量	实际需求量
A	0	100	100 - 0 = 0
B	250	3×100 = 300	300 - 250 = 50
C	14	4×50 = 200	200 - 14 = 186
D	20	50	50 - 20 = 30
E	40	(2×30) + (1×74) = 134	134 - 40 = 94
F	16	1×100 = 100	100 - 16 = 84
G	54	6×84 = 584	504 - 54 = 450
H	10	1×84 = 84	84 - 10 = 74
I	6	1×74 = 74	74 - 6 = 68
J	40	1×74 = 74	74 - 40 = 34

【例 8-7】 假定已知某产品或零部件的总需要量在一段时间内每周分别为表 8-8 第二行所示；每次订货批量为 40 件；订货周期或采购提前期为三周。

表 8-8 中，第一行表示间隔时间为一周，第二行为总需要量，如果是最终产品，主要是根据客户和市场需要确定；如果是零件或物料，应区分独立需求的零件与相关需求的零件。前者按市场预测确定，后者由最终产品数量确定。本例每周总需要量是不等的，因此，它的订货时间和到货时间应根据需要量的变化而变化。第三行为计划到货量，一般是根据实际需要时间来确定，第二周到货 40 件，因订货周期为三周，所以它是上期发出订货到期进厂的零件；第四周到货 40 件，是第一周订货到期进厂的零件；第六周和第十周各到货 40 件，分别是第三周和第七周订货进厂的零件。第四行为库存量，第一周的库存量是上期库存量 35 - 20 = 15；第二周库存量是 15 + 40 - 28 = 27，即每周库存量 = 本周收货量 + 上周库存量 - 本周需要量，本例不考虑最高和最低储备量。第五行为计划订货量，主要是根据计划到货期决定，本例按每次计划到货期提前三周发出采购通知单，是定量不定期，而在实际工作中，也可以是定期不定量。

表 8-8 MRP 采购订货计算表

时间(周)	1	2	3	4	5	6	7	8	9	10
总需要量	20	28	25	16	18	19	20	6	2	20
计划到货量		40		40		40				40
库存量	15	27	2	26	8	29	9	3	1	21
计划订货量	40		40				40			

第四节 供应链管理环境下的库存控制

一、供应链管理环境下的库存问题

供应链环境下的库存问题和传统的企业库存问题有许多不同之处,这些不同点体现出供应链管理思想对库存的影响。传统的企业库存管理侧重于优化单一的库存成本,从存储成本和订货成本出发确定经济订货量和订货点。从单一的库存角度看,这种库存管理方法有一定的适用性,但是从供应链整体的角度看,单一企业库存管理的方法显然是不够的。目前供应链管理环境下的库存控制存在的主要问题有三大类:信息类问题;供应链的运作问题;供应链的战略与规划问题。

这些问题可综合成以下几个方面的内容。

1.没有供应链的整体观念

虽然供应链的整体绩效取决于各个供应链的节点绩效,但是各个部门都是各自独立的单元,都有各自独立的目标与使命。有些目标和供应链的整体目标是不相干的,更有可能是冲突的。因此,这种各行其道的山头主义行为必然导致供应链的整体效率的低下。

2.对用户服务的理解与定义不恰当

供应链管理的绩效好坏应该由用户来评价,或者由对用户的反应能力来评价。但是,对用户服务的理解与定义各不相同,导致对用户服务水平的差异。许多企业采用订货满足率来评估用户服务水平,这是一种比较好的用户服务考核指标。但是用户满足率本身并不保证运作问题,比如一家计算机工作站的制造商要满足一份包含多产品的订单要求,产品来自各供应商,用户要求一次性交货,制造商要把各个供应商的产品都到齐后才一次性装运给用户,这时,用总的用户满足率来评价制造商的用户服务水平是恰当的,但是,这种评价指标并不能帮助制造商发现是哪家供应商的交货迟了或早了。

3.不准确的交货状态数据

当顾客下订单时,他们总是想知道什么时候能交货。在等待交货过程中,也可能会对订单交货状态进行修改,特别是当交货被延迟以后。

4.低效率的信息传递系统

在供应链中,各个供应链节点企业之间的需求预测、库存状态、生产计划等都是供应链管理的重要数据,这些数据分布在不同的供应链组织之间,要做到有效地快速响应用户需求,必须实时地传递,为此需要对供应链的信息系统模型作相应的改变,通过系统集成的办法,使供应链中的库存数据能够实时、快速地传递。但是目前许多企业的信息系统并没有很好地集成起来,当供应商需要了解用户的需求信息时,常常得到的是延迟的信息和不准确的信息。由于延迟引起误差和影响库存量的精确度,短期生产计划的实施也会遇到困难。

5.忽视不确定性对库存的影响

供应链运作中存在诸多的不确定因素,如订货提前期、货物运输状况、原材料的质量、生产过程的时间、运输时间、需求的变化等。为减少不确定性对供应链的影响,首先应了解不确定性的来源和影响程度。

6.库存控制策略简单化

无论是生产性企业还是物流企业,库存控制目的都是为了保证供应链运行的连续性和应付不确定需求。了解和跟踪不确定性状态的因素是第一步,第二步是要利用跟踪获取的信息去制定相应的库存控制策略。这是一个动态的过程,因为不确定性也在不断地变化。有些供应商在交货与质量方面可靠性好,而有些则相对差些;有些物品的需求可预测性大,而有些物品的可预测性小一些;库存控制策略应能反映这种情况。许多公司对所有的物品采用统一的库存控制策略,物品的分类没有反映供应与需求中的不确定性。在传统的库存控制策略中,多数是面向单一企业的,采用的信息基本上来自企业内部,其库存控制没有体现供应链管理的思想。因此,如何建立有效的库存控制方法、并能体现供应链管理的思想,是供应链库存管理的重要内容。

7.缺乏合作与协调性

供应链是一个整体,需要协调各方活动,才能取得最佳的运作效果。协调的目的是使满足一定服务质量要求的信息可以无缝地、流畅地在供应链中传递,从而使整个供应链能够根据用户的要求步调一致,形成更为合理的供需关系,适应复杂多变的市场环境。例如,当用户的订货由多种产品组成,而各产品又是由不同的供应商提供时,如用户要求所有的商品都一次性交货,这时企业必须对来自不同供应商的交货期进行协调。如果组织间缺乏协调与合作,会导致交货期延迟和服务水平下降,同时库存水平也由此而增加。供应链的各个节点企业为了应付不确定性,都设有一定的安全库存,正如前面提到的,设置安全库存是企业采取的一种应急措施。问题在于,多厂商特别是全球化的供应链中,组织的协调涉及更多的利益群体,相互之间的信息透明度不高。在这样的情况下,企业不得不维持一个较高的安全库存,为此付出了较高的代价。组织之间存在的障碍有可能使库存控制变得更为困难,因为各自都有不同的目标、绩效评价尺度、不同的仓库,也不愿意去帮助其他部门共享资源。在分布式的组织体系中,组织之间的障碍对库存集中控制的阻力更大。要进行有效的合作与协调,组织之间需要一种有效的激励机制。在企业内部一般有各种各样的激励机制加强部门之间的合作与协调,但是当涉及企业之间的激励时,困难就大得多。问题还不止如此,信任风险的存在更加深了问题的严重性,相互之间缺乏有效的监督机制和激励机制是供应链企业之间合作性不稳固的原因。

8.产品的过程设计没有考虑供应链上库存的影响

现代产品设计与先进制造技术的出现,使产品的生产效率大幅度提高,而且具有较高的成本效益,但是供应链库存的复杂性常常被忽视了。结果所有节省下来的成本都被供应链上的分销与库存成本给抵消了。同样,在引进新产品时,如果不进行供应链的规划,也会产生如运输时间过长、库存成本高等原因而无法获得成功。另一方面,在供应链的结构设计中,同样需要考虑库存的影响。要在一条供应链中增加或关闭一个工厂或分销中心,一般是先考虑固定成本与相关的物流成本,至于网络变化对运作的影响因素,如库存投资、订单的响应时间等常常是放在第二位的。但是这些因素对供应链的影响是不可低估的。

二、供应链管理环境下的库存管理技术与方法

为了适应供应链管理的要求,供应链下的库存管理方法必须作相应的改变,目前供应链下的库存管理技术与方法,包括 VMI 管理系统、联合库存管理、多级库存优化等。

(一)VMI 管理系统

VMI 供应商管理用户库存(Vendor Managed Inventory, VMI)是一种在用户和供应商之间的合作性策略,以对双方来说都是最低的成本优化产品的可获性,在一个相互同意的目标框架下由供应商管理库存,这样的目标框架被经常性监督和修正,以产生一种连续改进的环境。

1.VMI 管理系统的原则

(1)合作精神(合作性原则)。在实施该策略时,相互信任与信息透明是很重要的,供应商和用户(零售商)都要有较好的合作精神,才能够相互保持较好的合作。

(2)使双方成本最小(互惠原则)。VMI 不是关于成本如何分配或谁来支付的问题,而是关于减少成本的问题。通过该策略使双方的成本都获得减少。

(3)框架协议(目标一致性原则)。双方都明白各自的责任,观念上达成一致的目标。如库存放在哪里,什么时候支付,是否要管理费,要花费多少等问题都要回答,并且体现在框架协议中。

(4)连续改进原则。使供需双方能共享利益和消除浪费。VMI 的主要思想

是供应商在用户的允许下设立库存,确定库存水平和补给策略,拥有库存控制权。

2.VMI 的实施

实施 VMI 策略,首先要改变订单的处理方式,建立基于标准的托付订单处理模式。首先,供应商和批发商一起确定供应商的订单业务处理过程所需要的信息和库存控制参数,然后建立一种订单的处理标准模式,如 EDI 标准报文,最后把订货、交货和票据处理各个业务功能集成在供应商一边。库存状态透明性(对供应商)是实施供应商管理用户库存的关键。供应商能够随时跟踪和检查到销售商的库存状态,从而快速地响应市场的需求变化,对企业的生产(供应)状态做出相应的调整。为此需要建立一种能够使供应商和用户(分销、批发商)的库存信息系统透明连接的方法。供应商管理库存的策略可以分如下几个步骤实施。

第一,建立顾客情报信息系统。要有效地管理销售库存,供应商必须能够获得顾客的有关信息。通过建立顾客的信息库,供应商能够掌握需求变化的有关情况,把由批发商(分销商)进行的需求预测与分析功能集成到供应商的系统中来。

第二,建立销售网络管理系统。供应商要很好地管理库存,必须建立起完善的销售网络管理系统,保证自己的产品需求信息和物流畅通。为此,必须做到:(1)保证自己产品条码的可读性和惟一性;(2)解决产品分类、编码的标准化问题;(3)解决商品存储运输过程中的识别问题。

目前已有许多企业开始采用 MRPII 或 ERP 企业资源计划系统,这些软件系统都集成了销售管理的功能。通过对这些功能的扩展,可以建立完善的销售网络管理系统。

第三,建立供应商与分销商(批发商)的合作框架协议。供应商和销售商(批发商)一起通过协商,确定处理订单的业务流程以及控制库存的有关参数(如再订货点、最低库存水平等)、库存信息的传递方式(如 EDI 或 Internet)等。

第四,组织机构的变革。这一点也很重要,因为 VMI 策略改变了供应商的组织模式。过去一般由会计经理处理与用户有关的事情,引入 VMI 策略后,在订货部门产生了一个新的职能负责用户库存的控制,库存补给和服务水平。

3.VMI 的支持技术

VMI 的支持技术主要包括:EDI/Internet、ID 代码、条码、条码应用标识符、连续补给程序等。

(1)ID 代码。供应商要有效地管理用户的库存,必须对用户的商品进行正确识别,为此对供应链商品进行编码,通过获得商品的标识(ID)代码并与供应商的产品数据库相连,以实现对用户商品的正确识别。目前国外企业已建立了应用于供应链的ID代码的类标准系统,如EAN-13(UPC-12)、EAN-14(SCC-14)、SSCC-18以及位置码等,我国也建有关于物资分类编码的国家标准。

(2)EDI/Internet。EDI是一种在处理商业或行政事务时,按照一个公认的标准,形成结构化的事务处理或信息数据格式,完成计算机到计算机的数据传输。

(3)条码。条码是ID代码的一种符号,是对ID代码进行自动识别且将数据自动输入计算机的方法和手段,条码技术的应用解决了数据录入与数据采集的“瓶颈”,为供应商管理用户库存提供了有力支持。

(4)连续补给程序。连续补给程序策略将零售商向供应商发出订单的传统订货方法,变为供应商根据用户库存和销售信息决定商品的补给数量。这是一种实现VMI管理策略的有力工具和手段。为了快速响应用户“降低库存”的要求,供应商通过和用户(分销商、批发商或零售商)建立合作伙伴关系,主动提高向用户交货的频率,使供应商从过去单纯地执行用户的采购订单变为主动为用户分担补充库存的责任,在加快供应商响应用户需求的速度同时,也使用户方减少了库存水平。

(二)联合库存管理

联合库存管理是解决供应链系统中由于各节点企业的相互独立库存运做模式导致的需求放大现象,提高供应链的同步化程度的一种有效方法。联合库存管理和供应商管理用户库存不同,它强调双方同时参与,共同制定库存计划,使供应链过程中的每个库存管理者(供应商、制造商、分销商)都从相互之间的协调性考虑,保持供应链相邻的两个节点之间的库存管理者对需求的预期保持一致,从而消除了需求变异放大现象。任何相邻节点需求的确定都是供需双方协调的结果,库存管理不再是各自为政的独立运作过程,而是供需连接的纽带和协调中心。

1.联合库存管理的思想

联合库存管理的思想可以从分销中心的联合库存功能谈起。地区分销中心体现了一种简单的联合库存管理思想。传统的分销模式是分销商根据市场需求直接向工厂订货,比如汽车分销商(或批发商),根据用户对车型、款式、颜色、价格等的不同需求,向汽车制造厂订的货,需要经过一段较长时间才能达到,因为顾客不想等待这么久的时间,因此各个推销商不得不进行库存备货,这样大量的库存使推销商难以承受,以至于破产。据估计,在美国,通用汽车公司销售500万辆轿车和卡车,平均价格是18500美元,推销商维持60天的库存,库存费是车价值的22%,一年总的库存费用达到3.4亿美元。而采用地区分销中心,就大大减缓了库存浪费的现象。图 8-7 为传统的分销模式，每个销售商直接向工厂订货，每个销售商都有自己的库存，而图 8-8 为采用分销中心后的销售方式，各个销售商只需要少量的库存，大量的库存由地区分销中心储备，也就是各个销售商把其库存的一部分交给地区分销中心负责，从而减轻了各个销售商的库存压力。分销中心就起到了联合库存管理的功能。

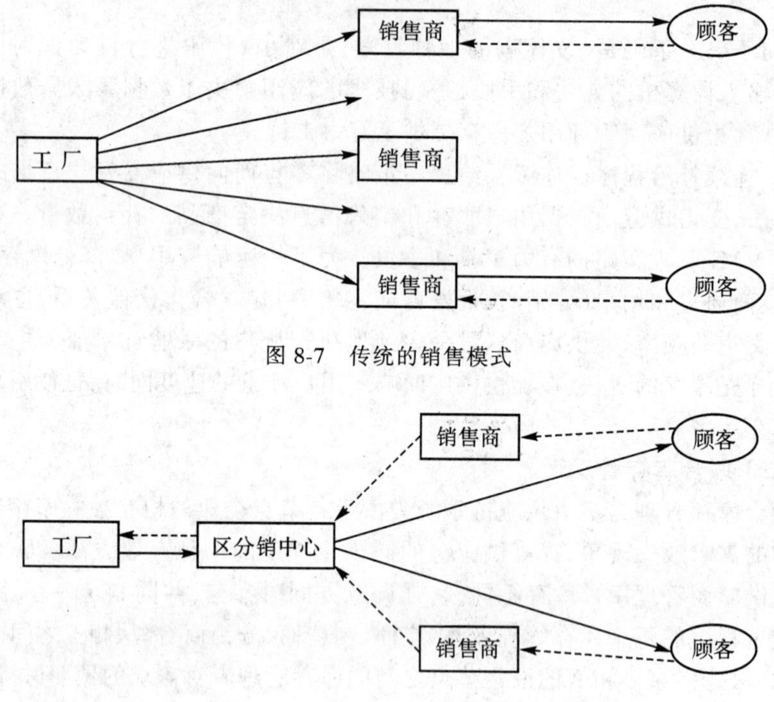

图 8-7　传统的销售模式

图 8-8　有地区分销中心的销售模式

分销中心既是一个商品的联合库存中心，同时也是需求信息的交流与传递枢纽。从分销中心功能的基础上我们提出了联合库存管理新模式——基于协调中心的联合库存管理系统。

基于协调中心的库存管理和传统的库存管理模式相比，有如下几个方面的优点：

(1)为实现供应链的同步化运作提供了条件和保证。

(2)减少了供应链中的需求扭曲现象，降低了库存的不确定性，提高了供应链的稳定性。

(3)库存作为供需双方的信息交流和协调的纽带，可以暴露供应链管理中的缺陷，为改进供应链管理水平提供依据。

(4)为实现零库存管理、准时采购以及精细供应链管理创造了条件。

(5)进一步体现了供应链管理的资源共享和风险分担的原则。

联合库存管理系统把供应链系统管理进一步集成为上游和下游两个协调管理中心,从而部分消除了由于供应链环节之间的不确定性和需求信息扭曲现象导致的供应链的库存波动。通过协调管理中心,供需双方共享需求信息,因而起到了提高供应链的运作稳定性作用。

2.联合库存管理的实施

(1)建立供需协调管理机制。为了发挥联合库存管理的作用,供需双方应从合作的精神出发,建立供需协调管理的机制,明确各自的目标和责任,建立合作沟通的渠道,为供应链的联合库存管理提供有效的机制。没有一个协调的管理机制,就不可能进行有效的联合库存管理。

(2)发挥两种资源计划系统的作用。为了发挥联合库存管理的作用,在供应链库存管理中应充分利用目前比较成熟的两种资源管理系统:MRPII 和 DRP。原材料库存协调管理中心应采用制造资源计划系统 MRPII,而在产品联合库存协调管理中心则应采用物资资源配送计划 DRP。这样在供应链系统中把两种资源计划系统很好地结合起来。

(3)建立快速响应系统。快速响应系统是在 20 世纪 80 年代末由美国服装行业发展起来的一种供应链管理策略,目的在于减少供应链中从原材料到用户过程的时间和库存,最大限度地提高供应链的运作效率。美国的 Kurt Salmon 协会调查分析认为,实施快速响应系统后供应链效率大有提高:缺货大大减少,通过供应商与零售商的联合协作保证 24 小时供货;库存周转速度提高 1—2 倍;通过敏捷制造技术,企业的产品中有 20%—30%是根据用户的需求而制造的。快速响应系统需要供需双方的密切合作,因此协调库存管理中心的建立为快速响应系统发挥更大的作用创造了有利的条件。

(4)发挥第三方物流系统的作用。第三方物流系统(Third Party Logistics, TPL)是供应链集成的一种技术手段。TPL 也叫做物流服务提供者(Logistics Service Provider, LSP),它为用户提供各种服务,如产品运输、订单选择、库存管理等。把库存管理的部分功能代理给第三方物流系统管理,可以使企业更加集中精力于自己的核心业务,第三方物流系统起到了供应商和用户之间联系的桥梁作用,为企业获得诸多好处。

(三)多级库存优化与控制

供应链管理的目的是使整个供应链各个阶段的库存最小,但是,现行的企业库存管理模式是从单一企业内部的角度去考虑库存问题,因而并不能使供应链整体达到最优。多级库存的优化与控制是在单级库存控制的基础上形成的,多级库存控制的方法有两种:一种是非中心化(分布式)策略,另一种是中心化(集中式)策略。非中心化策略是各个库存点独立地采取各自的库存策略,这种策略在管理上比较简单,但是并不能保证产生整体的供应链优化,如果信息的共享度低,多数情况产生的是次优的结果,因此非中心化策略需要更多信息共享。中心化策略,所有库存点的控制参数是同时决定的,考虑了各个库存点的相互关系,通过协调的办法获得库存的优化。但是中心化策略在管理上协调的难度大,特别是供应链的层次比较多,即供应链的长度增加时,更增加了协调控制的难度。

下面我们分别从时间优化和成本优化的角度分别探讨多级库存的优化控制问题。

1.基于成本优化的多级库存优化

基于成本优化的多级库存控制实际上就是确定库存控制的有关参数:库存检查期、订货点、订货量。主要考虑集中式(中心化)和分布式(非中心化)两种库存控制策略情形。在分析之前,首先确定库存成本结构。

(1)供应链的库存成本结构

1)维持库存费用(Holding Cost) C_h。在供应链的每个阶段都维持一定的库存,以保证生产、供应的连续性。这些库存维持费用包括资金成本、仓库及设备折旧费、税收、保险金等。维持库存费用与库存价值和库存量的大小成一定的线性关系,其沿着供应链从上游到下游有一个累积的过程。

2)交易成本(Transaction Cost) C_t。即在供应链企业之间的交易合作过程中产生的各种费用,包括谈判要价、准备订单、商品检验费用、佣金等。交易成本随交易量的增加而减少。交易成本与供应链企业之间的合作关系有关。通过建立一种长期的互惠合作关系有利于降低交易成本,战略伙伴关系的供应链企业之间交易成本是最低的。

3)缺货损失成本(Shortage Cost) C_s。缺货损失成本是由于供不应求,即库存小于零的时候,造成市场机会损失以及用户罚款等。缺货损失成本与库存大小有关。库存量大,缺货损失成本小,反之,缺货损失成本高。为了减少缺货损失成本,维持一定量的库存是必要的,但是库存过多将增加维持库存费用。

在多级供应链中,提高信息的共享程度、增加供需双方的协调与沟通有利于减少缺货带来的损失。总的库存成本为:$C = C_h + C_t + C_s$,多级库存控制的目标就是优化总的库存成本 C,使其达到最小。

(2) 库存控制策略

多级库存的控制策略分为中心化控制策略和非中心化策略,以下分别加以说明。

1)中心化库存控制。目前关于多级库存的中心化控制的策略探讨不多,采用中心控制的优势在于能够对整个供应链系统的运行有一个较全面的掌握，能够协调各个节点企业的库存活动。中心化控制是将控制中心放在核心企业上，由核心企业对供应链系统的库存进行控制，协调上游与下游企业的库存活动。这样核心企业也就成了供应链上的数据中心（数据仓库），担负着数据的集成、协调功能，中心化库存优化控制的目标是使供应链上总的库存成本最低。其库存控制模型如图 8-9 所示。

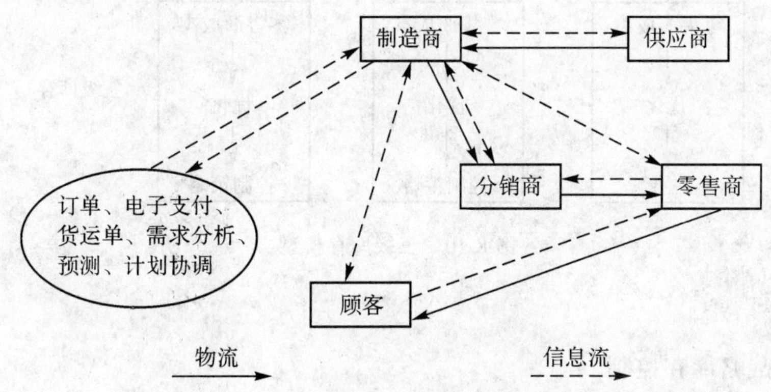

图 8-9　中心化库存控制模型

2)非中心化的控制策略。非中心化库存控制是把供应链的库存控制分为三个成本归结中心，即制造商成本中心、分销商成本中心和零售商成本中心，各自根据自己的库存成本优化做出优化的控制策略，非中心化的库存控制要取得整体的供应链优化效果，需要增加供应链的信息共享程度，使供应链的各个部门都共享统一的市场信息。非中心化多级库存控制策略能够使企业根据自己的实际情况独立做出快速决策，有利于发挥企业自己的独立自主性和灵活机动性。非中心化库存订货点的确定，可完全按照单点库存的订货策略进行，即每个库存点根据库存的变化，独立地决定库存控制策略。非中心化的多级库存优化策略，需要企业之间的协调性比较好，如果协调性差，有可能导致各自为政的局面。其库存模型如图 8-10 所示。

2. 基于时间优化的多级库存控制

前面我们探讨了基于成本优化的多级库存优化方法，这是传统的做法。随着市场变化，市场竞争已从传统的、简单的成本优先的竞争模式转为时间优先的竞争模式，这就是敏捷制造的思想。因此供应链的库存优化不能简单地仅优化成本。在供应链管理环境下，库存优化还应该考虑对时间的优化，比如库存周转率的优化、供应提前期优化、平均上市时间的优化等。库存时间过长对于产品的竞争力不利，因此供应链系统应从提高用户响应速度的角度提高供应链的库存

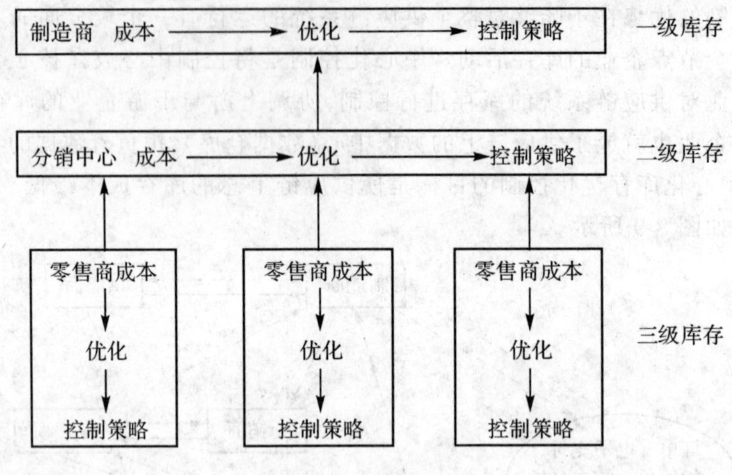

图 8-10 三级库存模型

管理水平。

四、战略库存控制

从传统的以物流控制为目的的库存管理向以过程控制为目的的库存管理转变是库存管理思维的变革。基于过程控制的库存管理将是全面质量管理、业务流程再造、工作流技术、物流技术的集成。这种新的库存管理思想对企业的组织行为产生重要的影响,组织结构将更加面向过程。供应链是多个组织的联合,通过有效的过程管理可以减少甚至消除库存。在供应链库存管理中,组织障碍是库存增加的一个重要因素。不管是企业内部还是企业之间,相互的合作与协调是实现供应链无缝连接的关键。在供应链管理环境下,库存控制不再是一种运作问题,而是企业的战略性问题。要实现供应链管理的高效运行,必须增加企业的协作,建立有效的合作机制,不断进行流程革命。因而,库存管理并不是简单的物流过程管理,而是企业之间工作流的管理。

基于工作流的库存管理能解决传统的库存控制方法无法解决的库存协调问题,特别是多级库存控制问题。多级库存管理涉及多组织协作关系,这是企业之间的战略协作问题。传统的订货点方法解决不了关于多组织的物流协作问题,必须通过组织的最有效协作关系进行协调才能解决。

【小资料】

尼柯尔公司的困惑

这一天对尼柯尔公司(NCO)总裁 Williams 来说是一个阴沉的日子。他坐在房中望着壁炉里的余烬,希望能够理清自己的思绪。这时,传来了轻轻的敲门声,这肯定又是一件头疼的事,"夜猫子进宅,无事不来。"他发着牢骚。进来的是市场部总监 Barney Thompson。"由于我们在管材的订货上落后了,因而一个主要的客户刚刚取消了一大宗产品 A 订单。我的销售人员出去为客户们解决棘手的问题,而我们的生产经理却不能提供这种产品。"

过去的几个月里,NCO 的运作有些不太稳定,库存水平已经很高,然而与此同时存在着货物短缺。这就导致了推迟送货、客户抱怨和取消订货。为了解决问题,往往要过度的加班。

一、历史

尼柯尔公司由 Williams 与 Peter Sharp 共同创建的,两个人都拥有 Arizona 大学的 MBA 学位。自从两人创建公司后,发生了许多事情。后来 Peter Sharp 离开并去了澳大利亚昆士兰的一家房地产开发公司工作,在 Williams 的领导下,NCO 从事多种经营,生产了许多其他品种的商品。

NCO 目前拥有 355 名全日制员工,直接从事三种主要产品 A、B、C 的生产。最终的装配是在 NCO 主厂房附近的一个经过改建的库房中进行的。

二、会议

Williams 在第二天召开了一个会议,这次会议的目的就是为获得与公司当前面临问题的相关信息,并为找到解决方案做一些基础准备工作,参加这次会议的除了 Williams 本人与 Barney Thompson 外,还有生产与库存主管 Phil Bright、采购主管 Trever Harson 以及会计主管 Steve Clark。

这次会议持续了一个早晨,参加者都很直率而且讨论热烈。

Phil Bright 说:"市场预测经常使我们不能正常工作,我们经常不得不赶着生产这种或那种产品以满足目前的需求,这就迫使我们常常遇到要加班的问题。"

Barney Thompson 说:"现在生产量太低了,我们需要大量的产品库存,假设我们有这些商品,我的销售人员就能多卖出 20%的产品。"

Steve Clark 说:"不可以!我们的库存已经处于一种不合适的高水平,担不起保管费用。况且现在技术发展这样快,生产出来的产品如果卖不出就会过时,从而形成更多的库存积压。"

Phil Bright 说:“我们能够弥补必需费用的唯一途径就是大批量购货。”

会议结束时,Williams 掌握了大量的信息,但是并没有具体的计划。如果你是 Williams,应该做些什么呢?

【案例分析】

神州商店的库存控制

神州商店每年销售各种类型摩托车约 7000 辆,自行车 30000 辆,年销售额近 5000 万元;过去几年产品畅销,商店效益好,但是管理比较粗放,主要靠经验管理;摩托车自行车采购的具体方式是,参加生产厂家每年一次的定货会议,签订下年度的定货合同,然后按期到生产厂办理提货手续,组织进货。

经理徐先生认为摩托车经营部应当按照库存控制理论,在保证市场供应的前提下,尽量降低库存。选择 XH 公司生产的产品为例,计算其经济订购批量。

(一)已知条件

1. 每年对 XH 公司生产的摩托车需用量为 3000 辆。

2. 采购成本。主要包括采购人员处理一笔采购业务的旅费、住勤费、通讯等费用。采购成本为 6700×2=13400(元/次)。

3. 每辆摩托车的年保存费用为 100 元。

(二)求经济订购批量

$$Q^* = \sqrt{\frac{2dc}{c_i}}$$

$$Q^* = \sqrt{\frac{2 \times 3000 \times 13400}{100}} = 890(\text{辆})$$

通过实施库存控制,效益上升非常明显。

也可以采用 JIT 生产方式下的库存控制。

思考:神州商店如何实现 JIT 生产方式下的库存控制?

【本章小结】

本章首先讨论仓储管理的几种方法与应用,包括 ABC 管理法、定量订货、定期订货、EOQ 等企业常用的方法。再者讨论了现代仓储管理的几种方法与应用,主要包括 JIT 生产方式下的库存管理方法,MRP 与库存管理。JIT 生产方式下的库存管理是 20 世纪 70 年代日本创造的一种库存管理和控制的现代管理思想;MRP 是依据最终产品的总生产进度计划,并按照产品结构确定所需零件的总需求量,然后根据已有的库存资源及各种零件的前置时间与最终产品的交货期限展开成零件的生产进度日程和材料与外购件的订购时间和订购数量的库存控制方法。最后讨论了供应链管理环境下的库存管理技术与方法与应用,主要包括 VMI 管理系统、联合库存管理、多级库存优化等方法。

【习　题】

一、理论题

(一)名词解释

取得成本　储存成本　短缺成本　ABC 管理法　经济批量

(二)问答题

1. ABC 管理法的分类标准是什么,分别采用什么管理策略?

2. 定期定货的原理是什么,它有哪些优缺点? 并简述其适应范围。

3. 定量定货的原理是什么,它有哪些优缺点? 并简述其适应范围。

4. 什么是 JIT、MRP 库存控制? 有什么特点?

二、实践题

1. 根据预测,1998 年华强公司对某种原材料的原需求量(D)为 400 单位。已知:当年该公司的一次订货成本(K)为 3.60 元/次;保管成本(K_C)为 0.006 元/单位月。试求当年该公司该原材料的经济订货批量 Q^* 及年库存总成本 TC。

2. 零件年需用量为 1800 件,每日送货量为 30 件,每日耗用量为 5 件,单价为 10 元,一次订货成本为 25 元,单位储存成本为 2 元。求经济批量及库存总成本 TC。

3. 以图 8-11 的产品结构为例,已知 A 是最终产品,属于独立需求,其需求量是由客户或市场所决定为 200 个,而其他各种零部件都属于相关需求,其需求量受 A 产品的数量影响,根据所有产品及零部件的库存量,求他们的实际需求量。

名称	库存量	总需求量	实际需求量
A	0		
B	250		
C	24		
D	30		
E	40		
F	16		
G	54		
H	20		
I	12		
J	60		

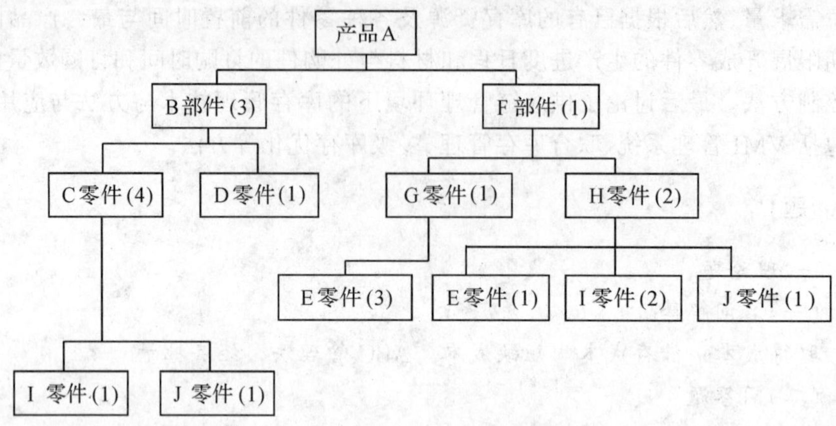

图 8-11 A产品结构图

4.假设你信步走入一家商店,要求店主按你要求的尺寸和特点定做服装,这种现象称为"量体裁衣"。这是一种JIT系统在为实现准时反应而将零售商承连接起来方面的扩展。有了这种快速反应能力,零售商能够将其销售点的信息直接送到工厂现场,从而使延迟时间实现最小化,使服装通过正常的零售渠道送到买者手中。订制服装技术公司正在开发一种价格比较合理的女式牛仔裤,"量体裁衣"概念的应用可以节约30%的生产费用,同时也减少了库存和降低损失。公司有Sung Park开办,他认为女士们是愿意花48美元的价格买一条保证合体的牛仔裤。

女士们有电子仪器般灵敏的感觉,她们能够在商店中选择她们喜欢的牛仔裤并与CCTC的JIT服务部门签下合同,衣服在Veront进行裁剪,在得克萨斯缝制,然后在不到2周的时间内发运到顾客手中。目前女式牛仔装的市场的销售额是20亿美元,因此Park认为这是一个检验JIT服务的巨大市场。

问题:

1)如果你是传统的牛仔裤零售商,你对这种新趋势有什么看法?

2)你认为顾客愿意为产品的运送等待两周吗?

3)如果运送时间要两周的话,CCTC如何在顾客服务上参与竞争?

4)讨论CCTC参与竞争的其他战略变量是什么。

5)如何应用JIT的概念在其他行业改善顾客服务和柔性?

6)零售商使用这些新系统还可以获得什么改进?从期末库存、百货商店或零售商规模、库存记录及周期计算等几方面进行讨论。

7)如何改变其他组织功能的战略以支持生产方式转向JIT方式?

第九章　现代仓储设备与技术

【案例学习】

现代仓储设备与技术使海尔“消灭库存”

海尔国际物流中心立体库建成于1999年8月，仓库占地面积7200平方米，使用面积5400平方米，仓库高16米，货架高13米，共有9618个货位，为国内同类型第一大库。

立体库全部采用机械化叉车搬运，极大地提高了工作效率。这里的管理采用了世界最先进的资源管理集成系统SAP/R3，它可以适时监控整个中心每一种物料的库存情况，从而保证整个物流中心的物资不停地在流动。

与立体库相关的业务流程是从市场信息的收集转换成产品事业部的生产计划，通过SAP系统自动运行生成物料采购清单，通过网上下达给分供方执行。分供方按照订单上的时间、地点、数量的要求提前检验后，运送到立体库，由立体库入库员在现场通过条码扫描进行收货。整个审核订单的过程是通过自动程序完成的。与此同时，系统自动分配货位，小叉车和高架叉车通过扫描托盘号进行操作，将货物放到指定的货位并加以确认，完成收货操作。

出库系统是按照产品事业部生产计划的要求，通过共享的SAP系统自动分配物料下架指令，无线传输给高架叉车进行取货，再通过小叉车的扫描分检完成出库指令，提前4小时配送到生产线工位。无线扫描系统的运用使整个库区操作指令实现了无纸化办公。通过使用大量的现代物流设备与技术，海尔使用面积5400平方米的立体仓库相当于过去8万平方米的平面库，仅仓储费用一项每年可为集团节约1500万元；过去同规模的平面库至少需要200人，而目前仓库只有28个人，它将库存资金占用从15亿元降至6亿元，降幅达60%，杜绝了呆滞物资的产生，真正实现了该公司领导所提出的“消灭库存”的理念。

【本章要点】

★ 现代仓储设施设备

★ 现代仓储技术

★ 仓库管理信息系统

第一节　现代仓储设施设备

一、现代仓储设施

现代仓储设施主要包括仓库、线路及月台。仓库是指储存和保管物资的场所,它随着物资储备的产生而产生。与仓库相连的线路或进入到仓库内部的线路,以及线路与仓库的连接点——站台,也称月台、码头,是仓库进出货的必经之路。这些设施既是仓库运行的基本保证条件,又是仓库高效工作不可忽视的重要部位。

(一)仓库的分类

1. 按仓库所处领域不同分类

(1)生产企业仓库

(2)流通仓库

2. 按仓库的保管条件不同分类

(1)普通仓库

(2)保温仓库

(3)恒温恒湿仓库

(4)冷藏仓库

(5)特种仓库

3. 按仓库中存货的种类多少分类

(1)通用性仓库

(2)专用性仓库

4. 按库房的位置或建筑材料不同分

码头仓库,内陆仓库,车站仓库,工厂仓库等;钢筋混凝土仓库,钢质仓库,砖石仓库等。

(二)线路

对与仓库相接线路的基本要求是能满足进出货运量的要求,不造成拥挤阻塞。仓储行业的主要线路有：

(1)铁路专用线。简称专用线，是与铁路网相接的供仓库使用的线路。大量进出货的集散型仓库，一般依靠专用线将仓库与外界沟通，煤炭、水泥、油类、金属材料配送型仓库或配送中心，也往往依靠专用线解决大量进货的问题。

(2)公路线。和公路干线相接的线路，可以深入到仓库内部甚至库房中。一般进出货量不太大仓库往往靠公路线与外界相连。

生产企业的大型成品库中，是靠铁路线及公路线向外运出货。一般流通仓库，铁路线与进货区相连而公路线与出货区相连。现代仓库，在汽车大型化的前提下，很多不设铁路线，尤其在大城市内的仓库，主要依靠公路线与外界相接。

(三)站台

站台的基本作用是：车辆停靠处、装卸货物处、暂存处，利用站台就能方便地将货物装进车辆中或从车辆中取出，实现物流网络中线与结点的衔接转换。站台的主要形式主要有：

1.高站台

站台高度与车辆货台高度一样，一旦车辆停靠后，车辆货台与站台处于同一平面，有利于使用装卸作业车辆进行水平装卸，提高装卸效率，使装卸合理化。

2.低站台

站台和地面一样高，往往是和仓库地面处于同一高度，以利于站台与仓库之间的搬运。低站台与车辆之间的装卸作业不如高站台方便，但是，如果采用传送装置装卸货，由于传送装置安装需有一定高度，采用低站台，传送装置安装后可与车辆货台保持同等高度。此外，采用低站台也有利于叉车作业。

现代仓库中，分货设备的分支机构出口端部往往和站台合二为一，汽车停靠在端部，分货机分选的货物可直接装入车中，减少了一道装卸过程。

二、仓储设备

在货物进行仓储的过程中，装卸搬运及储存是两项最重要的物流活动，为顺利完成这两项物流活动必须具备装卸搬运设备和储存设备。

(一)装卸搬运设备

采用先进的装卸搬运设备可以起到保障安全，合理组织商品运转，提高劳动生产率，减轻劳动强度的作用。根据这些设施与设备不同用途，其类型大致如下：

1.手推车

手推车是仓库中最基本操作工具。一般有两轮手推车(图 9-1)、三轮手推车(图 9-2)、四轮平板车(图 9-3)和油泵手推车。这些手推车适用于商品的平面运输,具有轻巧、灵活、方便等特点。

图 9-1 两轮手推车

图 9-2 三轮手推车

图 9-3 四轮平板车

2. 上桩机(又称堆垛机)

上桩机是仓库机械设备中专门用于堆、拆桩的机具之一。主要类型有平台式上桩机、吊勾式上桩机、旋转式上桩机。这些上桩机同样具有方便、灵活等特点,并且特别用于走支道及较狭窄条件下操作。

3. 输送机

此类输送机主要用于仓库内部运输,将商品送到先前安排的目的地。一般分为平面输送机和折叠输送机两种。适用于立体输送和平面输送两种功效。这种输送机具有操作连续性强、占地面积小和辅助作业(核对、置唛、分拣)等特点。

4. 叉车

叉车是仓库设备中具有较高效率的搬运工具之一。根据动力装置不同分为内燃机叉车和电瓶叉车两种;根据作业载重量分为 0.5 吨、1 吨、3 吨、5 吨、10 吨等规格叉车;根据制造结构不同分为直叉平衡式叉车、直叉前移式叉车、侧叉式叉车等;根据叉车轮胎不同分为硬胎叉车和充气胎两种。根据仓库不同结构分别选用叉车以符合各自条件。在仓库中,选用较多的叉车有直叉前移式硬胎电瓶叉车(图 9-4)和直叉前移式充气胎电瓶叉车(图 9-5)两种。这种叉车具有速度快、大大降低劳动强度等特点。

5. 电梯(又称升降机)

电梯是仓库进行垂直运送的有效机具,一般分为 1 吨、2 吨、3 吨、5 吨和 10 吨等不同规格电梯。电梯具有载货量大、方便等特点。

6. 行车(又称起重机)、吊车

行车和吊车是主要用于装卸笨重商品的机械设备。行车可分简易式行车和龙门式行车(图 9-6)两种。吊车可分为汽车旋转式吊车和固定旋转式吊车(图 9-7)两种。这些行车和吊车具有高效、方便等特点。特别适用散货和大型、特大型商品的装卸。

7. 滑梯

滑梯一般为钢筋混凝土螺旋形结构形状,主要用于多层楼房的仓库选配。

图 9-4 直叉前移式充气电瓶叉车

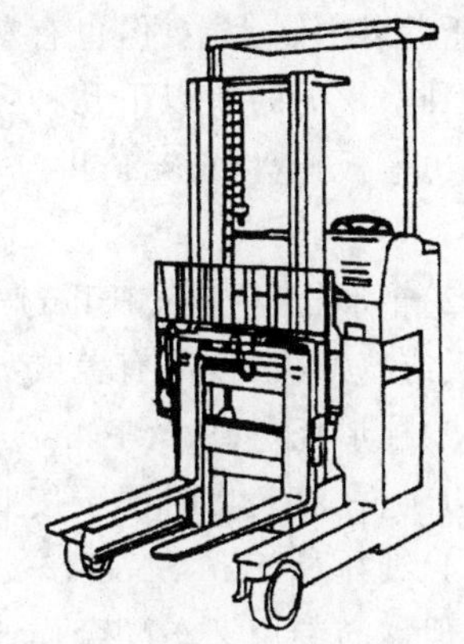

图 9-5 直叉前移式硬胎电瓶叉车

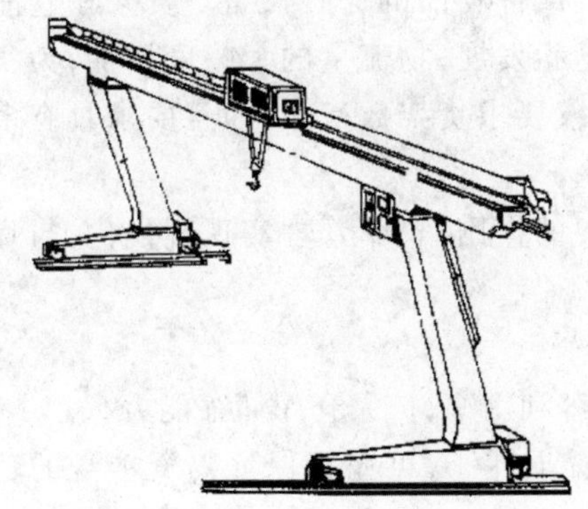

图 9-6 龙门式行车

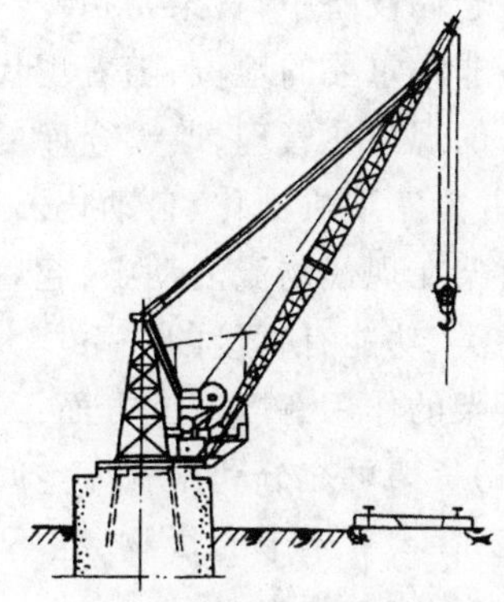

图 9-7 固定旋转式吊车

这种螺旋形滑梯具有速度快、操作简便、且配合置唛、点数等辅助作业等特点。

(二)储存设备

1.托盘

托盘是按一定规格制成的单层或双层平板载货工具。在平板上集装一定数量的单件货物,并按要求捆扎加固,组成一个运输单位,以便在运输过程中使用机械进行装卸、搬运和堆放。同时,托盘又是一种随货同行的载货工具。目前国际上对托盘的提供有两种来源:一是由承运人提供。即在装货地将货物集装在托盘上,然后货物与托盘一起装上运输工具,在卸货地收货人提货时,如果连同托盘一起提走,则必须在规定的时间内将空托盘送回。这种托盘结构比较坚固耐用,一般可以使用五六次。二是由供货方自备简易托盘。这种托盘连同货物一起交给收货人,不予退回。这种托盘成本较低,仅供一次性使用,其成本费一般计算在货价之内。

托盘以木制为主，但也有塑料、玻璃纤维、金属材料或纸等材料制成。按其结构不同，常见的有以下几种：

(1)平板托盘(Flat Pallet)——由双层板或单层板另加底脚支撑构成无上层装置。

(2)箱形托盘(Box Pallet)——以平板托盘为底，上面有箱形装置，四壁围有网眼板或普通板，顶部有盖或无盖。

(3)柱形托盘(Post Pallet)——以平板托盘为底，四角有支柱，横边有可以移动的边轨，托盘装货时便于按照需要调整长度或高度。

(4)纸托盘(Slip Sheet)——又称滑片，为一厚实纸片，成本很低，供一次性使用，但需与专用叉车配合作业。

2.货架

在仓储设备中，货架是指专门用于存放成件物品的保管设备。货架在仓库中占有非常重要的地位，随着现代工业的迅猛发展，物流量的大幅度增加，为实现仓库的现代化管理，改善仓库的功能，不仅要求货架数量多，而且要求具有多功能，并能实现机械化、自动化。

货架在现代物流活动中，起着相当重要的作用，仓库管理实现现代化，与货架的种类、功能有直接的关系。

货架的作用有以下五方面：

(1)货架可充分利用仓库空间，提高库容利用率，扩大仓库储存能力。

(2)存入货架中的货物，互不挤压，物资损耗小，可完整保证物资本身的功能，减少货物的损失。

(3)货架中的货物，存取方便，便于清点及计量，可做到先进先出。

(4)保证存储货物的质量，可以采取防潮、防尘、防盗、防破坏等措施，以提高物资存储质量。

(5)新型货架的结构及功能有利于实现仓库的机械化及自动化管理。

(三)自动化立体仓库

自动化立体仓库是在不直接进行人工处理的情况下，能自动地存储和取出物料的系统，是一个将毛坯、半成品、配套件或成品、工具等物料自动存取、自动检索的系统，是物流系统的重要组成部分。

1.自动化立体仓库的构成

自动化高层货架仓库主要由货架、巷道堆垛起重机、周围出入库配套机械设施和管理控制系统等部分所组成。

(1)高层货架

高层货架(图9-8)的主要特征是货架高密度，高度和长度较大，排列较多，巷道较窄。典型的高层货架的高度多在 10—30m 之间，少数超过 30m，最高 40m。日本一些小型立体仓库的高度也有在 20m 以下，他们称之为低层(＜5m)和中层(5—10m)立体仓库，而把 15—25m 称之为高层立体仓库。高层货架仓库的优势主要在于高度。据某仓库设计资料，当仓库的储存高度从 6m 增加 3.2 倍到达 20m 时，仓库单位面积的储存空间从 1.45m^3 提高到 12.5m^3，增加 7.6 倍。另据国外资料分析：当仓库高度小于 20m 时，单位造价也随着高度的增加而减少。国内现有的高层货架的高度多在 10—20m 之间，一般认为这一高度是比较经济的。

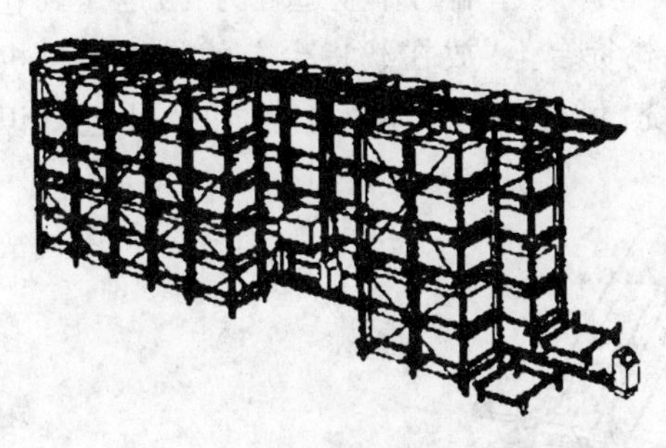

图 9-8　单元负载式高层货架

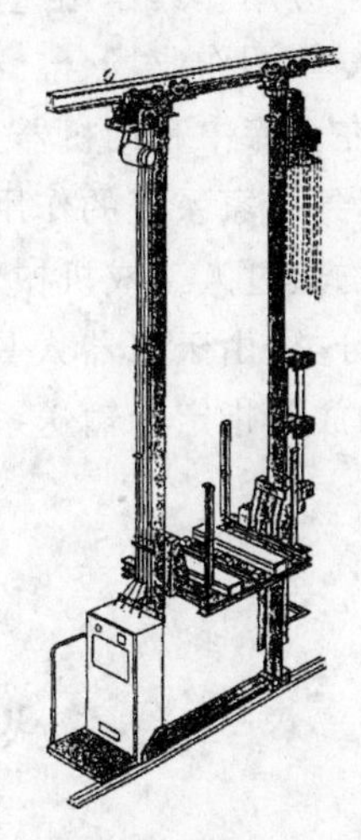

图 9-9　巷道式堆垛机

(2)巷道式堆垛机

巷道式堆垛机是立体仓库中最重要的运输设备。巷道式堆垛机是随着立体仓库的出现而发展起来的专用起重机(图 9-9)。它的主要用途是在高层货架的巷道内来回穿梭运行，将位于巷道口的货物存入货格，或者相反，取出货格内的货物运送到巷道口。这种使用工艺对巷道堆垛机在结构和性能方面提出了一系列严格的要求。

堆垛机额定载重量一般为几十公斤到几吨，其中 0.5 吨的使用最多。它的行走速度一般为 4—120m/min，提升速度一般为 3—30m/min。

有轨巷道堆垛起重机通常简称为堆垛机。它是由叉、桥式堆垛机演变而来的。桥式堆垛机由于桥架笨重，因而其运行速度受到很大的限制，它仅适用于出、入库频率不高或存放长形原材料和笨重货物的仓库，其优点在于可以方便地为多个巷道服务。目前的 AS/RS 中应用最广的是巷道式堆垛机。

(3)装卸堆垛机器人

装卸堆垛机器人(图 9-10)是典型的机电一体化高科技产品,自从 20 世纪 50 年代美国制造第一台机器人以来,机器人技术及其产品发展很快,它对于提高生产自动化水平、劳动生产率和经济效益,保证产品质量,改善劳动条件等方面的作用日益显著。工业机器人代替人力劳动是必然的发展,和计算机技术一样,工业机器人的广泛应用正在日益改变着人类的生产方式和生活方式,机器人工业已成为世界各国备受关注的产业。随着物流系统新技术开发,装卸搬运机器人得到了应用。其作用速度高,作业准确,尤其适合有污染、高温、低温等特殊环境和反复单调作业场合。机器人在仓库中的主要作业是码盘、搬运、堆垛和拣选作业。在仓库中利用机器人作业的优点是其能在搬运、拣选和堆垛过程中完成决策,起到专家系统的作用。它在自动仓库入库端的作业过程为:被运送到仓库中的货物通过人工或机械化手段放到载货台上,放在载货台上的货物通过机器人将其分类,由于机器人具有智能系统,可以根据货箱的位置和尺寸进行识别,将货物放到指定的输送系统上。

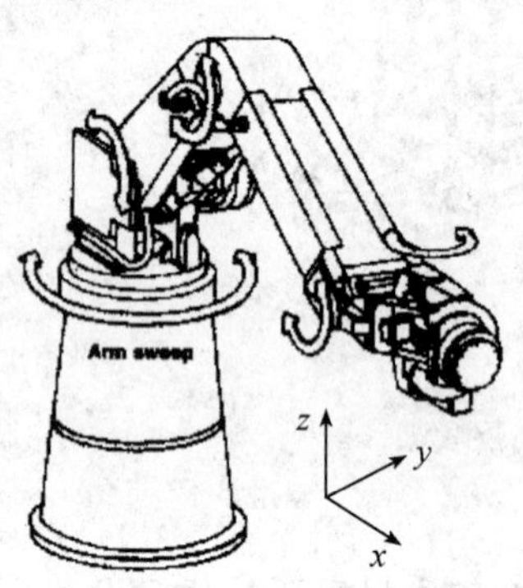

图 9-10 装卸堆垛机器人

(4)电气与电子设备

自动化立体仓库中的电气与电子设备主要指检测装置、信息识别装置、控制装置、通信设备,监控调度设备、计算机管理设备以及大屏幕显示、图像处理等设备。

2. 自动化立体仓库的优缺点

自动化立体仓库的优点主要有:

(1)采用高层货架储存、巷道堆垛机作业,可大幅度增加仓库的有效高度,充分利用仓库的有效面积和储存空间,使货物储存集中化、立体化,减少占地面积,降低土地购置费用。

(2)可实现仓库作业的机械化、自动化,能大大提高工作效率,减轻工人劳动强度,改善劳动条件,节约人力,减少劳动力费用的支出。

(3)由于物资在有限空间内集中储存,便于进行温湿度控制,有利于改善保管条件,同时利用货箱或托盘单元储存,可减少货物的破损和散失,提高了物资保管质量。

(4)利用计算机进行控制和管理,作业过程和信息处理迅速、准确,可加速物资周转,降低储存费用。利用计算机进行货位管理,可提高货位利用率,并能贯彻“先进先出”的原则。

(5)由于货物的集中储存和计算机控制,有利于采用现代科学技术和现代化管理方法,可不断提高仓库管理水平。

自动化立体仓库的主要缺点是:

(1)仓库结构复杂,配套设备多,需要大量的基建和设备投资。

(2)高层货架多采用钢结构,需要使用大量的钢材。货架安装要求精度高,施工比较困难,施工周期长(组合式货架除外)。

(3)计算机控制系统是仓库的“神经中枢”,一旦出现故障,将会使整个仓库处于瘫痪状态,收发作业就要中断。

(4)由于高层货架是利用标准货格进行单元储存,所以只能储存码放在托盘或货箱内的货物,长、大、笨重货物不能存入单元货架,所以对储存货物的种类有一定的局限性。

(5)由于仓库实行自动控制与管理,技术性比较强,对工作人员的技术业务素质要求比较高,必须对具有一定文化水平和专业知识的人员进行专门培训才能胜任。

3. 自动化立体仓库的应用条件

建立和使用自动化仓库,应考虑以下几个条件:

(1)物资出入库要频繁和均衡。自动化仓库具有作业迅速、准确的特点,故一般出入库频繁的货物才适宜使用自动化仓库,否则,自动化仓库的上述特点便不能得到充分的发挥。另外,自动化仓库要求均衡作业,出入库频率不可忽高忽低,否则,仓库作业停顿的时间过长或时紧时松都不利于自动化仓库发挥应有的效能。应当看到,影响仓库作业频率和均衡程度的因素并不在仓库本身,主要是受存货、供货和用货部门的支配。因此,在建立和使用自动化仓库时应对此有充分的考虑。

(2)要满足仓库建设的一些特殊要求。自动化仓库与普通仓库相比,在设计和建造方面都有一些特殊的要求。因为使用高层货架,仓库地坪的承载能力要比普通仓库大几倍,这样就必须考虑建库地址的地质状况。自动化仓库进行自动化作业,巷道堆垛起重机要自动从货格中送取货箱和托盘,因此,对货格的规格尺寸有严格的要求,以保证作业的吻合。同时,巷道堆垛起重机前进与后退、上升与下降、水平和垂直的偏差也要求非常严格。从被存放的货物本身来看,则要求外部规格形状不能变化很大。所有这些特殊要求,在建库时都必须考虑到,否则就不能保证仓库作业的正常进行。

(3)资金、材料、设备等方面要能够得到保证。建造一座自动化仓库不仅要耗费大量的钢材和其他材料,而且设备费用也很高,即二次性投资较大。因此,要建造自动化仓库,必须慎重考虑资金情况以及材料、设备的供应。

(4)要有一支配套的专业技术队伍。自动化仓库是一项仓储新技术,从建库到使用都需要一定的专业技术人员。自动化仓库的设计,材料、资金的预算,以及对投产后经济活动的分析预测等,这些大量的基础工作必须在建库前完成。从电子计算机的安装、仓库作业程序的编制、调试到运转以及出现故障后的排除,都需要懂得电子技术和计算机理论的专门人员。其他,如机械设备的管理与维修等也需要技术人员。

第二节 现代仓储技术

信息识别技术是现代仓储管理过程中必不可少的,它能够快速、准确地完成对货物品名、货号、数量、等级、目的地、生产厂,甚至货位地址的识别。在自动化仓库中,为了完成物流信息的采集,通常采用条形码、磁条、光学字符和射频等识别技术。条形码识别技术和射频技术在现代仓库中应用最普遍。

一、条码技术

在贸易和物流活动中,为了能迅速、准确地识别商品、自动读取有关商品的信息,条形码技术被广泛应用。条形码是用一组数字来表示商品的信息。按使用方式分为直接印刷在商品包装上的条形码和印刷在商品标签上的条形码。按使用目的分为商品条形码和物流条形码。

商品条形码是以直接向消费者销售的商品为对象、以单个商品为单位使用的条形码。它由13位数字组成,最前面的两个数字表示国家或地区的代码,中国的代码是69,接着的5个数字表示生产厂家的代码,其后的5个数字表示商品品种的代码,最后的1个数字用来防止机器发生误读错误。例如,商品条形码6902952880041中,69代表中国,02952代表贵州茅台酒厂,88004代表53%(V/V)、106PROOF、500ml的白酒。

物流条形码是以物流过程中的商品为对象以集合包装商品为单位使用的条

形码。标准物流条形码由14位数字组成,除了第1位数字之外,其余13位数字代表的意思与商品条形码相同。物流条形码第1位数字表示物流识别代码,如在物流识别代码中1代表集合包装容器装6瓶酒、2代表装24瓶酒,物流条形码26902952880041代表该包装容器装有中国贵州茅台酒厂的白酒24瓶。商品条形码和物流条形码的区别如表9-1所示。

表9-1　商品条形码和物流条形码的区别

	应用对象	数字构成	包装形状	应用领域
商品条形码	向消费者销售的商品	13位数字	单个商品包装	POS系统、补充订货系统管理
物流条形码	物流过程中的商品	14位数字(标准物流条形码)	集合包装(如纸箱、集装箱等)	出入库管理、运输保管、分拣管理

条形码是有关生产厂家、批发商、零售商、运输业者等经济主体进行订货和接受订货、销售、运输、保管、出入库检验等活动的信息源。由于在活动发生时点能即时自动读取信息,因此便于及时捕捉到消费者的需要,提高商品销售效果,也有利于促进物流系统提高效率。

另外,条形码与其他辨识商品的方法如OCR(Optical Character Recognition,光学文字识别)、OMR(Optical Mark Reader,光学记号读取)比较,具有印刷成本低和读取精度高的优点。

二、射频技术

(一)射频识别的概念

射频识别技术(Radio Frequency Identification,RFID)是20世纪90年代开始兴起的一种自动识别技术。射频技术的基本理论是电磁理论,利用无线电波对记录媒体进行读写。射频系统的优点是不局限于视线,识别距离比光学系统远,射频识别卡可具有读写能力,可携带大量数据、难以伪造和有智能等。

装载识别信息系统的载体是射频标签(在部分识别系统中也称作应答器、射频卡等),获取信息的装置称为射频读写器(在部分系统中也称作问询器、收发器等)。射频标签与射频读写器之间利用感应、无线电波或微波能量进行非接触双向通信,实现数据交换,从而达到识别的目的。

射频识别系统的传送距离由许多因素决定,如传送频率、天线设计等,射频识别的距离可达几十厘米至几米,且根据读写的方式,可以输入数千字节的信息,同时,还具有极高的保密性。但由于射频识别技术是以无线通信技术为核心,伴随着半导体、大规模集成电路技术的发展而逐步形成的,其应用过程涉及无线通讯协议、发射功率、占用频率等多方面的因素，目前尚未形成在开放系统中应用的统一标准，因此射频技术应用主要在一些闭环应用系统中。

(二)射频识别技术在物流控制系统中的应用

在物流控制系统中，RFID 阅读器分散布置在给定的区域，并且阅读器直接与数据管理信息系统相连，信号发射机是移动的，一般安装在移动的物体上面。当物体经过阅读器时，阅读器会自动扫描标签上的信息并把数据信息输入数据管理信息系统进行存储、分析、处理，达到控制物流的目的。

第三节　仓库管理信息系统

仓库管理信息系统(Warehouse Management System，WMS)是在现代仓储企业中正发挥着越来越重要的作用。仓储管理主要包括货物的入库管理、在库管理、出库管理三大块。因此，仓库管理信息系统的设计也是紧紧围绕这三大块来进行设计的。

一、仓库管理信息系统的构成

仓库管理信息系统主要由收货、入库、拣货、配装、盘点、出库、调度等多个流程包组成。各流程包既可独立运行也可以平滑连接，形成一个完整的仓库管理系统，如图 9-11 所示。

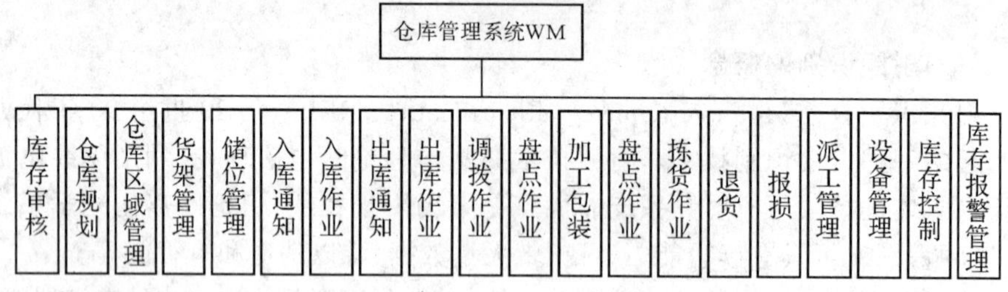

图 9-11　仓库管理系统图

1. 库存审核

根据订单处理部门的请求，对某一订单所需要的货物进行库存检查。可以拒绝或者接受该订单，拒绝时，要给出拒绝原因。

2. 入库通知

当具有入库通知单时，填写入库通知单，通知仓库进行必要的准备。

3.入库作业

进行货物的入库操作,分配存储位置和空间,并记录作业过程。

4.调拨作业

不同仓库或者同一仓库货物的移动处理。

5.盘点作业

可以根据货物的不同执行不同的盘点策略,对盘点过程和结果进行记录,自动生成盘点单据。

6.加工包装

当要对商品进行捆扎包装或者简单加工时,能够进行相关的费用的计算。

7.拣货作业

根据订单进行拣货,支持多种拣货模式,单订单拣货,批次拣货,货物分类拣货等,以加快拣货速度,提高拣货效率。

8.报损

对库存中毁坏或者过期、遗失的商品进行报损处理,并对相关责任进行登记记录。

9.派工管理

对各项作业进行人工的派遣,以利于作业质量的保证和人工绩效的考核。

10.储位管理

对仓库储位进行划分,安排新的储位;对储位进行相关查询,进行储位优化。

11.设备管理

对仓库的附属设备进行管理,搬运设备,装卸设备,托盘,容器等复用设备,避免设备的遗失和损坏,并记入企业的资产。

12.查询和报表

仓库作业记录的查询,以及作业的日报、月报等各种报表。

二、仓储管理软件的操作流程

运用仓储教学软件,主要模拟以下的仓储管理活动。

1.收货

货到站台,收货员将到货数据由射频终端传到 WMS,WMS 随即生成相应的条码标签,粘贴在收货托盘,经扫描,这批货物随即被确认收到,由 WMS 指挥进库存储。

2.储存

WMS 按最佳的存储方式,选择空货位,通过叉车上的射频终端,通知叉车司机,并指引最佳途径,抵达空货位,扫描货位条码,使货物接收正确无误。货物就位后，再扫描货物条码，WMS 即确认货物已存储在这一货位，可供以后定单发货。

3. 信息交换

连接自动导向车，输送带，回转货架和高架自动存储系统等，同时参与货物的存储存取工作。

4. 定单处理

定单到达仓库，WMS 按预定规则分组，区分先后，合理安排。

5. 拣选

WMS 确定最佳的拣选方案，安排定单拣选任务。拣选人由射频终端指引到货位，显示拣选数量。经扫描货物和货位的条码，WMS 确认拣选正确。或者通过自动拣选系统进行分拣。

6. 发货

WMS 制作包装清单和发货单，交付发运。称重设备和其他发货系统也能同时与 WMS 联合工作。

7. 站台直调

货到收货站台，如已有定单需要这批货，WMS 会指令叉车司机直送发货站台，不再入库。

8. 盘点

收、发货完成以后，系统应根据不同类型货物的盘点时间要求完成盘点过程，并为采购及销售部门提供决策依据。

【案例分析】

海尔对仓库设备的持续更新

海尔集团成立于1984年，在短短20来年，由一家濒临破产的小厂成长为全球家电企业十强之一。海尔的产品通过全球3.8万多个营销网点销往世界上160多个国家和地区。在供应方面，海尔的供应商为978家，其中不乏500强企业，如GE、爱默生和巴斯夫等。目前，海尔平均每个月接到6000多个销售订单，定制7000多种产品，需要采购的品种达15万余种。

仓库以前被认为是仓储的职能，靠仓库保证生产。现在把物料流速作为考评仓库经营水平的重要指标。提高物流效率的最大目的就是实现零库存。海尔认为没有订单的生产就是生产库存。在现代市场经济时代，如果仍然按照计划生产，而这个计划又不是市场需要的，不是客户的订单，那就是生产库存。

使用立体仓库是海尔物流的一个突破口,表面上看仅仅是仓库设备的换代,实际上是观念的更新。1998年张瑞敏提出在海尔园内建一个立体仓库。以前海尔工厂厂内设有仓库,仓库和工厂混在一起,由于生产规模的不断扩大,生产线随之增加,工厂内部周转仓库面积越来越小,只能大量外租仓库,成本很高。1999年一个占地7000多平方米、9000多个货位的机械立体化仓库投入使用。立体仓库的使用节省了十几万平方米的外租仓库,一些配套基础工作也都得到极大改进,如信息系统管理、标准化包装、机械化搬运、对物料进行统一编码并使用条形码等等。在立体库成功运行后的不久,海尔于2000年5月又投资兴建了全自动立体仓库,占地1.92万m^2,库存量达1.8万多货位,满足海尔园区内冰箱、商用空调、小家电、电热器和冷柜等所有原材料和成品库存的需要。在自动化应用方面,应用了国际先进的自动化技术、机器人技术、通信传感技术等,并配有激光导航小车和从日本引进的穿梭车和堆垛机。

思考题:

1.根据海尔的运作理念,我们应如何描述现代仓库的作用?

2.你认为未来海尔在仓库设备更新换代方面应注意哪些问题?

【本章小结】

本章主要讲述了现代仓储设施设备、仓储技术及现代仓库管理信息系统。现代仓储设施主要包括仓库、线路及月台;仓储设备主要是指在货物进行仓储的过程中的装卸搬运及储存设备,自动化立体仓库是在不直接进行人工处理的情况下,能自动地存储和取出物料的系统;现代仓储技术主要是条形码识别技术和射频技术在现代仓库中应用比较普遍;现代仓库管理信息系统(WMS)主要包括货物的入库管理、在库管理、出库管理三大块功能。

【习　题】

一、理论题

(一)名词解释

铁路专用线　条码技术　射频技术　自动化仓库

(二)问答题

1.现代仓储设施包括哪些?

2.现代仓储企业主要使用哪些设备?

3.自动化仓库的构成。

4.现代仓储技术包括哪些?

5.仓储信息系统有哪些功能?

二、实践题

1.在教师的带领下,参观校内仓储实训设施及设备,要求学生能够针对现有设施设备进行操作练习。

2.在条件允许的情况下,组织学生参观企业的自动化仓库,熟悉自动化仓库的运行程序。

3.通过校内或校外实训,要求学生掌握仓储信息管理系统的操作流程。

参考文献

[1] [加]米歇尔·利恩德斯等著.采购与供应管理(第12版).北京:机械工业出版社,2003

[2] [美]罗伯特·蒙兹卡等著.采购与供应链管理(第2版).北京:中信出版社,2004

[3] [英]唐纳德·沃尔斯特著.库存控制与管理(第2版).北京:机械工业出版社,2005

[4] 迈克尔·波特著.竞争优势. 北京:华夏出版社,2005

[5] 王元月.跟我学做采购主管.北京:北京工业大学出版社,2004

[6] 胡松评.企业采购与供应商管理七大实战技能. 北京:北京大学出版社,2003

[7] 谢爱丽,朱玉荣编著.做优秀的采购员.广州:广东经济出版社,2004

[8] 甘华鸣.采购. 北京:中国国际广播出版社,2003

[9] 何明珂.物流系统论.北京:中国审计出版社,2001

[10] 王槐林.采购管理与库存控制.北京:中国物资出版社,2002

[11] 刘荔娟主编.现代采购管理.上海:上海财经大学出版社,2005

[12] 马士华,林勇.供应链管理(第2版).北京:机械工业出版社,2005

[13] 邬星根主编.仓储与配送管理(复旦卓越.21世纪物流管理系列教材).上海:复旦大学出版社,2005

[14] 鞠颂东,徐杰编.采购管理(普通高等教育物流管理专业规划教材).北京:机械工业出版社,2005

[15] 温卫娟.如何进行采购与供应商管理.北京:北京大学出版社,2004

[16] 阙祖平等.商品采购管理.大连:东北财经大学出版社,2004年

[17] 潘波,田建军等.现代物流采购.北京:机械工业出版社,2005

[18] 史忠健等.物流采购与供应管理.北京:中国劳动社会保障出版社,2006

[19] 梁军等.采购管理.北京:电子工业出版社,2006

[20] 李雅萍.采购物流.北京:对外经济贸易大学出版社,2004

[21] 牛鱼龙.经营物流:采购与销售. 深圳:海天出版社,2004

[22] 高本河,缪立新等.仓储与配送管理基础.深圳:海天出版社,2004

[23] 杨穗萍.现代物流基础.北京:高等教育出版社,2005
[24] 李永生,郑文岭.仓储与配送管理(第2版).北京:机械工业出版社,2005
[25] 刘俐.现代仓储运作与管理.北京:北京大学出版社,2004
[26] 仪玉莉,刘洪斌.高级物流师.北京:人民交通出版社,2004
[27] 梁军.仓储管理实务.北京:高等教育出版社,2004
[28] 张理.现代物流案例分析.北京:中国水利水电出版社,2005
[29] 沈文,邓爱民.国内外物流经典案例.北京:人民交通出版社,2005
[30] 丁立言等编著.仓储规划与技术.北京:清华大学出版社,2002
[31] 现代物流管理课题组编.保管与装卸管理.广州:广东经济出版社,2002
[32] 郑彬主编.仓储作业实务.北京:高等教育出版社,2005
[33] 刘莉主编.仓储管理实务.北京:中国物质出版社,2006
[34] 现代物流管理课题组编.物流库存管理.广州:广东经济出版社,2002
[35] 王自勤.现代物流管理(第2版).北京:电子工业出版社,2007
[36] 王自勤.物流管理概论.杭州:浙江大学出版社,2003
[37] 王大平.物流设备与应用.杭州:浙江大学出版社,2003
[38] 秦文纲.采购与仓储管理.杭州:浙江大学版社,2004
[39] 鲁晓春,林正章.物流管理实例与实训.北京:清华大学·北京交通大学出版社,2005
[40] 徐杰,田源.采购与仓储管理.北京:清华大学·北京交通大学出版社,2004
[41] 王权.对加强仓库管理的几点做法和体会.商品储运与养护,1998年1月总第103期
[42] 韩彬.仓储管理(上篇).家电科技,2003年第11期
[43] 宋华,胡左浩.现代物流与供应链管理.北京:经济管理出版社,2004.02
[44] 裴凤萍.采购管理与库存控制.大连:大连理工大学出版社,2007.02
[45] 三个"采购案例"的对比分析,http://info.jctrans.com/zhwl/wlal/20061114340421.shtml
[46] 什么是企业采购?http://info.jctrans.com/zhwl/wlzs/20061020318821.shtml
[47] http://www.chinawuliu.com.cn/
[48] http://www.chinabidding.com/
[49] http://www.echinakey.com/
[50] http://www.zj56.com.cn
[51] http://www.zycg.gov.cn/